Educação Superior Privada

Educação Superior Privada

NOVO MODELO REGULATÓRIO

2021

Leonardo de Castro Mira

ALMEDINA

EDUCAÇÃO SUPERIOR PRIVADA
NOVO MODELO REGULATÓRIO

AUTOR: Leonardo de Castro Mira

DIRETOR ALMEDINA BRASIL: Rodrigo Mentz
EDITORA JURÍDICA: Manuella Santos de Castro
EDITOR DE DESENVOLVIMENTO: Aurélio Cesar Nogueira
ASSISTENTES EDITORIAIS: Isabela Leite e Larissa Nogueira

DIAGRAMAÇÃO: Almedina
DESIGN DE CAPA: Roberta Bassanetto

ISBN: 9786556273358
Novembro, 2021

Dados Internacionais de Catalogação na Publicação (CIP)
(Câmara Brasileira do Livro, SP, Brasil)

Mira, Leonardo de Castro
Educação superior privada : novo modelo regulatório /
Leonardo de Castro Mira. – São Paulo : Almedina, 2021.

Bibliografia.
ISBN 978-65-5627-335-8

1. Educação superior - Brasil 2. Ensino superior - Leis e legislação - Brasil
3. Política pública 4. Regulação - Brasil 5. Universidades privadas I. Título.

Números Mais números

Índices para catálogo sistemático:

1 Educação superior privada : Direito regulatório 34:378

Cibele Maria Dias - Bibliotecária - CRB-8/9427

Este livro segue as regras do novo Acordo Ortográfico da Língua Portuguesa (1990).

EDITORA: Almedina Brasil
Rua José Maria Lisboa, 860, Conj.131 e 132, Jardim Paulista | 01423-001 São Paulo | Brasil
editora@almedina.com.br
www.almedina.com.br

Dedico este estudo ao meu pai, José Mira, e à minha mãe, Rose Mary.

AGRADECIMENTOS

A conclusão deste estudo é o epílogo de um longo e desejado sonho. Durante muito tempo, sonhei com a possibilidade de estar e viver a academia e, felizmente, tive a possibilidade de estar em uma das melhores escolas de Direito no Brasil. Para chegar até aqui, contei com a participação e o apoio de muitas pessoas que, ao longo de todo este caminho, de alguma forma, tocaram tudo o que está representado neste estudo. Eu gostaria de agradecer nominalmente a todas elas, ressaltando a importância que cada uma teve no desenvolvimento e apoio para compleição dele.

Agradeço a Deus por me capacitar para empreender este estudo.

Agradeço ao meu pai, que sempre me apoiou incondicionalmente para que eu pudesse estudar e ter esse sentimento de que o caminho escolhido é a trilha para a conquista dos meus sonhos.

Agradeço à minha mãe, que foi capaz de respeitar e valorizar a curiosidade que sinto em aprender, em buscar novos horizontes.

Agradeço à minha esposa, Bia, e aos meus filhos, Larissa e Lucas, por toda a compreensão em função do tempo em que estive ausente do convívio deles, a fim de que eu pudesse estudar e me debruçar sobre assuntos que são relevantes para mim e para o futuro do nosso país.

Agradeço ao meu mentor, professor Celso Niskier, que me abriu as portas do mundo da educação superior, me estimulando ao longo desses mais de 10 anos de vida universitária a pesquisar, me aprofundar, conhecer e refletir sobre o meio educacional em que estamos inseridos e a diferença que a educação pode fazer na vida das pessoas.

Agradeço ao professor Fernando Leal, meu orientador, por ser a pessoa mais generosa que já conheci até hoje. Com o seu conhecimento singular sobre a dogmática do Direito, pôde me brindar com pequenas parcelas desse conhecimento para que eu pudesse desenvolver este trabalho, o que, certamente, foi um privilégio do qual me orgulharei por toda a minha vida.

Agradeço aos amigos Felipe Renault e Luiz Antônio Gomes, que foram essenciais e especiais para que este momento se tornasse realidade. Espero, realmente, ser digno de toda a inspiração, motivação, confiança e responsabilidade depositados em minha pessoa.

Agradeço aos meus amigos Léo Cordeiro, Vanessa Geovú, Márcio Machado, Tatiana Duarte, Fábio Maia e Nina Maia, pedindo perdão por todo tempo que nos foi furtado de convívio, em razão de minha dedicação à academia. Um obrigado especial ao Léo, pelo incentivo e palavras de apoio em todos os momentos em que terminar este trabalho parecia uma tarefa grande demais a ser alcançada.

Agradeço à Janaína Dutra e Alessandra Tancredi, meus alicerces na vida profissional, para que eu pudesse me dedicar à minha vocação acadêmica.

Aos meus professores na FGV Direito Rio, Bruno Dantas, Eduardo Jordão, Fernando Leal, Floriano Azevedo Marques Neto, Leandro Molhano, Natasha Salinas, Sérgio Guerra e Thiago Bottino. Obrigado por todos os ensinamentos; vocês serão sempre minhas referências no Direito da Regulação.

Agradeço à Maria Helena, por ser a amiga e companheira de tantos momentos novos e desafiadores, vencidos juntos ao longo do nosso curso.

Agradeço aos meus colegas de Mestrado da turma de 2019, por criarem este ambiente estimulante e desafiador no nosso convívio, no dia a dia, das aulas do nosso curso. É uma honra muito grande poder estar entre vocês.

PREFÁCIO

O Brasil clama por mais e melhores profissionais de nível superior. Esse clamor da sociedade, que se materializou na rápida expansão do setor de educação superior privada do país nas últimas décadas, traz com ele a necessária discussão sobre o papel do Estado Brasileiro, em especial dos órgãos de regulação, no acompanhamento e no incentivo a esse crescimento, garantindo a desejada qualidade.

Em seu livro de estreia, baseado na sua dissertação de Mestrado, defendida com êxito na FGV Direito Rio, o advogado e consultor Leonardo Mira propõe um novo modelo regulatório para a educação superior privada no Brasil. Em seu trabalho, o autor vai buscar, nas origens do conceito de regulação, os fundamentos para a defesa da necessária modernização dos marcos atuais, discutindo modelos alternativos, tais como a desregulação, a autorregulação e a metarregulação, buscando uma síntese que seja aplicável à realidade brasileira.

Como fundador e reitor de uma instituição de educação superior, a UniCarioca, e, mais recentemente, como diretor-presidente da Associação Brasileira de Mantenedoras de Ensino Superior (Abmes), tenho acompanhado de perto os esforços para encontrar formas mais flexíveis e dinâmicas para as políticas públicas de avaliação, regulação e supervisão do ensino superior. O consenso, entre todos, é de que precisamos dar mais autonomia para as instituições, desde que elas demonstrem a maturidade e a responsabilidade com a qualidade dos seus cursos e serviços.

Achar a medida certa para a flexibilização, dentro dos enquadramentos constitucionais, tem sido uma tarefa que mobiliza as melhores mentes jurídicas em nosso país, e para essa tarefa a importante obra de Leonardo Mira vem dar contribuição significativa.

A partir da sua larga experiência profissional como gerente jurídico de uma IES privada, e agora também como pesquisador da área de Direito Educacional, Mira traz uma nova luz às discussões, para as quais contribui com ideias originais em sua obra, entre elas a proposta de criação de Entidades Certificadoras da Qualidade da Educação Superior (ECQES), as quais os agentes privados poderiam aderir, além da definição de novos indicadores de qualidade de acordo com a natureza de cada instituição, preservando e valorizando a rica diversidade do setor de educação superior brasileira.

É preciso propor novos modelos, realizar experimentos, arriscar, errar e finalmente acertar, até que encontremos a melhor alternativa para evoluir as políticas públicas para a educação superior. O momento atual é propício à inovação, como podemos depreender da recente experiência, até aqui bem-sucedida, de avaliações externas virtuais *in loco* realizadas pelo Inep durante a pandemia da Covid-19.

Nesse momento de grande desafio para o setor, em que as instituições enfrentaram com coragem e determinação a rápida transformação de suas atividades para o modelo remoto, é fundamental que essa experiência de inovação seja preservada, e que as políticas públicas para o mundo pós-pandemia possam evoluir e se adaptar ao chamado "hibridismo", e que, ainda, possam ser criadas novas políticas públicas que reconheçam a dimensão e importância do setor de educação superior privado para o desenvolvimento social e econômico do País.

Com essa oportuna obra, Leonardo Mira nos aponta caminhos, trilhas e soluções na direção de um Estado menos controlador e mais indutor da qualidade e da diversidade organizacional na educação superior, servindo, portanto, como um texto referencial nas discussões que ora se celebram nos fóruns e debates nacionais sobre o tema. Um livro muito bem-vindo, para o qual deixo aqui meu agradecimento e minha saudação, com a recomendação de que seja lido e debatido, fazendo com que suas ideias ganhem força e vida própria.

Rio de Janeiro, 30 de julho de 2021.

Prof. Celso Niskier
Reitor
UniCarioca

SUMÁRIO

1. Introdução

A educação superior privada assumiu nas últimas duas décadas o papel de principal condutor do crescimento da educação superior no Brasil. Esse cenário foi criado na busca pela consecução dos objetivos nacionais para a educação superior, especialmente aquelas constantes do Plano Nacional da Educação (PNE)[1], tendo, entretanto, imenso apoio pelo

[1] A Lei n.º 13.005, de 25 de junho de 2014 estabeleceu o Plano Nacional da Educação como política de Estado que apresenta os objetivos educacionais para o país. Seu prazo de vigência é de 10 (dez) anos, durante os quais as metas devem ser atingidas pelo poder público. O plano tem como diretrizes principais a (i) erradicação do analfabetismo; (ii) universalização do atendimento escolar; (iii) superação das desigualdades educacionais, com ênfase na promoção da cidadania e na erradicação de todas as formas de discriminação; (iv) melhoria da qualidade da educação; (v) formação para o trabalho e para a cidadania, com ênfase nos valores morais e éticos em que se fundamenta a sociedade; (vi) promoção do princípio da gestão democrática da educação pública; (vii) promoção humanística, científica, cultural e tecnológica do País; (viii) estabelecimento de meta de aplicação de recursos públicos em educação como proporção do Produto Interno Bruto (PIB), que assegure atendimento às necessidades de expansão, com padrão de qualidade e equidade; (ix) valorização dos (as) profissionais da educação; (x) promoção dos princípios do respeito aos direitos humanos, à diversidade e à sustentabilidade socioambiental. As metas que tem relação com a educação superior no país, e que constam do PNE são: META 12: Elevar a taxa bruta de matrícula na educação superior para 50% (cinquenta por cento) e a taxa líquida para 33% (trinta e três por cento) da população de 18 (dezoito) a 24 (vinte e quatro) anos, assegurada a qualidade da oferta e expansão para, pelo menos, 40% (quarenta por cento) das novas matrículas, no segmento público; META 13: Elevar a qualidade da educação superior e ampliar a proporção de mestres e doutores do corpo docente em efetivo exercício no conjunto do sistema de educação superior para 75% (setenta e cinco por cento), sendo, do total, no mínimo, 35%

emprego de diversas políticas públicas de incentivos a ampliação da participação privada no setor.

Muitas foram as políticas públicas direcionadas ao crescimento e preenchimento de vagas nos bancos universitário privados, podendo citar entre elas o Fundo de Financiamento Estudantil (FIES)[2], criado em 2001, tendo como principal objetivo o financiamento da graduação superior com taxa e pagamentos subsidiados pelo governo federal e Instituições de Educação Superior (IES); o Programa Universidade para Todos (PROUNI)[3] que visa ocupar a capacidade dos bancos universitários privados ociosos com alunos que estivessem em determinado perfil socioeconômico em troca de benefícios fiscais concedidos às Instituições de Educação Superior (IES) aderentes; Programa de Estímulo à Reestruturação e ao Fortalecimento das Instituições de Ensino Superior (PROIES)[4] que teve como principal objetivo a recuperação financeira e tributária de IES privadas (IESPr) visando à abertura de novas vagas em âmbito equivalente ao PROUNI com a correspondente melhoria dos indicadores acadêmicos das IES.

Aliado às diversas políticas públicas criadas em favor da educação superior privada, no ano de 2014 foi realizada uma reformulação no

(trinta e cinco por cento) doutores; META 14: Elevar gradualmente o número de matrículas na pós-graduação de modo a atingir a titulação anual de 60.000 (sessenta mil) mestres e 25.000 (vinte e cinco mil) doutores; META 15: Garantir, em regime de colaboração entre a União, os Estados, o Distrito Federal e os Municípios, no prazo de 1 (um) ano de vigência deste PNE, política nacional de formação dos profissionais da educação de que tratam os incisos I, II e III do caput do art. 61 da Lei n.º 9.394, de 20 de dezembro de 1996, assegurado que todos os professores e as professoras da educação básica possuam formação específica de nível superior, obtida em curso de licenciatura na área de conhecimento em que atuam; META 16: Formar, em nível de pós-graduação, 50% (cinquenta por cento) dos professores da educação básica, até o último ano de vigência deste PNE, e garantir a todos(as) os(as) profissionais da educação básica formação continuada em sua área de atuação, considerando as necessidades, demandas e contextualizações dos sistemas de ensino. (Foram apresentadas as metas que possuem relação com a educação superior). [Foram incluídas as metas 15 e 16 como relacionadas à educação superior pois, apesar delas não tratarem diretamente de objetivos para a educação superior, ao atingir seu centro acabam por trabalhar em direção à meta 12 do PNE].

[2] Lei n.º 10.260 de 12 de julho de 2001.

[3] Lei n.º 11.096, de 13 de janeiro de 2005.

[4] Lei n.º 12.688, de 18 de julho de 2012.

FIES com o aporte de expressivo montante de recursos[5], levando agentes privados a aumentarem seus investimentos na oferta de vagas na graduação superior e gerando um número de questões sobre os aspectos qualitativos dos recursos investidos e a qualidade dos cursos oferecidos.[6] Ainda sobre esse período, muito se discutiu sobre a cobrança abusiva a alunos signatários do FIES em detrimento de outros alunos que não possuíam essa mesma linha de financiamento nas IES privadas.

Essas discussões se encontram em pauta e diante de uma aparente instabilidade quanto à manutenção e criação de políticas de fomento para a educação superior, muito ainda há de ser debatido sobre sua adequação aos objetivos estatais no que tange à educação e aos interesses empresariais de quem adere a essas políticas.

A educação superior no Brasil é um direito social garantido constitucionalmente[7], tendo suas metas definidas no PNE para o período decenal. É obrigação do Estado o oferecimento de graduação superior aos seus cidadãos. Todavia, o nosso Estado não á capaz de oferecer a educação superior para todos aqueles que poderiam nela estar, ou mesmo de sozinho, alcançar as metas estabelecidas no PNE.

Apesar de ser um direito social, a educação superior no Brasil é uma atividade sujeita à livre iniciativa[8], sendo possível que agentes privados

[5] No exercício de 2017, a concessão de financiamento estudantil foi no valor de R$ 19.920.653.632,00; No exercício de 2016, no valor de R$ 18.705.006.359,00; No exercício de 2015, no valor de R$ 16.589.786.541,00; No exercício de 2014, no valor de R$ 12.132.517.111,00; No exercício de 2013, no valor de R$ 7.300.994.884,00; No exercício de 2012, no valor de R$ 5.565.484.457,00; No exercício de 2011, no valor de R$ 464.523.184,36; No exercício de 2010, no valor de R$ 635.543.140,92; No exercício de 2009, no valor de R$ 1.291.404.106,00; No exercício de 2008, no valor de R$ 92.465.105,72. (MINISTÉRIO DA EDUCAÇÃO (MEC). *Processo de contas anuais – FIES*. Disponível em: <http://portal.mec.gov.br/conselho-nacional-de-educacao/371-prestacao-de-contas-309308339/prestacao-de-contas-2010-2070372539/14949-processo-de-contas-anuais-FIES>. Acesso em: 06 dez. 2019).

[6] Esse tema pode ser bem apreciado no relatório da auditoria operacional realizada pela CGU sob o número 201701480 no ano de 2017, onde encontramos diversas discussões acerca de conceitos como por exemplo do de "descontos gerais e de caráter coletivo".

[7] Constituição da República Federativa do Brasil: "Art. 6.º São direitos sociais a educação, a saúde, a alimentação, o trabalho, a moradia, o transporte, o lazer, a segurança, a previdência social, a proteção à maternidade e à infância, a assistência aos desamparados, na forma desta Constituição."

[8] Constituição da República Federativa do Brasil: "Art. 209. O ensino é livre à iniciativa privada, atendidas as seguintes condições: I – cumprimento das normas gerais da educação

venham a investir no setor de forma a contribuir para os objetivos públicos quando atuam em seus próprios interesses privados. Entretanto, os objetivos públicos condicionam a consecução desses objetivos privados a qualidade que se demanda da educação no país sendo trazido como obrigatório em nossa Constituição Federal.

A distribuição da educação entre entes públicos e privados na sua consecução resta assentado no artigo 209 da Constituição Federal, quando se abriu à iniciativa privada a possibilidade de atuação. Essa abertura tem bases no espírito de formação de um pretenso estado administrativo brasileiro[9] com lições advindas da falência de estados primordialmente sociais, e no surgimento de um estado pós-moderno que tem suas premissas fortemente estabelecidas no direcionamento da atividade privada para suplementação da ação estatal na prestação dos serviços sociais (sociais, culturais, econômicos), e na regulação dos setores econômicos.[10] A ideia de um estado administrativo não resta exatamente na sua estrutura normativa, mas sim na adoção de um modelo estatal capaz de dirigir seus objetivos e atividades de interesse público. Nesta vestimenta, o Estado não adota mais um modelo piramidal, pois ser um estado policêntrico se torna necessário para ser capaz de dirimir a burocracia e tecnicidade congruentes com a pós-modernidade. Jacques Chevalier[11] aponta que um estado com estrutura arborescente com instituições autônomas, ligadas umas às outras, não por liames verticais de

nacional; II – autorização e avaliação de qualidade pelo Poder Público" e "Art. 199. A assistência à saúde é livre à iniciativa privada."

[9] Não se discute nesse ponto as bases constitucionais para a existência de um Estado Administrativo Brasileiro. Independentemente de sua origem, vivemos um contexto em que a máquina pública se vê obrigada a se estruturar para lidar com a burocracia e com a tecnicidade necessárias para as atividades desenvolvidas pelo próprio poder público e aquelas cuja atividade econômica obriga a sua intervenção. Quanto a discussão sobre as bases de formação de um Estado Administrativo, sua constitucionalidade ou não, sua adequação e as forças que de alguma forma interagem com essas bases, ler VERMULE, Adrian. *The Administrative State*: Law, Democracy, and Knowledge. Oxford Handbook of The United States Constitution. Disponível em: <http://ssrn.com/abstract=2329818>. Acesso em: 27 jun. 2020.

[10] CHEVALLIER, Jacques. *O estado pós-moderno*. Tradução de Marçal Justen Filho. Belo Horizonte: Fórum, 2009.

[11] CHEVALLIER, Jacques. *O estado pós-moderno*. Tradução de Marçal Justen Filho. Belo Horizonte: Fórum, 2009.

subordinação, mas por relações horizontais de interdependências, possibilitam a atuação desse Estado direcionador.

Previamente à formulação de um estado administrativo, viveu-se um período em que o poder público era visto como provedor de todas as necessidades da sociedade. Sergio Guerra leciona que "após o segundo grande conflito mundial, houve a queda do autoritarismo capitalista de diversos países, ampliando-se o modelo de Estado-Providência com forte participação estatal na execução direta das atividades econômicas e sociais".[12] Esse período ficou também conhecido como *wellfare state*[13], representado por um Estado grande, robusto e pesado, com a obrigação de sustentar todos as necessidades de seus cidadãos.

Passada a crise econômica mundial após 1970, operou-se a falência desse modelo de Estado pesado e robusto, vindo a ser substituído pela ideia de um estado menos intervencionista, interferindo apenas de forma "ancorada na ideia de Estado mínimo, com práticas voltadas, inicialmente, às privatizações de empresas e desregulação de determinados setores econômicos".[14] Com o advento da Constituição Federal de 1988, e a equalização de um modelo de estado social somado à liberdade de iniciativa na educação, consolidou-se uma proposta de estado que vem apontar modificações no modelo educacional superior brasileiro quanto à quantidade de atores engajados nesta atividade econômica.

Esses fatores corroboram o fato de que a atividade educacional está no rol das atividades econômicas e como tal, prescinde do direcionamento do estado na sua condução.[15] Está também no rol das atividades

[12] Guerra, Sérgio. *Discricionariedade, regulação e reflexividade*: uma nova teoria sobre as escolhas administrativas. 5. ed. Belo Horizonte: Fórum, 2018. p. 121.

[13] O *wellfare State*, também chamado de Estado bem-estar social, se caracteriza pela ação do Estado em financiar as principais necessidades dos cidadãos, em especial com saúde e educação, e em procurar prover todas as necessidades econômicas. É tido como o Estado "grande", "pesado", detentor de todas as responsabilidades econômicas e sociais.

[14] Guerra, Sérgio. *Discricionariedade, regulação e reflexividade*: uma nova teoria sobre as escolhas administrativas. 5. ed. Belo Horizonte: Fórum, 2018. p. 122.

[15] "Em maior ou menor grau toda atividade econômica enseja externalidades positivas ou negativas, justificadoras de uma regulação de corte social. De outro lado, e como dito a luz do artigo 170, a regulação estatal não pode ser exclusivamente econômica, pois os objetivos e princípios da ordem econômica predicam que o Estado, ao exercer a regulação, deve perseguir a combinação entre a garantia das condições de exploração da atividade econômica e a implementação dos objetivos de ordem pública. A regulação estatal, portanto, não pode

sociais, tendo o Estado objetivos e obrigações constitucionais que devem ser alcançados e cumpridos, obrigatoriamente. Esse direcionamento, na educação superior privada, ocorre através da intervenção direta realizada pelo Ministério da Educação (MEC) e suas diversas secretarias, pelo Conselho Nacional da Educação (CNE), e pelas diversas entidades públicas que tem o papel de delimitar e conduzir as políticas públicas deste setor.

Como principais agentes envolvidos na construção normativa pertinente à regulação da educação superior privada podemos citar: i) a Coordenação de Aperfeiçoamento de Pessoal de Nível Superior (CAPES), fundação do Ministério da Educação (MEC), desempenha papel fundamental na expansão e consolidação da pós-graduação stricto sensu (mestrado e doutorado) em todos os estados da Federação; ii) a Secretaria de Educação Superior (SESU), que é responsável por planejar, orientar, coordenar e supervisionar o processo de formulação e implementação da Política Nacional de Educação Superior; iii) o Instituto Nacional de Estudos e Pesquisas Educacionais Anísio Teixeira (Inep), que é uma autarquia federal vinculada ao Ministério da Educação (MEC), tendo como missão a de subsidiar a formulação de políticas educacionais dos diferentes níveis de governo com intuito de contribuir para o desenvolvimento econômico e social do país. Nos últimos anos, o Instituto reorganizou o sistema de levantamentos estatísticos e teve como eixo central de atividades as avaliações em praticamente todos os níveis educacionais. Dentre as principais funções do INEP, temos o

ser meramente reativa ou ordenadora. Terá um caráter proativo e planejador, porém pautado por vetores de equilíbrio, ponderação e responsividade." (MARQUES NETO, Floriano de Azevedo. Regulação econômica e suas modulações. *Revista de Direito Público da Economia – RDPE*, Belo Horizonte, v. 7, n. 28, p. 36, out./dez. 2009).

Censo da Educação Superior[16], ENEM[17], ENADE[18] e o SINAES[19]; iv) a Secretaria de Regulação e Supervisão da Educação Superior (SERES) que é responsável pela regulação e supervisão de Instituições de Educação Superior, públicas e privadas, pertencentes ao Sistema Federal de Educação Superior, sendo um dos principais órgãos normativos para o setor privado da educação superior.

A existência e forma de atuação desses agentes, seja em função do seu ato de criação como autarquia, seja por possuírem algum grau de autonomia para direcionar as ações relacionadas com os seus objetivos regulatórios, seja ainda por guardarem semelhança com a atuação das agências executivas previstas na Lei n.º 9.649, de 27 de maio de 1998[20], serão chamadas ao longo desse estudo de "agências" ligadas ao MEC.

[16] O Censo da Educação Superior, realizado anualmente pelo Inep, é o instrumento de pesquisa mais completo do Brasil sobre as instituições de educação superior (IES) que ofertam cursos de graduação e sequências de formação específica, além de seus alunos e docentes. Essa coleta tem como objetivo de oferecer à comunidade acadêmica e à sociedade em geral informações detalhadas sobre a situação e as grandes tendências do setor. (Disponível em: <www.mec.gov.br>. Acesso em: 27 jun. 2020).

[17] O Exame Nacional do Ensino Médio (Enem) avalia o desempenho escolar ao final da educação básica. Realizado anualmente pelo Inep, desde 1998, o Enem colabora para o acesso à educação superior – por meio do Sisu, do Prouni e de convênios com instituições portuguesas – e a programas de financiamento e apoio estudantil, caso do Fies. Os resultados também permitem o desenvolvimento de estudos e indicadores educacionais. (Disponível em: <www.mec.gov.br>. Acesso em: 27 jun. 2020).

[18] O Exame Nacional de Desempenho dos Estudantes (Enade) avalia o rendimento dos concluintes dos cursos de graduação em relação aos conteúdos programáticos previstos nas diretrizes curriculares dos cursos, o desenvolvimento de competências e habilidades necessárias ao aprofundamento da formação geral e profissional, e o nível de atualização dos estudantes com relação à realidade brasileira e mundial. (Disponível em: <www.mec.gov.br>. Acesso em: 27 jun. 2020).

[19] Criado pela Lei n.º 10.861, de 14 de abril de 2004, o Sistema Nacional de Avaliação da Educação Superior (Sinaes) é formado por três componentes principais: a avaliação das instituições, dos cursos e do desempenho dos estudantes. O Sinaes avalia todos os aspectos que giram em torno desses três eixos, principalmente o ensino, a pesquisa, a extensão, a responsabilidade social, o desempenho dos alunos, a gestão da instituição, o corpo docente e as instalações. (Disponível em: <www.mec.gov.br>. Acesso em: 27 jun. 2020).

[20] Sérgio Guerra define como agências executivas aquelas criadas como autarquias ou fundações que poderiam passar a ter um plano estratégico de reestruturação e desenvolvimento, nos termos da Lei n.º 9.649, de 27.05.1998, bem como ter celebrado contrato de gestão com o respectivo Ministério supervisor. Ele afirma que nos termos da lei, caso fosse do interesse do Presidente da República, ele poderia criar agências executivas por Decreto,

Todos esses agentes, juntamente ao MEC e o CNE, são os entes da administração pública direta que possuem a atribuição de regular o setor da educação superior privada, cuja atuação está inserida no debate sobre diminuição da intervenção direta em privilégio de uma atuação mais liberal, com regulação feita pelo próprio setor em que a atividade econômica está inserida.

Nesse contexto, o Estado deixa de atuar como único provedor do direito social à educação e passa a dirigir a atividade em suposta sinergia com agentes privados, tendo como principal atividade a equalização da atividade devendo atuar de forma menos interventiva, criando regras e atuado nos momentos em que se faz necessário o amortecimento das tensões e a composição de conflitos para a manutenção de um equilíbrio e qualidade da atividade.

Na atuação de todos esses entes estatais perante o setor educacional como um todo, o Estado acaba por produzir uma enorme carga regulatória, sobretudo no setor da educação superior privada, o que o presente estudo aponta como excessiva e demasiadamente interventiva, sem que os resultados almejados sejam alcançados. Esses por sua vez, devem estar atrelados aos requisitos direcionadores da atividade educacional, em especial a qualidade.

A atividade regulatória exercida pelo MEC e suas "agências" administrativas como abordado não parece corroborar a dogmática do direito administrativo moderno, que possuiu um caráter menos autoritário por parte dos órgãos reguladores e mais participativo dos agentes regulados.[21]

e deveria ter como fim realizar políticas estabelecidas pelo próprio Executivo. (Guerra, Sérgio. Aperfeiçoando a regulação brasileira por agências: quais lições podem ser extraídas do sesquicentenário modelo norte-americano? In: *Teoria do estado regulador*. Curitiba: Juruá, 2015. v. 1, p. 84).

[21] Floriano de Azevedo Marques Neto aduz que: "A atividade regulatória é espécie do gênero atividade administrativa. Mas trata-se de uma espécie bastante peculiar. Como já pude afirmar em outra oportunidade, é na moderna atividade regulatória estatal que melhor se manifesta o novo paradigma do direito administrativo, de caráter menos autoritário e mais consensual, aberto à interlocução com a sociedade e permeado pela participação do administrado." (Marques Neto, Floriano de Azevedo. Pensando o controle da atividade regulação estatal. In. Guerra, Sérgio (Coord.). *Temas de direito regulatório*. Rio de Janeiro: Freitas Bastos, 2004. p. 202).

Esse paradigma parece estar alinhado com recentes movimentos do Ministério da Educação[22] quando acena com a possibilidade de diminuição da regulação para a educação superior privada, o que vem sendo objeto de propostas e estudos feitos pelas entidades representativas do setor.

Uma atuação menos interventiva da administração pública na regulação da educação parece estar alinhada com uma concepção mais moderna de se entender o direito administrativo. Essas mudanças, ainda que de forma conceitual, vem sendo debatidas pelo setor da educação superior privada, pelo próprio MEC e a sociedade, na busca de um novo modelo regulatório que permita maior eficiência do poder público nas suas atribuições relacionadas a educação, e maior liberdade às instituições privadas para atuarem neste setor.

Como possíveis respostas à mudança de concepção do direito administrativo e da atividade regulatória propriamente dita, o que se discute[23] seria a implementação de um modelo de pouca intervenção por parte da administração pública direta através da desregulação, ou de um

[22] Publicação no portal do MEC sobra a redução da burocracia garantir melhor andamento de processos, (MINISTÉRIO DA EDUCAÇÃO (MEC). *Redução de burocracia garante melhor andamento de processos*. Disponível em: <http://portal.mec.gov.br/component/tags/tag/51691>. Acesso em: 27 jun. 2020).

[23] As discussões sobre modelos menos interventivos para regulação da educação superior vêm ocorrendo no âmbito do próprio MEC quando agentes daquela entidade afirmam a necessidade de desburocratização e valorização das informações prestadas pelas próprias IES, sinalizando potencial redução de carga regulatória. Essas questões foram inclusive postas às entidades representativas da educação superior, com a apresentação de modelos e premissas para o estabelecimento da autorregulação para o setor. As discussões podem ser acompanhadas no próprio portal do MEC. (Disponível em: MINISTÉRIO DA EDUCAÇÃO (MEC). *Redução de burocracia garante melhor andamento de processos*. Disponível em: <http://portal.mec.gov.br/component/ tags/tag/51691>. Acesso em: 27 jun. 2020) ou ainda nos endereços eletrônicos disponíveis em: REIS, Fábio. Autorregulação no ensino superior. *SEMESP*, 18 nov. 2019. Disponível em: <https://www.semesp.org.br/ assessoria-educacional/noticias/autorregulacao-do-ensino-superior/>. Acesso em: 07 jan. 2021; BACHUR, João Paulo. Regulação e autorregulação da educação superior: desafios e perspectivas. *2 em 1 Consultoria*, 28 fev. 2019. Entrevista concedida a Poliana Nascimento Disponível em: <https://www.2em1consultoria.com.br/ regulacao-e-autorregulacao-da-educacao-superior-desafios-e-perspectivas/>. Acesso em: 03 jan. 2021; ASSOCIAÇÃO BRASILEIRA DE MANTENEDORAS DE ENSINO SUPERIOR (ABMES). Premissas para autorregulação da educação superior. *Estadão*, 13 fev. 2020. Disponível em: <https://www.abmes.org.br/noticias/detalhe/3636/premissas-para-autorregulacao-da-educacao-superior>. Acesso em: 27 jun. 2020).

sistema de autorregulação, ou ainda um modelo também menos interventivo que o modelo atual, mas que tenha o setor público como condutor do equilíbrio sistêmico necessário para a atividade atuando como um metarregulador.

Na conformação à regulação exercida pelos agentes públicos do setor, Instituições de Educação Superior Privadas (IESPr) acabam por limitar sua capacidade de criação e de aplicação de modelos educacionais que representam suas próprias identidades e diretrizes acadêmicas, o que pode estar afetando a autonomia universitária[24] das instituições que a detém, direito esse atribuído as IES em nossa carta maior.[25]

A autonomia universitária recebeu tratamento especial com a promulgação da Constituição Federal de 1988 e da Lei n.º 9.394 de 1996, a Lei de diretrizes e bases da educação nacional. Todavia, conceituar a autonomia universitária não é uma tarefa fácil e que encontra pacificação em nossa literatura. Nina Ranieri afirma que "No Brasil, o tema da conceituação legal da autonomia universitária, do seu âmbito e dos seus limites, é recorrente e, aparentemente, inesgotável".[26]

A verdade é que em um país como o Brasil, onde a produção acadêmica poderia ser maior, quando comparada à de países mais desenvolvidos[27] e países que possuam características econômicas semelhantes, muito se tem ainda que pacificar quanto ao contexto de autonomia para a realização de pesquisas e extensões na educação superior e quanto ao favorecimento da produção científica nas universidades privadas.

[24] A autonomia universitária será mais bem delimitada adiante neste estudo.

[25] Constituição da República Federativa do Brasil: "Art. 207. As universidades gozam de autonomia didático-científica, administrativa e de gestão financeira e patrimonial, e obedecerão ao princípio de indissociabilidade entre ensino, pesquisa e extensão. §1.º É facultado às universidades admitir professores, técnicos e cientistas estrangeiros, na forma da lei. §2.º O disposto neste artigo aplica-se às instituições de pesquisa científica e tecnológica."

[26] Ranieri, Nina Beatriz Stocco. Aspectos jurídicos da autonomia universitária no Brasil. *Revista CEJ*, Brasília, v. 9, n. 31, p. 20, out./dez. 2005.

[27] Como base de dados foi utilizada a pesquisa elaborada pela *Science & Engineering Indicators* que fornece informações quantitativas sobre as empresas americanas e internacionais de ciência e engenharia (S&E). As pesquisas e os dados estão disponíveis em NATIONAL SCIENCE BOARD. Science & Engineering Indicators. *Publication Output, by Region, Country, or Economy*. Disponível em: <https://ncses.nsf.gov/pubs/nsb20206/ publication-output-by-region-country-or-economy>. Acesso em: 27 jun. 2020. Voltaremos a esse tema e a outros dados que apontam qualidade na educação superior no tópico sobre qualidade.

Um conceito de autonomia universitária será apresentado em um ponto específico desse estudo, todavia, importante descrever que a autonomia universitária inserida na Constituição Federal de 1988 tem por pressuposto a autonomia didático-científica, administrativa e de gestão financeira e patrimonial. Muzy e Drugowich descrevem a autonomia universitária como "um atributo institucional que diz respeito às garantias financeiras e organizacionais para essa liberdade, mas também da manutenção, da capacidade, das missões e da sustentabilidade da organização universitária".[28]

A autonomia universitária em sua identificação e delimitação inicial passou pela necessidade de as universidades públicas deterem autonomia financeira e administrativa para atuação, manutenção e aplicação de seus conceitos educacionais, entretanto, com o aumento da atividade educacional superior privada, outras dimensões da autonomia se mostraram igualmente importantes para essas entidades. Delimitar o conceito de autonomia universitária para entender em que medida ela pode estar sendo conformada, reduzida, e como eventual ampliação de sua aplicação para entidades que tenham resultados satisfatórios em indicadores de qualidade, pode possibilitar melhores resultados educacionais.

O presente trabalho tem pretensões descritivas e normativas. No primeiro aspecto, esse estudo tem-se por objetivo descrever (i) a existência de extensa regulação do setor da educação superior privada, apontando as dificuldades que agentes públicos e privados enfrentam na atividade que desenvolvem, (ii) como essa regulação pode estar conformando a autonomia universitária, e (iii) se de alguma forma essa regulação poderia estar contribuindo para os resultados relacionados a qualidade encontrados na educação superior brasileira, dentre seus próprios indicadores e perante países com semelhanças econômicas minimamente conciliáveis.

Conhecido o cenário regulatório que encontramos no nosso país para a educação superior privada, em um segundo aspecto normativo, pretende-se investigar se modelos mais liberais de regulação [desregulação, autorregulação e metarregulação] se adequam ao sistema jurídico brasileiro, em que medida e como podem ser utilizados.

[28] MUZI, Paulo de Tarso Artencio; FELÍCIO, José Roberto Drugowich de. *Os desafios da autonomia universitária*: história recente da USP. Jundiaí, SP: Paco, 2018. p. 81.

Busca-se também saber em que medida eventual mudança estrutural na regulação da educação superior privada se justifica, diante das obrigações inerentes à atividade educacional superior. Para tanto, procuraremos entender "qualidade da educação superior" em diferentes dimensões, e que fatores inerentes ao desenho institucional e regulatório atual podem estar contribuindo para a qualidade da educação no Brasil.

Encontradas as respostas, serão apresentadas as alternativas regulatórias a esse modelo piramidal onde o poder público delimita e direciona toda a atividade educacional superior, cotejando o modelo existente com modelos fundados na teoria da regulação sobre autorregulação, metarregulação e desregulação do setor.

Muitos são os debates em todos os grandes centros que discutem a regulação da educação superior sobre modelos regulatórios, especialmente defendendo a desregulação ou a autorregulação do setor. Partimos da hipótese de que um modelo regulatório com a utilização de instrumentos de autorregulação e de metarregulação para a educação superior privada estaria alinhado aos direitos constitucionais que direcionam a atividade [a tutela e a promoção de direitos sociais, a livre iniciativa, a busca pela qualidade da educação[29], o reconhecimento e a proteção da autonomia universitária] e que poderiam produzir melhores resultados com relação ao PNE, do que os alcançados até então. Além desses possíveis resultados acreditamos que maior liberdade concedida aos agentes privados do setor para estabelecer regras e *standards* na conformação de suas atividades poderia gerar maior eficiência alocativa, e por consequência, maior qualidade para a educação e maior riqueza para o país.

No primeiro capítulo deste trabalho descreveremos como se dá a regulação da educação superior, quem são os agentes responsáveis por sua condução, como é extensa a regulação do setor, inclusive com

[29] A obrigação de qualidade na prestação da educação está prevista em nossa Constituição da República Federativa do Brasil no "Art. 206. O ensino será ministrado com base nos seguintes princípios: ... VII – garantia de padrão de qualidade." e "Art. 209. O ensino é livre à iniciativa privada, atendidas as seguintes condições: I – cumprimento das normas gerais da educação nacional; II – autorização e avaliação de qualidade pelo Poder Público."

potencial ossificação[30] no processo normativo da atividade. Esse estudo permitirá ao leitor navegar por alguns dos problemas que estão sujeitas IESPr, e como esses problemas podem não afetar de forma semelhante as IESPu.

Em seguida, buscaremos apresentar alternativas regulatórias ao modelo vigente, através da Teoria da Regulação, cotejando a literatura sobre o tema com a realidade e possibilidades de aplicação no Brasil.

Por fim, em conclusão a apresentação do aspecto normativo do presente trabalho, defenderemos um modelo de metarregulação para a educação superior privada, apresentando propostas quanto a que forma em que poderia ser aplicado e como ele poderia ser uma opção ao modelo atualmente vigente.

[30] Jason Webb Yackee e Susan Webb Yackee apontam que a tese da ossificação verifica que "restrições processuais impostas às agências federais pelo presidente, Congresso e tribunais tiveram o efeito colateral indesejável de tornar o processo regulatório federal tão oneroso e ineficiente que as agências federais agora promulgam rotineiramente importantes regulamentos somente após um atraso significativo (Seidenfeld, 1997; McGarity, 1992, 1997; Pierce, 1995; Verkuil, 1995; Mashaw, 1994; Moore, 1986)." (YACKEE, Jason Webb; YACKEE, Susan Webb. *Administrative Procedures and Bureaucratic Performance: Is Federal Rulemaking "Ossified"?* Legal Studies Research Paper Series, Paper n. 1079, abr. 2009. Disponível em: <http://ssrn.com/abstract=1371588>. Acesso em: 27 jun. 2020). Tradução livre: *"procedural constraints imposed on federal agencies by the president, Congress, and the courts have had the undesirable side effect of making the federal regulatory process so burdensome and inefficient that federal agencies now routinely promulgate important regulations only after significant delay* (Seidenfeld, 1997; McGarity, 1992, 1997; Pierce, 1995; Verkuil, 1995; Mashaw, 1994; Moore, 1986)."

2. Referências Constitucionais que Direcionam a Atividade da Educação Superior Privada

Como abertura nesse ponto da pesquisa jurídica, insta iniciar nossas constatações com a questão sobre como foram definidas as referências constitucionais que delimitam a esfera de inserção da educação superior.

A educação em nossa Constituição Federal foi destacada como direito social prestacional, obrigação do Estado que deve ser prestada em todos os níveis com preponderância dos municípios para a educação fundamental, dos Estados para a educação básica e o ensino médio, e a União no que se refere à educação superior. Há ainda a possibilidade de atuação em outros níveis educacionais de cada um desses entes, todavia, preservado seu dever principal no nível que lhe é delimitado constitucionalmente.[31]

[31] Constituição da República Federativa do Brasil: Art. 211. A União, os Estados, o Distrito Federal e os Municípios organizarão em regime de colaboração seus sistemas de ensino. §1.º A União organizará o sistema federal de ensino e o dos Territórios, financiará as instituições de ensino públicas federais e exercerá, em matéria educacional, função redistributiva e supletiva, de forma a garantir equalização de oportunidades educacionais e padrão mínimo de qualidade do ensino mediante assistência técnica e financeira aos Estados, ao Distrito Federal e aos Municípios; §2.º Os Municípios atuarão prioritariamente no ensino fundamental e na educação infantil. §3.º Os Estados e o Distrito Federal atuarão prioritariamente no ensino fundamental e médio. §4.º Na organização de seus sistemas de ensino, a União, os Estados, o Distrito Federal e os Municípios definirão formas de colaboração, de modo a asse-

O direito à atuação positiva do Estado é uma condição fática para o efetivo exercício das liberdades fundamentais (direitos fundamentais de primeira geração), dependendo de uma postura ativa do poder público para sua efetivação. Esses direitos assumem um caráter de fundamentalismo, sendo classificados como direitos fundamentais de segunda geração (ou ordem), encontrando, na medida em que aproximam o ser humano do mínimo necessário para gozo das garantias fundamentais de primeira ordem, um aspecto de relevância necessários ao Estado Democrático Social.[32]

Na delimitação do direito à educação como um dever de prestação do Estado que emana das diretivas de aplicabilidade e eficácia constantes em nossa Constituição Federal, vemos nas lições de Ingo W. Sarlet, que para consecução desses direitos (sociais positivos) o Estado deverá adotar uma conduta positiva, consistente em uma prestação de natureza fática[33], que teria dentre os seus objetivos, de forma muito abreviada, a equalização das desigualdades sociais e atuação democrático social.[34]

Para atendimento deste direito fundamental social à educação, nossa Constituição Federal abrangeu inclusive parcela orçamentária que deverá ser empregada na educação referente aos recebimentos públicos de receitas tributárias, o chamado orçamento impositivo[35], que, por meio de determinações constitucionais, obrigam a União, Estados e

gurar a universalização do ensino obrigatório. §5.º A educação básica pública atenderá prioritariamente ao ensino regular.

[32] SARLET, Ingo Wolfgang. Os direitos fundamentais sociais na Constituição de 1988. *Revista Diálogo Jurídico*, Salvador, BA, v. 1, n. 1, p. 15, abr. 2001. Disponível em: <http://www.direitopublico.com.br>. Acesso em: 12 fev. 2021.

[33] SARLET, Ingo Wolfgang. *A eficácia dos direitos fundamentais*: uma teoria geral dos direitos fundamentais na perspectiva constitucional. 12. ed. rev., atual. e ampl. Porto Alegre: Livraria do Advogado, 2015.

[34] Sobre diferenciação entre direitos sociais negativos e positivos, e de que forma a concretização dos direitos sociais positivos (prestações) diminuem as desigualdades sociais e aproximam o ser humano de uma existência digna, ler SARLET, Ingo Wolfgang. Os direitos fundamentais sociais na Constituição de 1988. *Revista Diálogo Jurídico*, Salvador, BA, v. 1, n. 1, abr. 2001. Disponível em: <http://www.direitopublico.com.br>. Acesso em: 12 fev. 2021.

[35] Orçamento impositivo é quando o Poder Legislativo delimita o quanto dos recursos públicos, advindos dos tributos, deverão ser gastos de forma obrigatória em determinado seguimento de atuação do Poder Executivo.

Distrito Federal a destinar parte da sua arrecadação com tributos para a educação.[36]

Se considerarmos o orçamento de 2019 da União[37], que arrecadou cerca de 1,5 trilhão de reais em impostos naquele ano, estamos falando que 270 bilhões de reais da União deveriam ser destinados à educação, em todos os níveis, considerado apenas a arrecadação federal para emprego desses recursos.

A quantidade de recursos orçamentários da União, Estados e Municípios que devem ser destinados à educação como um todo, não está simplesmente à disposição do poder Executivo para direcioná-la com base em sua própria discricionariedade administrativa[38], pois ela deverá estar correlacionada a ações de Estado previstas e planejadas e justificadas com a finalidade de atingimento de determinados objetivos educacionais.

Quando falamos no direcionamento dos recursos advindos do orçamento impositivo que devem ser destinados à educação, entendemos que esses recursos são alocados em programas governamentais de

[36] Constituição da República Federativa do Brasil: "Art. 212. A União aplicará, anualmente, nunca menos de dezoito, e os Estados, o Distrito Federal e os Municípios vinte e cinco por cento, no mínimo, da receita resultante de impostos, compreendida a proveniente de transferências, na manutenção e desenvolvimento do ensino".

[37] CONTROLADORIA-GERAL DA UNIÃO (CGU). Portal da Transparência. *Visão geral da execução da receita pública*. Disponível em: <http://www.portaldatransparencia.gov.br/receitas?ano=2019>. Acesso em: 27 jun. 2020.

[38] Eros Grau, citando Celso Antônio Bandeira de Melo, conceitua discricionariedade como a "margem de liberdade que remanesça ao administrador para eleger, segundo critérios consistentes de razoabilidade, um, dentre pelo menos dois comportamentos, cabíveis perante cada caso concreto, a fim de cumprir o dever de adotar a solução mais adequada à satisfação da finalidade legal, quando, por força da fluidez das expressões da lei ou da liberdade conferida no mandamento, dela não se possa extrair objetivamente uma solução unívoca para a situação vertente." (GRAU, Eros Roberto. *O direito posto e o direito pressuposto*. 9. ed. São Paulo: Malheiros, 2014. p. 208). Um conceito mais próximo do entendimento atual quanto à discricionariedade administrativa pode ser mais bem apresentado quando podemos dizer que o ato não é nem vinculado, nem discricionário, mas sim, mais ou menos vinculado à juridicidade. Nas lições de Gustavo Binenbojm "A discricionariedade não é, destarte, nem uma liberdade decisória externa ao direito, nem um campo imune ao controle jurisdicional. Ao maior ou menor grau de vinculação do administrador à juridicidade corresponderá, via de regra, maior ou menor grau de controlabilidade judicial de seus atos." (BINENBOJM, Gustavo. *Uma teoria do direito administrativo*: direitos fundamentais, democracia e constitucionalização. 3. ed. Rio de Janeiro: Renovar, 2014. p. 220).

fomento à educação e serviços educacionais diretamente prestados pelo poder público, cujas escolhas restam no administrador público. Essas escolhas são realizadas mediante a conveniência e oportunidade verificadas por esse administrador, e em decorrência do processo normativo que emprega recursos nas políticas públicas escolhidas.

Em sentido contrário, essas escolhas encontram maior vinculação, sobretudo, nas metas dispostas no PNE, o que em última análise estaria alinhado a um programa de Estado. Por vezes, vemos em nosso país[39], o emprego dos recursos direcionados à educação sendo dispostos de acordo com o novo chefe do Poder Executivo, sem que se tenha uma maior vinculação dessas escolhas. Desta forma, verificamos que quando essas escolhas são realizadas pelo agente público, membro do Poder Executivo direito ou indireto, elas são feitas mediante discricionariedade administrativa, que deve ser entendida sob o prisma de quão vinculados ou discricionários seriam os atos para eleição de como empregar os recursos destinados à educação.

Sergio Guerra leciona que "a escolha administrativa discricionária é exercida pelo Poder Executivo por meio de aberturas concedidas pelo legislador primário".[40] É inegável que uma considerável parcela de discricionariedade deve estar à disposição do administrador público na consecução de suas atividades, entretanto, o gozo da conveniência e oportunidade em suas escolhas deve estar sempre vinculado a uma política de Estado, ou pelo menos em bases normativas que representem a vontade popular.

[39] Como exemplo do exercício das escolhas administrativas no direcionamento de recursos públicos para a educação, vimos na transição entre o governo da Presidente Dilma Rousseff e do Presidente Luiz Inácio Lula da Silva, que aplicaram enorme quantidade de recursos em programas para educação superior como o FIES e o PROUNI, e no Governo do Presidente Michel Temer que reduziu drasticamente os gastos com o FIES sob o pretexto do contingenciamento dos recursos públicos aplicados naquele programa e de obter previsibilidade do pagamento do financiamento pelos alunos beneficiários. Como contrapartida ao endurecimento na concessão de financiamento o governo do Presidente Michel Temer editou a Portaria Normativa n.º 11, de 20 de junho de 2017, que flexibilizou e ampliou a abertura de cursos de EAD. Outro exemplo, já no Governo do Presidente Jair Bolsonaro, pode ser visto no lançamento da ID Estudantil cuja Medida Provisória 895/2019 não foi apreciada pelo Congresso Nacional. Recursos federais foram direcionados para sua implementação, porém, foram desperdiçados em função da não continuidade da política visada pelo Governo Federal.

[40] GUERRA, Sérgio. *Discricionariedade, regulação e reflexividade*: uma nova teoria sobre as escolhas administrativas. 5. ed. Belo Horizonte: Fórum, 2018. p. 79.

Apesar de todas essas digressões sobre a escolha administrativa, e neste ponto mencionamos aquelas referidas ao emprego de recursos na educação, há um alto grau de discricionariedade para que o Poder Executivo direcione recursos para educação, ainda que não alinhados com o PNE, mas sim a outras políticas públicas.[41]

Note que a vinculação da escolha está na efetivação do interesse público, e pretender de alguma forma questionar essa escolha olhando para esse interesse de forma alinhada aos planos e normas relacionadas à educação, poderia trazer limitações ao emprego da discricionariedade. Eros Grau aponta como condição para controle pelo judiciário da discricionariedade no exercício da administração o desvio de finalidade ou abuso de poder.[42]

Assim sendo, o direcionamento das verbas inerentes ao orçamento vinculativo por parte da União, Estados e Municípios não pode ser considerado discricionário ou vinculado de modo estanque, estando mais próximo da discricionariedade do que da vinculação. Em vias gerais esta vinculação deveria encontrar suas bases no Plano Nacional da Educação (PNE), regra legal, cuja elaboração está prevista em nossa Constituição Federal e que deverá sustentar as políticas estatais para a educação pelo prazo de 10 anos.

O Plano Nacional da Educação (PNE) é a regra de planejamento que visa orientar as políticas públicas para o atingimento dos objetivos das políticas de Estado. Segundo Gordillo, planejamento seria "uma atividade preordenada para conseguir determinados fins".[43]

[41] Neste entendimento, sobre a discricionariedade e as escolhas do agente administrativo, Odete Medauar afirma: "No entrecruzar-se da atividade da Administração e do interesse público que ela deve realizar, surge a figura da discricionariedade. Tradicionalmente vem conceituada como a faculdade conferida à autoridade administrativa de se orientar livremente quanto à oportunidade e conveniência de seus atos; ou de escolher uma solução entre muitas. Sobressai uma ideia de escolha livre, de espaço livre, de seleção de maior para efetivar o interesse público." (MEDAUAR, Odete. *O direito administrativo em evolução*. 3. ed. Brasília: Gazeta Jurídica, 2017. p. 239).

[42] "O exercício, pela Administração, da autêntica discricionariedade – formulação de juízo de oportunidade, que apenas poderá exercitar quando norma válida a ela atribuir essa faculdade – não está sujeito ao controle do Poder Judiciário, salvo quando esse exercício consubstancie desvio ou abuso de poder ou de finalidade." (GRAU, Eros Roberto. *O direito posto e o direito pressuposto*. 9. ed. São Paulo: Malheiros, 2014. p. 213).

[43] MELLO, Célia Cunha. *O fomento da administração pública*. Belo Horizonte: Del Rey, 2003. p. 60.

O planejamento é composto de elementos que visam ao alcance de determinados objetivos e definem os instrumentos necessários para o seu atingimento, sendo que os objetivos condicionam e unificam as disposições do plano, e os instrumentos são as medidas tomadas para alcançar aquele fim, estando um condicionado ao outro.

Com a leitura do artigo 174 da Constituição Federal[44], observa-se que o plano é imperativo para o poder público, enquanto é apenas indicativo para o setor privado. Desta forma, na aplicação de recursos provenientes do orçamento impositivo os entes estatais deveriam, em tese, levar em conta os objetivos insculpidos no PNE, lei de planejamento, devendo ser essa a principal limitação da discricionariedade do agente púbico a cargo da execução dos gastos com educação.

Para aplicação ao setor privado, sua realização pressupõe a prática de atos para a intervenção conformadora da vontade privada, o que é comumente realizado através de medidas de fomento como o FIES e o PROUNI, que foram objeto de leis específicas para fomentar a atividade e ajudar o Estado a atingir as metas constantes do PNE, de modo que a fonte jurídica de sua execução deixa de ser puramente o PNE, e passa a ser ato de formalização ou de adesão do agente econômico aos propósitos do plano.

Outro ponto sobre o PNE que deve ser ressaltado, e que é comum às leis de planejamento, seria que apesar de ser atribuído por lei, do ponto de vista material, tem entre as suas características as de que "não preenchem os requisitos da generalidade, abstração e obrigatoriedade, próprios de normas vinculativas e sancionadoras, mormente porque os planos em países de economia de mercado, constituem instrumento de política de Estado"[45] sendo a sua vinculatividade analisada sob o prisma de seu destinatário, sendo imposta para o setor público e indicativa para o setor privado.

Nossa Constituição privilegiou o atingimento dos direitos sociais através da economia de mercado, tendo assim a vinculação do PNE

[44] Constituição da República Federativa do Brasil: "Art. 174. Como agente normativo e regulador da atividade econômica, o Estado exercerá, na forma da lei, as funções de fiscalização, incentivo e planejamento, sendo este determinante para o setor público e indicativo para o setor privado".

[45] MELLO, Célia Cunha. *O fomento da administração pública*. Belo Horizonte: Del Rey, 2003. p. 64.

[nossa regra de planejamento para educação] variando consoante seu destinatário, sendo imperativo apenas para o setor público, e indicativo para o setor privado.

Obviamente, para que o plano tenha eficácia, a eficácia pressupõe-se uma completa e clara compreensão das metas propostas pelos agentes que estão sob seu direcionamento, e essas são encontradas nos ditames de sua lei de criação.

Como a educação é um direito fundamental social, cujos objetivos nacionais constam expressamente da lei de planejamento (PNE) para a sua realização, esses se tornam obrigatórios e vinculativos a um Estado que parece não se perceber como capaz de alcançar os resultados por ele mesmo fixados. Para ajudar o Estado no atingimento das suas metas para educação, e neste caso tratamos especificamente da educação superior, foram e são implementadas políticas públicas educacionais para estimular agentes econômicos privados a trabalharem em prol dos objetivos estatais.

Vale neste ponto uma breve consideração sobre a limitação da obrigatoriedade de fornecimento dos serviços tidos como direitos fundamentais sociais, reconhecidos como os direitos fundamentais de segunda ordem. Ingo W. Sarlet leciona que esses direitos assumem uma dimensão específica dos direitos fundamentais, pois possibilitam a fruição das liberdades, o que em última análise viabilizaria uma percepção de liberdade real, que nas suas palavras "apenas pode ser alcançada pela compensação das desigualdades sociais".[46] As liberdades proporcionadas por esses direitos somente podem ser alcançadas através da conduta positiva do Estado na sua prestação ou disponibilização em favor da sociedade.

Ocorre que, para a prestação desses direitos em favor da sociedade, o Estado precisa, além de ter disponíveis recursos suficientes, possuir a capacidade jurídica necessária para fornecê-los. Assim, quando o legislador constituinte direcionou ao Estado a obrigação de oferecimento de educação fundamental obrigatória[47], inseriu regra de direito subjetivo

[46] Sarlet, Ingo Wolfgang. Os direitos fundamentais sociais na Constituição de 1988. *Revista Diálogo Jurídico*, Salvador, BA, v. 1, n. 1, p. 18, abr. 2001. Disponível em: <http://www.direitopublico.com.br>. Acesso em: 12 fev. 2021.

[47] Constituição da República Federativa do Brasil, Art. 212, §3.º: "§3.º A distribuição dos recursos públicos assegurará prioridade ao atendimento das necessidades do ensino obriga-

público a esse direito, cuja consecução deve estar disponível a todos. Neste direcionamento, acaba por relacionar o direito à educação fundamental ao princípio do mínimo existencial, formando parcela inerente às liberdades individuais que deve ser possibilitada pelo Estado, ainda que existam condicionantes econômicas que as dificultem.

Por outro lado, ao ditar a progressiva universalização do ensino médio gratuito ou ainda o acesso aos níveis mais elevados de ensino, pesquisa e da criação artística mediante a capacidade de cada um, condicionou a atuação estatal nos limites da reserva do possível[48], eis que essas, ainda que em muito se alargasse o que se entende por mínimo existencial, dificilmente estariam inseridas nesse conceito.[49]

Desta forma, como o oferecimento de educação superior por parte do poder público estaria condicionado às suas capacidades econômicas e possibilidades jurídicas, e diante da possibilidade de atuação do setor público e do setor privado na educação superior, é comum que o poder

tório, no que se refere a universalização, garantia de padrão de qualidade e equidade, nos termos do plano nacional de educação."

[48] Sobre a reserva do possível: "Além da disponibilidade dos recursos, o destinatário da norma deve ter também a capacidade jurídica, em outras palavras, o poder de dispor, já que lhe faltando esta, de nada adiantam os recursos existentes serem suficientes. É justamente em virtude do exposto que se passou a sustentar a colocação dos direitos sociais a prestações sob o que se denominou de uma reserva do possível, que, compreendida em sentido amplo, abrange tanto a possibilidade, quanto o poder jurídico de disposição por parte do destinatário da norma." (SARLET, Ingo Wolfgang. Os direitos fundamentais sociais na Constituição de 1988. *Revista Diálogo Jurídico*, Salvador, BA, v. 1, n. 1, p. 24, abr. 2001. Disponível em: <http://www.direitopublico.com.br>. Acesso em: 12 fev. 2021); Melhor delimitação da reserva do possível pode ser encontrada quando afirma que ela teria uma dimensão tríplice, que abrange: "a) a efetividade fática dos recursos para efetivação dos direitos fundamentais; b) a disponibilidade jurídica dos recursos materiais e humanos, que guarda íntima conexão com a distribuição das receitas e competências tributárias, orçamentárias, legislativas, administrativas, entre outras, e que, além disso, reclama equacionamento, notadamente no caso do Brasil, no contexto do nosso sietma constitucional federativo; c) já na perspectiva do (também) do eventual titular de um direito a prestações sociais, a reserva do possível envolve o problema da proporcionalidade da prestação, em especial no tocante a sua exigibilidade e, nesta quadra, também de sua razoabilidade." (SARLET, Ingo Wolfgang. *A eficácia dos direitos fundamentais*: uma teoria geral dos direitos fundamentais na perspectiva constitucional. 12. ed. rev., atual. e ampl. Porto Alegre: Livraria do Advogado, 2015. Posição 9545).

[49] Uma revisão mais aprofundada sobre o direito social à educação pode ser mais bem compreendida no item 3.4.4.3.3 da obra SARLET, Ingo Wolfgang. *A eficácia dos direitos fundamentais*: uma teoria geral dos direitos fundamentais na perspectiva constitucional. 12. ed. rev., atual. e ampl. Porto Alegre: Livraria do Advogado, 2015.

público utilize medidas de fomento[50] para estimular o setor privado a atuar de forma a ajudá-lo, sendo esse um dos motivos de tais medidas serem tão comuns na educação.

Atores privados atuam na educação superior mediante autorização constitucional, eis que há previsão expressa de atuação mediante livre iniciativa na atividade. O presente estudo visa, sobretudo, abordar as implicações sobre a atuação das IESPr e a aplicação da regulação setorial sobre a sua atividade. O desenho metodológico voltado para verificação da regulação setorial sobre a atividade privada na educação superior, se justifica na medida em que é constatado no relatório *Rethinking Quality Assurance for Higher Education in Brazil – Reviews of National Policies for Education* que os ônus da regulação são aplicados de forma diferente quando relacionadas IESPu e IESPr[51], e por serem essas

[50] José Vicente Santos de Mendonça conceitua fomento como a "ação consistente em estimular, proteger ou auxiliar atividades particulares mediante as quais se satisfazem necessidades ou conveniências de caráter geral, de modo diretamente não coativo, mas persuasivo sem implicar a criação de serviço público ou a assunção da atividade econômica pelo Estado". (MENDONÇA, José Vicente Santos de. *Direito constitucional econômico*: a intervenção do estado na economia a luz da razão pública e do pragmatismo. 2. ed. Belo Horizonte: Fórum, 2018. p. 321). Marçal Justen Filho e Eduardo Jordão conceituam fomento, em sua dimensão político-regulatória como: "O contrato de fomento é figura característica do Estado de Bem-Estar Social, possuindo preponderante aspecto político-regulatório. Trata-se de instrumento de intervenção no domínio econômico cuja racionalidade econômica consiste na regulação de uma falha de mercado: as chamadas externalidades." (JUSTEN FILHO, Marçal; JORDÃO, Eduardo Ferreira. A contratação administrativa destinada ao fomento de atividades privadas de interesse coletivo. *Revista Brasileira de Direito Público,* v. 34, p. 49, 2011). "O fomento implica o auxílio e desenvolvimento do exercício de uma atividade privada, que se supõe de interesse público, com meios públicos." (MOCCIA, Maria Hermínia Penteado Pacheco e Silva. Parâmetros para a utilização do fomento público econômico: empréstimos pelo BNDES em condições favoráveis. 2014. Tese (Doutorado) – Pontifícia Universidade Católica de São Paulo, São Paulo, 2014. p. 54).

[51] O relatório apresenta constatações de que para verificação de conformidade, avaliação dos cursos com finalidade de credenciamento, recredenciamento, autorização e verificação de conceitos, as implicações para IESPu e IESPr são diferentes. *"Public HEIs may be established with any institutional form and are accredited automatically by their acts of establishment. The establishment of new federal public institutions is rare, but, from a legal perspective, such institutions can be created without any requirement to undergo an initial external evaluation."* (p. 21). *"Legally, both private and federal public institutions are subject to periodic re-accreditation (recredenciamento), based on on-site reviews coordinated by INEP. For private institutions, successful re-accreditation is a prerequisite for their continued operation (although 'de-accreditation' is rare). For federal public institutions, the process is essentially no more than a formality, as they systematically score three or more on a*

IESPr representantes de mais de 75% das matrículas na educação superior nacional como se verá adiante.

A liberdade de inciativa garantida ao setor privado para atuar na educação, sobretudo na educação superior, não é concedida sem que sejam estabelecidas amarras para sua atuação. Como receber educação é um direito fundamental social que permite a aproximação ao gozo dos direitos fundamentais de primeira geração e por ser a educação a base de toda e qualquer sociedade, o alicerce principal para atividade está centrado na prestação de serviços educacionais com qualidade, sendo a sua verificação atribuída ao poder público.[52]

Além da qualidade exigida na educação, a atuação privada deve ser precedida de autorização pelo poder público, devendo o agente privado obtê-la, primeiramente, para ingresso naquele setor e abertura de seus cursos, além de estar obrigado a seguir as normas existentes para a educação.

Desta forma, verificamos que são três os pontos de intervenção estatal para permitir que agentes privados atuem na educação superior com livre inciativa, sendo eles i) autorização do poder público; ii) verificação

five point evaluation scale and, in any case, cannot have their accreditation removed." (p. 158). *"Public, like private, institutions are formally required to undergo renewal of their accreditation through a process involving another on-site review periodically that leads to a new CI and which we examine below. However, whereas the re-accreditation process could theoretically lead to the 'deaccreditation' of private HEIs, public institutions are protected by their legal status. This means re-accreditation is purely an administrative formality for public institutions. Even for private institutions in Brazil, the risk of 'de-accreditation' appears to be low. Although clear data on the number of cases of institutional 'de-accreditation' have not been made public by SERES, the OECD review team understands only a handful of private institutions have last accreditation in the last decade."* (p. 160-161). (OECD. Rethinking Quality Assurance for Higher Education in Brazil. *Reviews of National Policies for Education*, Paris, 2018. Disponível em: <https://doi.org/10.1787/9789264309050-en>. Acesso em: 07 jun. 2020).

[52] Constituição da República Federativa do Brasil: "Art. 206. O ensino será ministrado com base nos seguintes princípios: I – igualdade de condições para o acesso e permanência na escola; II – liberdade de aprender, ensinar, pesquisar e divulgar o pensamento, a arte e o saber; III – pluralismo de ideias e de concepções pedagógicas, e coexistência de instituições públicas e privadas de ensino; IV – gratuidade do ensino público em estabelecimentos oficiais; V – valorização dos profissionais da educação escolar, garantidos, na forma da lei, planos de carreira, com ingresso exclusivamente por concurso público de provas e títulos, aos das redes públicas; VI – gestão democrática do ensino público, na forma da lei; *VII – garantia de padrão de qualidade.* VIII – piso salarial profissional nacional para os profissionais da educação escolar pública, nos termos de lei federal."

de qualidade pelo poder público; iii) atendimento das normas para educação superior.

A autorização do poder público é a forma regulatória encontrada pelo Estado para limitar o número de agentes econômicos e diminuir eventuais assimetrias no setor regulado. Barreiras de entrada são muito comuns em atividades econômicas relacionadas a direitos sociais, não sendo diferente a educação superior, eis que o crescimento desordenado da atividade poderia limitar a capacidade do Estado em auferir os indicadores de qualidade, dando cumprimento ao seu dever constitucional.[53]

No que se refere ao atendimento de normas, temos como fontes normativas principal Lei de Diretrizes e Bases da Educação (LDB), que deve ser o principal referencial de atendimento aos ditames constitucionais, além de toda regulação produzida pelo CNE, MEC e suas secretarias e fundações, que acabam por delimitar a moldura normativa que regulamenta a atuação das IESPr neste setor.

Por fim, temos a verificação de qualidade pelo poder público, sendo a principal atividade relacionada a educação, que deve estar atrelada a formulação de todas as políticas públicas educacionais, bem como por ser o alicerce da sociedade em constante evolução. Essa dimensão é tão importante para educação que justifica estudos mais aprofundados sobre aspectos substantivos que deverão ser abordados ao longo do presente estudo.

Assim, diante dos referenciais constitucionais que direcionam a atividade da educação superior privada ora descritos [a tutela e a promoção de direitos sociais, a atuação privada em livre iniciativa, a busca pela qualidade da educação, o reconhecimento e a proteção da autonomia universitária] e da necessidade de conformação das IESPr para atuação nesse mercado, bem como da responsabilidade e obrigação do poder

[53] Quanto a criação de barreiras de entrada para atuação na educação superior brasileira, é constatado em relatório da OECD que as barreiras criadas parecem não ser de fato excessivas, na medida em que afirma que: *"Moreover, accreditation requirements do not appear to have created excessive barriers to the market entry of private higher education providers. Brazil's higher education system has grown swiftly over the last decade, and private sector institutions have provided the majority of new study places."* (OECD. Rethinking Quality Assurance for Higher Education in Brazil. *Reviews of National Policies for Education*, Paris, 2018. Disponível em: <https://doi.org/10.1787/9789264309050-en>. Acesso em: 07 jun. 2020).

público em garantir atendimento educacional com qualidade, entender as tensões existentes entre esses direitos e a atividade educacional superior privada de forma mais abrangente se faz necessário para poder medir se: i) a opção regulatória vigente estaria contribuindo para alcançar os resultados cujo poder público se encontra vinculado via Constituição Federal e PNE; ii) se esse modelo vigente induz ao oferecimento de educação com qualidade.

2.1 Direito social x liberdade de iniciativa

A educação é um direito social garantido constitucionalmente[54], entretanto, apresentar um conceito de direito social é importante para dar a noção de amplitude e do compromisso que nosso constituinte buscou vincular a administração pública na busca para colocá-lo em prática, e possibilitar que os seus destinatários possam tê-lo satisfeito.

Não se pretende aqui aprofundar a temática envolvendo a conceituação, caracterização e eficácia social[55] dos direitos sociais, mas sim apontar as características relevantes para na medida do sopesamento entre eles e a liberdade de inciativa, possa ser estabelecido um liame que conecta ambos os direitos e que possibilita e limita a atuação privada na educação superior.

David Landau conceitua os direitos sociais como "o direito que as pessoas possuem de obter as necessidades humanas básicas".[56] Os direitos

[54] Constituição da República Federativa do Brasil: "Art. 6.º São direitos sociais a educação, a saúde, a alimentação, o trabalho, a moradia, o transporte, o lazer, a segurança, a previdência social, a proteção à maternidade e à infância, a assistência aos desamparados, na forma desta Constituição."

[55] Para fins desse estudo, adotaremos o conceito de eficácia social apresentado por Ingo W. Sarlet que delimita como "[p]podemos definir eficácia jurídica como a possibilidade (no sentido de aptidão) de a norma vigente (juridicamente existente) ser aplicada aos casos concretos e de – na medida de sua aplicabilidade – gerar efeitos jurídicos, ao passo de que eficácia social (ou efetividade) pode ser considerada como englobando tanto a decisão pela efetiva aplicação da norma (juridicamente eficaz), quanto o resultado concreto decorrente – ou não – desta aplicação." (SARLET, Ingo Wolfgang. *A eficácia dos direitos fundamentais*: uma teoria geral dos direitos fundamentais na perspectiva constitucional. 12. ed. rev., atual. e ampl. Porto Alegre: Livraria do Advogado, 2015. Posição 8424).

[56] LANDAU, David. *Social Rights.* Max Planck Foundation for International Peace and the Rule of Law. General Editors: Rainer Grote, Frauke Lachenmann, Rüdiger Wolfrum. Oxford University Press, 2015. Oxford Constitutions. Disponível em: <http://oxcon.ouplaw.com>. Acesso em: 27 jun. 2020.

sociais são muitas vezes referenciados como direitos de segunda geração, ou direitos socioeconômicos, tendo como os de primeira geração os direitos civis e políticos e os de terceira geração um espectro maior de direitos como os direitos difusos. Rosalind Dixon[57] aponta que a diferenciação entre as gerações apresentadas é artificial, porém útil para conceptualização e organização quando nos referimos a eles.

Melhor delimitando o âmbito dos direitos sociais que tocam o presente estudo, adotamos a diferenciação entre direitos fundamentais negativos e positivos de Ingo W. Sarlet[58], para apontar que o direito à educação precisa ser dividido em acordo com o grau de obrigação e indeterminação atribuído ao nível educacional em nossa Constituição Federal. Explica-se: O legislador constitucional estabeleceu prioridade de atuação de estados e municípios nos níveis básico e médio de educação, atuando na educação superior de forma residual, enquanto estabeleceu à União a atuação preponderante na educação superior. Na aplicação dos recursos para educação, foi também estabelecido a prioridade na educação obrigatória, que como demonstra o artigo 208, I seria relacionado à educação básica e fundamental. Quanto a educação em nível médio se estabeleceu uma progressiva universalização (CF artigo 208, II) e na superior estipulou tão somente o acesso condicionada a capacidade de cada um (CF artigo 208, V).

O direito a educação é um direito fundamental social positivo cuja atuação do poder público deve conviver com a atuação do setor privado mediante a livre inciativa para a atividade. Além de estabelecer a edu-

[57] Dixon, Rosalind. Creating dialogue about socioeconomic rights: Strong-form versus weak-form judicial review revisited. *International Journal of Constitutional Law*, v. 5, n. 3, p. 391-418, 2007.

[58] Ingo W. Sarlet dedicou estudos à eficácia dos direitos fundamentais sistematizando e dissecando suas múltiplas conceituações e limitações, para também os analisar sob o enfoque da eficácia e efetividade. Ele delimita os direitos fundamentais prestacionais naquela obra de forma abrangente, entretanto, é possível apontar que esses direitos têm como ponto central uma "conduta positiva do Estado (ou particulares destinatários da norma), consistente numa prestação de natureza fática." E, também, que "reclamam uma crescente posição ativa do Estado na espera econômica e social." Esses direitos visam, sobretudo, garantir ao povo o acesso às liberdades e condições de viver com dignidade. (Sarlet, Ingo Wolfgang. *A eficácia dos direitos fundamentais*: uma teoria geral dos direitos fundamentais na perspectiva constitucional. 12. ed. rev., atual. e ampl. Porto Alegre: Livraria do Advogado, 2015. Posição 9426).

cação como direito social, o constituinte também possibilitou que o setor privado atuasse neste setor com liberdade de iniciativa.

Essa liberdade de atuação não surge de forma desvinculada, eis que como direito social, o Estado possui interesses e deveres que devem ser atendidos, além de conformar a participação de todos os agentes econômicos nessa atividade. Assim, o setor privado, para participação da educação superior deverá fazê-lo mediante atendimento dos requisitos constantes do artigo 209 da Constituição Federal, quais sejam: autorização, avalição de qualidade pelo poder público e cumprimento das normas para educação.

Veja que ao delimitar os diretos relacionados à educação, Ingo W. Sarlet aponta que a Constituição Federal teria como direitos fundamentais sociais relacionados à educação os constantes dos artigos 205 a 208, ao passo que os demais constituiriam normas de cunho organizacional e procedimental, com status jurídico-positivo idêntico ao das demais normas constitucionais.[59] Nos artigos 209 a 211 estariam as condições de estruturação das instituições públicas e privadas no âmbito do sistema nacional da educação e no artigo 212 a participação dos entes federativos no financiamento do ensino, com as já mencionadas questões de orçamento impositivo. Por fim, no artigo 214 está previsto a instituição do Plano Nacional de Educação (PNE) e suas diretrizes.

Como a direção apontada por uma bússola, o Estado deve seguir o Plano Nacional de Educação (PNE) para atingir os objetivos estatais na compleição do direito social à educação. O Estado tem o dever constitucional de instituir lei de planejamento para educação nos moldes expostos nos artigos 174 e 214 da Constituição Federal.

O Plano Nacional de Educação (PNE), estipulado através da Lei n.º 13.005 de 25 de junho de 2014, é a lei de planejamento para atingimento dos objetivos nacionais para a educação superior. A determinação de sua criação e aplicação está presente em nossa Constituição Federal[60], sendo mandatória como política de Estado direcionadora da

[59] SARLET, Ingo Wolfgang. *A eficácia dos direitos fundamentais*: uma teoria geral dos direitos fundamentais na perspectiva constitucional. 12. ed. rev., atual. e ampl. Porto Alegre: Livraria do Advogado, 2015. Posição 10752-10753.

[60] Constituição Federal: "Art. 214. A lei estabelecerá o plano nacional de educação, de duração decenal, com o objetivo de articular o sistema nacional de educação em regime de colaboração e definir diretrizes, objetivos, metas e estratégias de implementação para assegurar

educação para o setor público, e apenas indutora para o setor privado. É nele que poderemos encontrar as metas que vinculam o poder público no direcionamento de suas políticas para a educação.

Podemos obter uma melhor delimitação da lei de planejamento quando Célia Cunha Mello conceitua como "simples ação racional caracterizada pela previsão de comportamentos econômicos e sociais futuros, pela formulação explícita de objetivos e pela definição de meios de ação coordenadamente dispostos".[61]

Veja que trabalhar para que as metas constantes da educação no PNE sejam atingidas não é uma faculdade dos agentes públicos que atuam nesta atividade, mas sim uma determinação que deve ser seguida e alcançada. Ele seria um instrumento conformador da discricionariedade do agente público na elaboração e eleição de políticas públicas vocacionadas à educação.[62]

Sobre a lei que delimita o PNE é importante apontar que se trata de uma lei diretiva com um prazo de 10 anos para que os resultados almejados sejam alcançados. Ela é clara ao apresentar quais são os indicadores que responderão à questão sobre melhorias da qualidade brasileira para a educação, e o que precisamos alcançar para ter rumado em direção ao objetivo constitucional de qualidade, findo o seu prazo de implementação.

a manutenção e desenvolvimento do ensino em seus diversos níveis, etapas e modalidades por meio de ações integradas dos poderes públicos das diferentes esferas federativas que conduzam a: I – erradicação do analfabetismo; II – universalização do atendimento escolar; III – melhoria da qualidade do ensino; IV – formação para o trabalho; V – promoção humanística, científica e tecnológica do País. VI – estabelecimento de meta de aplicação de recursos públicos em educação como proporção do produto interno bruto." Sendo a lei que estabelece o PNE atual a Lei n.º 13.005 de 25 de junho de 2014 – PNE.

[61] MELLO, Célia Cunha. *O fomento da administração pública*. Belo Horizonte: Del Rey, 2003. p. 63.

[62] "Segundo o artigo 174 do texto constitucional brasileiro, o plano é imperativo somente para o setor público, sendo apenas indicativo para o setor privado. Assim, sua execução em seara privada depende da realização de atos que pressupõem a intervenção conformadora da vontade privada, sendo geralmente efetivado pela adoção de medidas de fomento, que são adotadas e implementadas em momento posterior à propositura do plano, de modo que a fonte jurídica de sua execução deixa de ser o plano propriamente dito, e passa a ser o contrato ou ato que tenha formalizado a adesão do agente econômico aos propósitos do plano". (MELLO, Célia Cunha. *O fomento da administração pública*. Belo Horizonte: Del Rey, 2003. p. 63).

A forma delineada na constituição, aliada aos objetivos constantes da lei de planejamento (PNE), reforçam a ideia de que dão à educação superior o *status* de direito fundamental social cuja vontade pública é vinculada e mandatória na sua consecução[63], enquanto a vontade privada deve ser direcionada para auxiliar o poder público, que não é capaz de conseguir sozinho os objetivos estatais para a atividade, nessa direção.

Nas bases do estado administrativo brasileiro poderíamos ver duas bases que aparentemente seriam opostas, que concorreriam, que em tese poderiam inclusive se sobrepor, uma na ordem social e outra na ordem econômica. A oposição dessas forças não foi a vontade do constituinte; melhor ainda, não foi o legado de nossa Constituição. A nossa Constituição Federal procurou garantir que na atuação na ordem econômica, nosso Estado provesse os valores contidos em seu artigo 170 e incisos, isto é, que a ordem econômica tivesse como ponto de sustentação a manutenção de valores socioeconômicos. Nas lições de Eros Grau, seria o Estado capitalista para garantir direitos sociais.[64]

O que se extrai da nossa carta maior é que o constituinte atribuiu tal valor a esses direitos [socioeconômicos], obrigando que nossa sociedade busque um equilíbrio entre as garantias mínimas necessárias ao bem-estar do cidadão, essas alcançadas através da concessão de direitos sociais através de prestações, tendo como direitos e agentes colaborativos àqueles inerentes ao livre mercado, à liberdade de iniciativa, à atividade empresarial e econômica.

Floriano Marques de Azevedo Neto aduz que "uma vez tendo a ordem constitucional elegido a liberdade de iniciativa como um

[63] Observar neste ponto os limites inerentes a classificação da educação superior como um direito fundamental social que em tese não estaria inscrito nos liames do princípio do mínimo existencial e que o seu oferecimento por parte do poder público estaria restrito aos limites da reserva do possível. Sobre mínimo existencial e reserva do possível ler: Sarlet, Ingo Wolfgang. *A eficácia dos direitos fundamentais*: uma teoria geral dos direitos fundamentais na perspectiva constitucional. 12. ed. rev., atual. e ampl. Porto Alegre: Livraria do Advogado, 2015. Posição 10858-10859 e Sarlet, Ingo Wolfgang. Os direitos fundamentais sociais na Constituição de 1988. *Revista Diálogo Jurídico*, Salvador, BA, v. 1, n. 1, abr. 2001. Disponível em: <http://www.direitopublico.com.br>. Acesso em: 12 fev. 2021.

[64] Eros Grau menciona que "O que se extrai da leitura despida de senso crítico, dos textos constitucionais, é a indicação de que o capitalismo se transforma na medida em que assume um novo caráter, social." (Grau, Eros Roberto. *A ordem econômica na Constituição de 1988*. 19. ed. São Paulo: Malheiros, 2018. p. 62).

princípio vetorial, automaticamente resta a intervenção estatal (direta ou indireta), cingida pelo princípio da subsidiariedade".[65] A ideia de que a atuação na educação superior por agentes privados deveria ser meramente delimitada em face do princípio da subsidiariedade parece ganhar contornos cuja relevância se deve discutir quanto à dimensão de abrangência e intensidade.

O Princípio da subsidiariedade se caracteriza pela atuação mínima do estado nas atividades econômicas, estando presente na literatura a discussão sobre ser ou não um princípio com bases constitucionais.[66] Célia Cunha Melo aponta que seria através da intervenção indireta do Estado na condição de agente normativo e regulador da atividade econômica, exercendo as funções de fiscalização, incentivo e planejamento, limitando ou estipulando a ação dos sujeitos econômicos, que se efetivaria o princípio.[67]

Todavia, a educação superior não apenas consta do rol de direitos socioeconômicos abertos à livre inciativa, como também faz parte do interesse público para o atingimento de diversos objetivos sociais. Na busca por prover educação superior, o poder público, através da vontade política expressa na Constituição Federal, abriu à iniciativa privada a possiblidade de participação no setor.[68] Essa participação não

[65] Marques Neto, Floriano de Azevedo. Limites à abrangência e à intensidade da regulação estatal. *Revista de Direito Público da Economia – RDPE*, Belo Horizonte, v.1, p. 82, 2003.

[66] Cf. Diálogo entre os textos de: Marques Neto, Floriano de Azevedo. Limites à abrangência e à intensidade da regulação estatal. *Revista de Direito Público da Economia – RDPE*, Belo Horizonte, v.1, p. 69-93, 2003 e Souza Neto, Carlos Pereira de; Mendonça, José Vicente Santos. Fundamentalização e fundamentalismo na interpretação do princípio constitucional da livre iniciativa. In: Sarmento, Daniel; Souza Neto, Cláudio Pereira de (Coords.). *A constitucionalização do direito*: fundamentos teóricos e aplicações específicas. Rio de Janeiro: Lumen Juris, 2007. p. 709-741.

[67] Partimos neste ponto da análise feita pela professora Célia Cunha Mello em sua obra: *O fomento da administração pública*. Belo Horizonte: Del Rey, 2003.

[68] "Quanto à educação, o Texto Fundamental a consagra em total harmonia com o princípio da subsidiariedade, a julgar pela gradação que estabelece no art. 227, tratando adequadamente a relação Estado-sociedade. Estabelece o aludido dispositivo que a Educação é um 'dever da família, da sociedade e do Estado'. Com isso, está exatamente dando prioridade aos corpos sociais intermédios para a prossecução desse interesse público, o que é corroborado pelos arts. 209, que assegura o livre exercício da educação à iniciativa privada, 213, a que cabe incentivar o exercício desse direito-dever, inclusive com a destinação de recursos, e 205, pelo qual o Estado assume para si a função educativa, tendo em vista a insuficiência

se dá com liberdade incondicionada, com a aparência de que não deveria o poder público se imiscuir na regulação da atividade. Pelo contrário: ao reservar para si a autorização, verificação de qualidade e atuação mediante legislação setorial, restaram consignadas as balizas constitucionais para atuação.

Não há dúvidas de que o Estado deve regular a educação, direto socioeconômico elevado à categoria de direito fundamental social, cujos valores constantes em nossa Constituição Federal devem direcionar a atuação regulatória do Estado. As dúvidas permanecem, porém, quanto à intensidade dessa regulação, o quanto dela pode ser flexibilizada frente ao princípio da livre iniciativa que possibilitou a atuação de agentes de mercado ao lado do próprio poder público neste setor. Em contraponto a leitura do princípio da livre iniciativa que se faz nesse estudo, se faz necessário apresentar o que lecionam Cláudio Pereira de Souza Neto e José Vicente Santos de Mendonça, quando abordam a *fundamentalização-releitura*[69] para uma ressignificação dos valores constitucionais, num contexto de aproximar esses valores de princípios constitucionais fundamentais, como o da dignidade humana. Veja que naquela análise, os autores aproximaram a *fundamentalização-releitura* de um direito a um meio ambiente ecologicamente sustentável e equilibrado, o que, por sua vez, leva às mesmas conclusões quando pensamos em educação.[70] A educação com qualidade estaria escorada no princípio da dignidade humana, na mesma medida em que ao direto a um meio ambiente equilibrado.

da família e da sociedade em suprirem as necessidades educacionais que o país demanda." (Torres, Silvia Faber. *O princípio da subsidiariedade no direito público contemporâneo*. Rio de Janeiro e São Paulo: Renovar, 2001. p. 148-149).

[69] Os autores conceituam a *fundamentalização-releitura* como a intepretação do sistema constitucional à luz dos direitos fundamentais como a dignidade humana. (Souza Neto, Carlos Pereira de; Mendonça, José Vicente Santos. Fundamentalização e fundamentalismo na interpretação do princípio constitucional da livre iniciativa. In: Sarmento, Daniel; Souza Neto, Cláudio Pereira de (Coords.). *A constitucionalização do direito*: fundamentos teóricos e aplicações específicas. Rio de Janeiro: Lumen Juris, 2007. p. 716-717).

[70] Souza Neto, Carlos Pereira de; Mendonça, José Vicente Santos. Fundamentalização e fundamentalismo na interpretação do princípio constitucional da livre iniciativa. In: Sarmento, Daniel; Souza Neto, Cláudio Pereira de (Coords.). *A constitucionalização do direito*: fundamentos teóricos e aplicações específicas. Rio de Janeiro: Lumen Juris, 2007. p. 709-741.

Perceba que ao defender que a subsidiariedade não possuiria *status* constitucional o faria sob o argumento de que a Constituição Federal possuiu amplas possibilidades de intervenção do Estado na seara econômica, devendo as escolhas inerentes a maior ou menor intervenção estarem baseadas na deliberação política sobre o tema. Outro ponto ressaltado seria que a aplicação da livre iniciativa não deveria estar alinhada com doutrinas liberais abrangentes de institucionalização do *laissez-faire*, o que excluiria doutrinas econômicas razoáveis que, "embora defensoras da economia de mercado, solicitam maior intervenção estatal".[71]

Ainda sobre o estudo realizado e as argumentações propostas por Cláudio Pereira de Souza Neto e José Vicente Santos de Mendonça, há uma diferença pontual quando pensamos na subsidiariedade frente à educação. Se estivermos tratando da educação fundamental, básica e média, direitos fundamentais sociais abraçados por uma noção de mínimo existencial, sobretudo após a inserção da obrigatoriedade de promoção da educação média de forma universal e gratuita pela Emenda Constitucional n.º 14, de 1996, entendemos que, de fato, não se deve privilegiar nenhum tipo de subsidiariedade neste sentido, é obrigação do Estado prover esse direito fundamental, entretanto, ao pensarmos no contexto da educação superior, que apesar de direito fundamental não estaria sob o que se entende por mínimo existencial, e estaria adstrita à reserva do possível, desde que não tenha um retrocesso [que pode ser entendido por manutenção em sentido amplo dos investimentos, da existência, da qualidade das intuições de educação superior federais e da autonomia universitária], privilegiar a subsidiariedade estaria em consonância com a leitura do texto constitucional ao fomentar intuições privadas neste setor.

Apesar da dissidência apresentada sobre a subsidiariedade ser princípio constitucional ou não, ela não deve poder servir de justificativa para elevar a livre iniciativa sobre os demais princípios que delimitam a atuação privada na educação, mas sim compatibilizá-lo na medida

[71] Souza Neto, Carlos Pereira de; Mendonça, José Vicente Santos. Fundamentalização e fundamentalismo na interpretação do princípio constitucional da livre iniciativa. In: Sarmento, Daniel; Souza Neto, Cláudio Pereira de (Coords.). *A constitucionalização do direito*: fundamentos teóricos e aplicações específicas. Rio de Janeiro: Lumen Juris, 2007. p. 747-748.

da intensidade necessária para atingir a eficiência alocativa[72] entre os anseios sociais das pessoas que buscam os bancos universitários, do Estado que precisa atingir os índices educacionais estabelecidos em sua política estatal para a educação [delineados no PNE] e os interesses privados para atuação no setor regulado. Desta forma, na atuação estatal lado a lado com a iniciativa privada, a subsidiariedade, representada pelos mandatários que direcionam as políticas para educação, se justifica na escolha política por maior ou menor atuação do setor privado neste direito prestacional, especialmente quando estamos pensando em atuação na educação superior.

O Estado, vendo-se incapaz de sozinho, alcançar padrões educacionais satisfatórios frente aos objetivos autoimpostos, poderia optar por privilegiar a atuação privada sob os auspícios dos referenciais que condicionam a atuação privada no setor, como a necessidade de oferecimento de educação superior para os que atinjam as condições necessárias para nela estarem inserida, o apoio às instituições privadas que decidirem atuar nesta modalidade de ensino e a obrigatoriedade de oferecimento de educação superior pelo setor privado com qualidade referendada pelo poder público.

Dessa forma, ao contrário da atuação subsidiaria, na qual o Estado atua de forma residual nas atividades econômicas, temos na educação superior um cenário em que Estado e inciativa privada trabalham lado a lado na prestação desse direito socioeconômico.

Como abordado, em se tratando da educação superior, ao contrário das atividades econômicas em que o Estado está autorizado a participar como se fosse um agente privado, ou ainda um agente equalizador ou fomentador da atividade, é um campo em que o setor privado é autorizado a atuar de forma livre, concorrendo até mesmo com o próprio

[72] Eficiência alocativa é o encontro entre a disponibilidade dos recursos e as preferências dos indivíduos. É um estado de coisas em que o Estado está em equilíbrio, gerando distribuição de recursos alinhado às preferencias dos indivíduos. É a característica de um mercado que fará com que os bens e valores tenham o valor que o indivíduo agrega a ele. A eficiência alocativa é importante para gerar o bem-estar da sociedade da única forma que os economistas tradicionais podem conceber. Ela é um estado que mostra que determinado mercado está produzindo os bens e serviços de acordo com o que a sociedade valoriza. Para um melhor entendimento sobre a eficiência alocativa, ler: OGUS, Anthony. *Regulation*: Legal form and economic theory. Oxford, Oregon: Hart Publishing, 2004.

Estado. Isso ocorre também porque o direito fundamental para a prestação da educação superior em favor das pessoas que se enquadram em seus requisitos e que desejam exercer o direito de se profissionalizar na área de seu interesse decorre de uma percepção de que esse direito se submete a uma reserva do possível, que não poderia ser aplicada, por exemplo, a obrigação constitucional de oferecimento de educação em nível fundamental.[73]

Essa forma de atuação sujeita IESPr às regras conformadoras que delimitam a moldura constitucional que obrigaria ao próprio Estado no desenvolvimento da atividade, tendo como principais alicerces a promoção dos direitos sociais à educação, a possibilidade de atuação no setor em regime de livre iniciativa, a prestação de serviços educacionais com qualidade atribuída mediante as regras instituídas pelo poder público, a autorização e obediência às normas setoriais.

É nesse ambiente, cujos direitos sociais são abertos à participação privada de forma concorrente à participação pública que se encontra inserida a educação superior. Veja que aqui não se fala em atividade meramente privada cujos objetivos empresariais são o âmago do interesse no ingresso desses agentes no mercado em si, mas sim de um direito social com referenciais constitucionais e legais que vinculam os agentes privados que decidirem atuar neste setor.

Esses referenciais permeiam a atividade de duas formas: uma na conformação do emprego dos serviços educacionais para atingimento

[73] Neste sentido, sobre diferença material para a educação fundamental e superior, posiciona-se Ingo W. Sarlet afirmando que "[u]um direito subjetivo (inclusive originário) a prestações em matéria educacional, especialmente no campo do ensino fundamental, situa-se na esfera do mínimo existencial, especialmente naquilo em que este, como já assinalado em capitulo próprio, abrange uma dimensão sociocultural e não se limita a um mínimo vital, fundamentação amplamente amparada na doutrina e na jurisprudência do STF, situações que abrangem o reconhecimento de um direito subjetivo de acesso à educação infantil em creches disponibilizadas para o poder público para crianças de até cinco anos de idade." Posição 10843. "O mesmo vale para a invocação, como fundamento de um direito subjetivo, do direito e garantia do mínimo existencial, já que por mais alargada que possa via a ser sua compreensão, dificilmente compatível com a inclusão de um direito definitivo a uma vaga no ensino superior, pelo menos em se tomando como referencial os desenvolvimentos mais recentes em nível de direito comparado. (SARLET, Ingo Wolfgang. *A eficácia dos direitos fundamentais*: uma teoria geral dos direitos fundamentais na perspectiva constitucional. 12. ed. rev., atual. e ampl. Porto Alegre: Livraria do Advogado, 2015. Posição 10845).

dos interesses públicos em relação à atividade, e outra na estabilização de que na consecução dessa atividade o agente privado terá os direitos inerentes a fazê-la de forma livre e em acordo com os valores e princípios que trabalham por uma educação sem amarras ideológicas e deterministas. Poderá esperar também da atividade a liberdade de obter o resultado econômico pretendido, dentro das limitações prescritas para a atividade.[74]

No presente estudo serão delineados os principais referenciais que condicionam a atuação privada na educação superior, e, também, os direitos que permitem uma atuação livre e alinhada com a vocação empresarial do agente que opta por ingressar na atividade.

2.2 Autonomia universitária

A autonomia deriva da possibilidade de autodeterminação, decidir sobre os rumos que pretende levar a termo determinada decisão ou atividade. De forma mais abrangente, pode ser tida como a capacidade de normatização própria decorrente da autonomia que lhe é concedida. Nessa vertente, assume natureza de direcionar políticas na área cuja competência lhe foi atribuída, podendo inclusive dispor dessa prerrogativa para criar o direito em si.[75]

A autonomia não seria o que se tem no consciente coletivo de que estaria o seu detentor isento de controle ou determinações, mas sim, está ligada à autodeterminação dentro do conteúdo programático que lhe foi atribuído.[76] Em se tratando de instituições de educação superior, essa liberdade estaria arraigada no significado social do trabalho acadê-

[74] Neste ponto é importante esclarecer que a atividade educacional encontra o controle de seus preços nos limites trazidos pela Lei n.º 9.870, de 23 de novembro de 1999, que estabelece as balizas para cobrança pela prestação de serviços educacionais e quais serviços poderão ser cobrado ou não pela instituição educacional.

[75] RANIERI, Nina Beatriz Stocco. Aspectos jurídicos da autonomia universitária no Brasil. *Revista CEJ*, Brasília, v. 9, n. 31, p. 19-30, out./dez. 2005.

[76] Essas conclusões foram extraídas do entendimento dos autores e obras: RANIERI, Nina Beatriz Stocco. Aspectos jurídicos da autonomia universitária no Brasil. *Revista CEJ*, Brasília, v. 9, n. 31, p. 19-30, out./dez. 2005; e SHWARTZMAN, Simon. *A autonomia universitária e a Constituição e 1988*. Instituto de Estudos de Política Econômica – Casa das Garças, dez. 1988. Disponível em: <https://www.researchgate.net/publication/237074075>. Acesso em: 27 jun. 2020.

mico e de sua natureza autônoma, e na possibilidade de autogestão para atingimento dos resultados acadêmicos e empresariais desejados.[77]

José Dias Sobrinho conceitua autonomia universitária como: "o exercício da responsabilidade, da criatividade e da competência no sentido acadêmico e administrativo, condição essencial da busca de qualidade na produção e reprodução de conhecimentos e na formação de pessoal de nível superior".[78]

Vê-se que ao conceituar autonomia universitária, dimensões valorativas de direitos correlacionados ao poder autorregulamentar estão relacionadas a alguns dos pressupostos para o exercício dessa autonomia, destacando-se, entre eles, aquele que incluímos entre os marcos constitucionais para atuação privada na educação superior, como a autonomia financeira[79] e a garantia de qualidade do ensino. Essa observação denota que não há que se falar em autonomia universitária sem que se tenha primeiramente a qualidade do ensino superior.

Temos também como condicionante ao exercício da autonomia universitária a concessão de autorização pelo poder público, estabelecida no artigo 209 e incisos da Constituição Federal, e delimitada no Decreto n.º 9.235, de 15 de dezembro de 2017.

A autonomia universitária, em uma aplicação substancial, nos permite dividi-la em duas esferas cujo conteúdo pode ser observado em sentido estrito ou em sentido amplo. Essa divisão se dá em relação aos

[77] Simon Shwartzman preceitua que: "A autonomia universitária é uma dentre outras disposições constitucionais sobre a educação, que inclui também os preceitos de garantia da qualidade do ensino, gestão democrática, regime jurídico único e plano de carreira para o magistério público, gratuidade do ensino público, acesso universal, e indissociabilidade entre ensino, pesquisa e extensão; e, acima de tudo, o da prioridade ao ensino fundamental. É fácil ver que nem todos estes princípios são facilmente compatíveis entre si, ou podem ser atendidos ao mesmo tempo; e que, por isto, necessitam ser hierarquizados de alguma forma." (SHWARTZMAN, Simon. *A autonomia universitária e a Constituição e 1988.* Instituto de Estudos de Política Econômica – Casa das Garças, dez. 1988. Disponível em: <https://www.researchgate.net/publication/237074075>. Acesso em: 27 jun. 2020).

[78] SOBRINHO, José Dias. Autonomia universitária. *Pro-Posições,* São Paulo, v. 4, n. 2, p. 58, jul. 1993.

[79] "[a]a autonomia, como um tema desse livro, é um atributo institucional que diz respeito às garantias financeiras e organizacionais para essa liberdade, mas também da manutenção, da capacidade, das missões e da sustentabilidade da organização universitária." (MUZI, Paulo de Tarso Artencio; FELÍCIO, José Roberto Drugowich de. *Os desafios da autonomia universitária*: história recente da USP. Jundiaí, SP: Paco, 2018. p. 81).

princípios direcionadores da prerrogativa presentes na Constituição Federal, cujas delimitações são amplas e passíveis de pormenorização por parte do poder público (sentido amplo), e as regras derivadas desses princípios que são aplicados através da normatização da regulação que trata de autonomia, com a expedição de atos normativos que intensificam ou simplificam a aplicação da regulação (sentido estrito) em acordo com a percepção de qualidade e estabilidade institucional percebida pelo poder público.

Quando a Constituição Federal menciona em seu artigo 207 a autonomia universitária, ela indica com precisão em que campos da atividade educacional seriam autônomas as universidades, apontando para tal atuação autônoma didático-científica, administrativa e de gestão financeira e patrimonial, visando a garantir que esses direitos sejam aplicados na busca de efetivação das metas para educação superior. Essa seria a aplicação ampla da autonomia universitária, que tem suas amarras em nossa Constituição Federal sendo observada de forma abrangente às IES como um todo.

José Dias Sobrinho referenciando esse conceito que pretendemos ter de autonomia universitária em sentido amplo, acertadamente leciona que "a possibilidade da universidade produzir suas próprias normas é condicionada pelas normas externas mais amplas"[80], corroborando que a autonomia não é estanque em si, mas sim direcionada pelos valores que a condicionam, o que, em se tratando de IESPr, tem como norte principal o ensino com qualidade. Ele segue asseverando que "[a] discussão da autonomia é um chamamento à responsabilidade, uma lembrança dos deveres e obrigações, um apelo a seriedade, uma exigência de qualidade".[81]

A autonomia universitária que pretendemos abordar é aquela inerente à atividade educacional livre e privada, cujas bases e princípios somente poderiam ser tolhidos pelo poder público se não configurado o atendimento às balizas que delimitam a atividade educacional. Fala-

[80] Sobrinho, José Dias. Autonomia universitária. *Pro-Posições*, São Paulo, v. 4, n. 2, p. 54, jul. 1993.

[81] Sobrinho, José Dias. Autonomia universitária. *Pro-Posições*, São Paulo, v. 4, n. 2, p. 55, jul. 1993.

mos aqui em especial do oferecimento de educação com qualidade.[82] Essa qualidade tem seus próprios fundamentos e indicadores, e sendo a atividade educacional prestada de forma privada, a percepção de qualidade deveria ser o maior limitador da autonomia.

Ainda desenhando essa autonomia ao qual IESPr estariam sujeitas com maior intensidade da regulação do que IESPu[83], verificamos na capacidade de autorregulação para abertura de cursos, vagas e polos como a autonomia em sentido estrito[84], vem diferenciando instituições em função de sua natureza para delimitar o quanto de autodetermi-

[82] "Pedra angular da autorregulação estaria em seus sistemas de garantia de qualidade, elaborados para cumprir duas funções: uma de prestação pública de contas e uma de melhoria de qualidade." (CASTRO, Maria Helena Magalhães. Estado e mercado na regulação da educação superior. In: BROCK, Colin; SCHWARTZMAN, Simon (Ed.). *Os desafios da educação no Brasil.* Rio de Janeiro: Nova Fronteira, 2005. p. 257).

[83] Reproduzimos neste ponto a nota sobre constatações no relatório Rethinking Quality Assurance for Higher Education in Brazil – Reviews of National Policies for Education sobre diferenciaç~es veriricadas na aferição de informações sobre qualidade em instituições públicas e privadas de educação superior: O relatório apresenta constatações de que para verificação de conformidade, avaliação dos cursos com finalidade de credenciamento, recredenciamento, autorização e verificação de conceitos, as implicações para IESPu e IESPr são diferentes. *"Public HEIs may be established with any institutional form and are accredited automatically by their acts of establishment. The establishment of new federal public institutions is rare, but, from a legal perspective, such institutions can be created without any requirement to undergo an initial external evaluation."* (p. 21). *"Legally, both private and federal public institutions are subject to periodic re-accreditation (recredenciamento), based on on-site reviews coordinated by INEP. For private institutions, successful re-accreditation is a prerequisite for their continued operation (although 'de-accreditation' is rare). For federal public institutions, the process is essentially no more than a formality, as they systematically score three or more on a five point evaluation scale and, in any case, cannot have their accreditation removed."* (p. 158). *"Public, like private, institutions are formally required to undergo renewal of their accreditation through a process involving another on-site review periodically that leads to a new CI and which we examine below. However, whereas the re-accreditation process could theoretically lead to the 'deaccreditation' of private HEIs, public institutions are protected by their legal status. This means re-accreditation is purely an administrative formality for public institutions. Even for private institutions in Brazil, the risk of 'de-accreditation' appears to be low. Although clear data on the number of cases of institutional 'de-accreditation' have not been made public by SERES, the OECD review team understands only a handful of private institutions have last accreditation in the last decade."* (p. 160-161). (OECD. Rethinking Quality Assurance for Higher Education in Brazil. *Reviews of National Policies for Education*, Paris, 2018. Disponível em: <https://doi.org/10.1787/9789264309050-en>. Acesso em: 07 jun. 2020).

[84] O Decreto n.º 9.235, de 15 de dezembro de 2017 delimita a atribuição de Universidades, Centros Universitários, Faculdades, IFES e CEFETS para abertura de cursos presenciais, delimitando também as exceções às IES com maior autonomia. A Portaria Normativa n.º 11,

nação podem aplicar no desenvolvimento de suas atividades. Neste ponto, percebe-se mais uma vez que a concessão de maior autonomia [em sentido estrito] está alinhada com a percepção de qualidade da instituição em relação aos órgãos reguladores da atividade.

Essa percepção de qualidade se traduz na natureza institucional de cada IES, que se divide nos seguintes grupos: i) Universidades; ii) Centros Universitários; iii) Faculdades; iv) Institutos Federais de Educação Superior (IFES)[85]; e v) Centros Federais de Educação Tecnológica (CEFETs).

A diferenciação entre a natureza institucional de IES ocorre na medida em que essa natureza se consolida no atingimento de indicadores que levam à percepção que algumas dessas entidades devem ter uma intensidade maior da regulação da educação superior do que outras. Todas essas IES devem passar pelo crivo de verificação de qualidade, mas uma vez atingido determinado patamar, elas podem adquirir a natureza de Universidades ou Centro Universitários que gozam de prerrogativas de autonomia mais abrangente do que as faculdades.

A título exemplificativo, as Universidades e Centros Universitários podem autorizar vagas em cursos de graduação[86], abrir Polos de Educação à Distância[87], ou ainda expedir e registrar seus próprios diplomas[88], enquanto Faculdades necessitariam de registrar seus diplomas junto a Universidades Públicas Federais, ou ainda pedir autorização ao MEC para abertura de cursos ou vagas.[89]

Ao explorar o conceito de autonomia universitária, encontramos permanentemente em seu eixo de discussão a questão da qualidade e qualificação, bem como sobre uma interferência excessiva exercida pelo poder executivo no estabelecimento de normas e regulamentos para a

de 20 de junho de 2017 (republicada), delimita as instituições com maior e menor autonomia para a abertura de polos e oferta de curso de EAD.

[85] Lei n.º 11.892, de 29 de dezembro de 2008.

[86] Decreto n.º 9.235, de 15 de dezembro de 2017.

[87] Lei n.º 11.892, de 29 de dezembro de 2008.

[88] Lei n.º 9.394, de 20 de dezembro de 1996. "Art. 48. Os diplomas de cursos superiores reconhecidos, quando registrados, terão validade nacional como prova da formação recebida por seu titular. §1.º Os diplomas expedidos pelas universidades serão por elas próprias registrados, e aqueles conferidos por instituições não-universitárias serão registrados em universidades indicadas pelo Conselho Nacional de Educação."

[89] Decreto n.º 9.235, de 15 de dezembro de 2017.

atividade educacional superior. Nina Ranieri, sobre o emprego da autonomia universitária pelas universidades, segue afirmando que "não é tarefa simples para uma universidade, pública ou privada, exercer a sua autonomia no sistema educacional brasileiro, dados o peso e as dimensões da intervenção e do controle estatal na educação superior".[90]

Nas palavras de Nina Ranieri, "a autonomia universitária, quando mal compreendida, reforça a tutela estatal, a irresponsabilidade institucional e os traços corporativos internos nas universidades, em detrimento das finalidades que devem alcançar".[91]

Como pode se ver, a consubstanciação do direito constitucional de autonomia universitária passa pela análise de qualidade da educação fornecida pela IES privada que lhe aplica, bem como pela qualificação de seus quadros de professores e pessoal administrativo [entendidos como alguns dos indicadores que permitirão as IES ter melhor ou pior percepção de sua qualidade pelo MEC]. Na utilização de todo esse arcabouço educacional, as IES privadas contribuem para que mais alunos tenham acesso a esse direito socioeconômico, mantendo suas prerrogativas de entidade privada com finalidade específica.

A autonomia universitária possuiu um escopo jurídico bastante consistente, sobretudo, como acentua Nina Ranieri, após a Constituição Federal de 1988 e a entrada em vigor da Lei n.º 9.394, de 20 de dezembro de 1996 (LDB). Adicionando ainda a publicação do Decreto n.º 9.235 de 15 de dezembro de 2017 que delimitou a intensidade da autonomia em relação a natureza da IES, e dada a inclusão no texto constitucional acerca dessa autonomia e suas prerrogativas, que seguem ainda na LDB, sua efetividade encontra-se permanentemente em dúvida, eis que na conformação da atuação no ensino com qualidade, o Estado acaba por tolher essa autonomia, como veremos adiante neste estudo. A imensa carga regulatória acaba por limitar a atuação autônoma [no sentido amplo e constitucional abordado] das IES, sobretudo para sua utilização face o próprio poder público, mais ainda no sentido estrito quando indicadores de qualidade podem não estar levando a real percepção da qualidade, e, estando esses indicadores atrelados a

[90] Ranieri, Nina Beatriz Stocco. Aspectos jurídicos da autonomia universitária no Brasil. *Revista CEJ*, Brasília, v. 9, n. 31, p. 20, out./dez. 2005.

[91] Ranieri, Nina Beatriz Stocco. Aspectos jurídicos da autonomia universitária no Brasil. *Revista CEJ*, Brasília, v. 9, n. 31, p. 29, out./dez. 2005.

natureza das IES, impedindo que inovação e a busca por qualidade e a identidade de cada instituição seja melhor desenvolvida para fruição da autonomia universitária.

Nos títulos a seguir, poderemos ver de que forma a qualidade da educação e a extensiva carga regulatória podem contribuir para cercear a autonomia universitária, e veremos também como a indução de qualidade deve estar mais atrelada à obtenção de resultados qualitativos para que esteja alinhada aos valores constitucionais estabelecidos para a atuação de IESPr, e de que forma a regulação pode estar levando a resultados indesejáveis frente ao estabelecido pelo PNE.

2.3 Qualidade da educação superior

Inclusão pode ser a tônica em uma nação emergente para justificar o crescimento vertical nos números da educação superior. Inovação é a mola que impulsiona a sociedade em direção ao futuro e ao protagonismo. O mercado de trabalho é o imã que atrai aqueles que alcançam conhecimentos aplicáveis às atividades econômicas em um modelo social que privilegia as atuações orientadas pelo resultado profissional. A academia possibilita o crescimento científico e o arcabouço intelectual de uma nação. Sem qualidade, que é a essência que permite o atingimento de todas as outras dimensões da educação superior, todas as conquistas obtidas por um processo educacional superior ficariam incompletas, sem alma.

Fazemos essa chamada à razão sobre qualidade neste ponto por entender que ela deve sempre ter por objetivo um contexto substantivo, em que os seus valores devem ser refletidos nos indicadores que lhe medem, que lhe orientam.

A Declaração Mundial sobre Educação Superior no Século XXI: visão e ação da UNESCO conceitua qualidade em educação superior como um conceito multidimensional que deve envolver todas as funções e atividades: ensino, programas acadêmicos, pesquisa e fomento da ciência, ambiente acadêmico em geral. Aponta para a importância da autoavaliação interna e transparente, e a revisão externa com especialistas independentes – se possível com reconhecimento internacional – como ações vitais para assegurar a qualidade.[92]

[92] Artigo 11 – Avaliação da qualidade: a) A qualidade em educação superior é um conceito multidimensional que deve envolver todas as suas funções e atividades: ensino e progra-

Para entender o que a qualidade representa para a educação superior, buscaremos apresentar neste capítulo como ela é delimitada no contexto brasileiro, de onde deriva e o que busca a avalição das IES, iniciando essa senda pelo plano que deveria direcionar todas as ações de Estado no cumprimento desse dever obrigacional, especialmente sob a ótica da sua verificação nas instituições privadas de educação superior.

O Plano Nacional da Educação (PNE), estipulado através da Lei n.º 13.005 de 25 de junho de 2014, é a lei de planejamento para atingimento dos objetivos nacionais para a educação superior. A determinação de sua criação e aplicação está presente em nossa Constituição Federal[93], sendo mandatória como política de Estado direcionadora da

mas acadêmicos, pesquisa e fomento da ciência, provisão de pessoal, estudantes, edifícios, instalações, equipamentos, serviços de extensão à comunidade e o ambiente acadêmico em geral. Uma autoavaliação interna transparente e uma revisão externa com especialistas independentes, se possível com reconhecimento internacional, são vitais para assegurar a qualidade. Devem ser criadas instâncias nacionais independentes e definidas normas comparativas de qualidade, reconhecidas no plano internacional. Visando a levar em conta a diversidade e evitar a uniformidade, deve-se dar a devida atenção aos contextos institucionais, nacionais e regionais específicos. Os protagonistas devem ser parte integrante do processo de avaliação institucional; b) A qualidade requer também que a educação superior seja caracterizada por sua dimensão internacional: intercâmbio de conhecimentos, criação de redes interativas, mobilidade de professores e estudantes, e projetos de pesquisa internacionais, levando-se sempre em conta os valores culturais e as situações nacionais; c) Para atingir e manter a qualidade nacional, regional ou internacional, certos componentes são particularmente relevantes, principalmente a seleção cuidadosa e o treinamento contínuo de pessoal, particularmente a promoção de programas apropriados para o aperfeiçoamento do pessoal acadêmico, incluindo a metodologia do processo de ensino e aprendizagem, e mediante a mobilidade entre países, instituições de educação superior, os estabelecimentos de educação superior e o mundo do trabalho, assim como entre estudantes de cada país e de distintos países. As novas tecnologias de informação são um importante instrumento neste processo, devido ao seu impacto na aquisição de conhecimentos teóricos e práticos. (ORGANIZAÇÃO DAS NAÇÕES UNIDAS PARA A EDUCAÇÃO, A CIÊNCIA E A CULTURA (UNESCO). *Declaração Mundial sobre Educação Superior no Século XXI*: visão e ação. Paris: UNESCO, 1998).

[93] Constituição Federal: "Art. 214. A lei estabelecerá o plano nacional de educação, de duração decenal, com o objetivo de articular o sistema nacional de educação em regime de colaboração e definir diretrizes, objetivos, metas e estratégias de implementação para assegurar a manutenção e desenvolvimento do ensino em seus diversos níveis, etapas e modalidades por meio de ações integradas dos poderes públicos das diferentes esferas federativas que conduzam a: I – erradicação do analfabetismo; II – universalização do atendimento escolar; III – melhoria da qualidade do ensino; IV – formação para o trabalho; V – promoção

educação para o setor público, e apenas indutora para o setor privado. É nele que poderemos encontrar as metas que vinculam o poder público no direcionamento de suas políticas para a educação. É nele que estão presentes as metas públicas que nos permitem entender o caráter quantitativo e qualitativo que vinculam todo o setor educacional.

Como já visto anteriormente sobre o PNE, é importante lembrar que se trata de uma lei diretiva com um prazo de 10 anos para que os resultados almejados sejam alcançados. Ela é clara ao apresentar quais são os indicadores que responderão à questão sobre melhorias da qualidade brasileira para a educação, e o que precisamos alcançar para ter rumado em direção ao objetivo constitucional de qualidade, findo o seu prazo de implementação.

Apesar da vocação constitucional do PNE, Luiz Roberto Liza Curi, em recente webinar[94] pelo aplicativo *Zoom Meetings* para profissionais do setor educacional, defendeu que o PNE teria sua efetividade esvaziada porque não estaria sendo aplicado como política de Estado, por não haver um direcionamento do Estado para sua consecução. Ele seguiu defendendo que o PNE deveria, de forma vinculativa, direcionar as ações do Estado para a obtenção dos resultados perseguidos, mas acaba por ficar no ostracismo sem ser levado em conta para implementação de políticas públicas educacionais.

É intuitivo ter essa percepção quando se olha para as metas estabelecidas no PNE e quão próximos estamos em relação ao seu atingimento. Fica ainda mais claro para percepção que o investimento nas políticas públicas para a educação são mudadas de acordo com o chefe do poder executivo em atuação[95], sendo que essas mudanças somente deveriam

humanística, científica e tecnológica do País. VI – estabelecimento de meta de aplicação de recursos públicos em educação como proporção do produto interno bruto." Sendo a lei que estabelece o PNE atual a Lei n.º 13.005 de 25 de junho de 2014 – PNE.

[94] Luiz Roberto Liza Curi é o atual presidente do CNE, empossado em janeiro de 2018, e participou do webinar sobre "Como as IES podem atuar frente a legislação e as recentes medidas do MEC", no dia 22 de maio de 2020, organizado pela SMESP – Sindicato das Mantenedores da Educação Superior de São Paulo.

[95] Repetimos aqui a nota anterior para demonstrar como exemplo do exercício das escolhas administrativas no direcionamento de recursos públicos para a educação, vimos na transição entre o governo da Presidente Dilma Rousseff e do Presidente Luiz Inácio Lula da Silva, que aplicaram enorme quantidade de recursos em programas para educação superior como o FIES e o PROUNI, e no Governo do Presidente Michel Temer que reduziu drasticamente

ser desejáveis se fossem para aproximar a educação brasileira das metas estabelecidas. O fato de o MEC e suas agências administrativas estarem em todos os patamares da pirâmide regulatória [regulando, fiscalizando, punindo], bem como a ampla possibilidade de direcionamento de todos os órgãos [que fazem parte do poder executivo] aponta para uma tendência de instabilidade regulatória e falta de autonomia para consecução dos objetivos estatais, em favor de objetivos governamentais, o que pode levar o país a escolhas que não estejam alinhadas com as melhores políticas educacionais.

Nina Ranieri conclui que "não é tarefa simples para uma universidade, pública ou privada, exercer a sua autonomia no sistema educacional brasileiro, dados o peso e as dimensões da intervenção e do controle estatal na educação superior".[96]

os gastos com o FIES sob o pretexto do contingenciamento dos recursos públicos aplicados naquele programa e de obter previsibilidade do pagamento do financiamento pelos alunos beneficiários. Como contrapartida ao endurecimento na concessão de financiamento o governo do Presidente Michel Temer editou a Portaria Normativa n.º 11, de 20 de junho de 2017, que flexibilizou e ampliou a abertura de cursos de EAD. Outro exemplo, já no Governo do Presidente Jair Bolsonaro, pode ser visto no lançamento da ID Estudantil cuja Medida Provisória 895/2019 não foi apreciada pelo Congresso Nacional. Recursos federais foram direcionados para sua implementação, porém, foram desperdiçados em função da não continuidade da política visada pelo Governo Federal. Apresentamos ainda algumas publicações jornalísticas que corroboram as informações apresentadas: Frazão, Felipe; Lindner, Julia. Temer sanciona novo FIES e quer reduzir calote. *O Estado de S.Paulo,* 08 dez. 2017. Disponível em: <https://educacao.estadao.com.br/noticias/geral,temer-sanciona-novo-fies-e-quer-reduzir-calote,70002112503>. Acesso em: 17 fev. 2021; Boldrini, Angela. Temer prevê tirar R$ 1 bi do Fies para financiar Segurança Pública. *Folha de S.Paulo,* 21 jun. 2018. Disponível em: <https://www1.folha.uol.com.br/cotidiano/ 2018/06/temer-preve-tirar-r-1-bi-do-fies-para-financiar-seguranca-publica.shtml>. Acesso em: 17 fev. 2021; Filizola, Paula. Fies 2019: esvaziado após reformulação, financiamento atrai menos alunos e reduz opções para mais pobres. *BBC News Brasil,* 06 fev. 2019. Disponível em: <https://www.bbc.com/portuguese/brasil-46968457>. Acesso em: 17 fev. 2021; SENADO FEDERAL. Prazo de votação expira e MP que criou a ID Estudantil perde validade. *Senado Noíticas,* 17 fev. 2020. Disponível em: <https://www12.senado.leg.br/ noticias/materias/2020/02/17/prazo-de-votacao-expira-e-mp-que-criou-a-id-estudantil-perde-validade>. Acesso em: 17 fev. 2021; AGÊNCIA BRASIL. MEC busca alternativa para voltar a emitir ID Estudantil. *Metrópoles,* 17 fev. 2020. Disponível em: <https://www.metropoles.com/brasil/educacao-br/mec-busca-alternativa-para-voltar-a-emitir-id-estudantil>. Acesso em 17 fev. 2021.

[96] Ranieri, Nina Beatriz Stocco. Aspectos jurídicos da autonomia universitária no Brasil. *Revista CEJ*, Brasília, v. 9, n. 31, p. 20, out./dez. 2005.

Questões de Estado e autonomia a parte, o que se tem até então são as metas do PNE para a educação superior, e elas são as previstas nos itens 12 até 14 da lei de planejamento[97], cabendo para este ponto do estudo que visa delimitar qualidade, verificar frente as informações constantes do Censo Nacional da Educação Superior[98] o quão perto estamos desse atingimento.

A respeito da educação superior, as metas do PNE relacionadas ao Censo da Educação Superior brasileira, em estudo elaborado pela Associação Brasileira de Mantenedores da Educação Superior (ABMES)[99], apontam conclusões alarmantes sobre a impossibilidade de seu atingimento no cenário em que nos encontramos. A seguir, apresentaremos as metas que estão relacionadas diretamente com a educação superior, e os gráficos que concluem que com as ações hoje em implementação, elas não serão alcançadas.

Figura 1. Meta do PNE

META 12 - PLANO NACIONAL DE EDUCAÇÃO
Elevar a taxa bruta de matrícula na educação superior para 50% (cinquenta por cento) e a taxa líquida para 33% (trinta e três por cento) da população de 18 (dezoito) a 24 (vinte e quatro) anos, assegurada a qualidade da oferta e expansão para, pelo menos, 40% (quarenta por cento) das novas matrículas, no segmento público;

Fonte: Lei n.º 13.005, de 25 de junho de 2014.

Considerando um cenário extremamente favorável, o estudo aponta que a meta 12 do PNE somente seria alcançada em 2025 para elevação

[97] As metas 12, 13 e 14 são àquelas diretamente ligadas a educação superior. Há ainda as metas 15 e 16 que apesar de não estarem ligadas diretamente à educação superior, possuem um nexo de relação quando demandam desse nível de ensino para serem atingidas.

[98] O Censo da Educação Superior, realizado anualmente pelo Inep, é o instrumento de pesquisa mais completo do Brasil sobre as instituições de educação superior (IES) que ofertam cursos de graduação e sequencias de formação específica, além de seus alunos e docentes. Essa coleta tem como objetivo de oferecer à comunidade acadêmica e à sociedade em geral informações detalhadas sobre a situação e as grandes tendências do setor. (Disponível em: <www.mec.gov.br>. Acesso em: 27 jun. 2020).

[99] A integralidade do estudo pode ser obtida no portal da ABMES (Metas do PNE. *ABMES Pesquisa*, 29 jul. 2019. Disponível em: <https://www.abmes.org.br/abmes-pesquisas/detalhe/30/metas-do-pne>. Acesso em: 27 jun. 2020).

da taxa bruta de matrículas, em 2029 para a elevação da taxa líquida, e não alcançaríamos a meta em novas matrículas para o seguimento público [que é composto por todas as instituições públicas de educação superior].

Figura 2. Evolução simulada para atendimento da Meta 12 do PNE

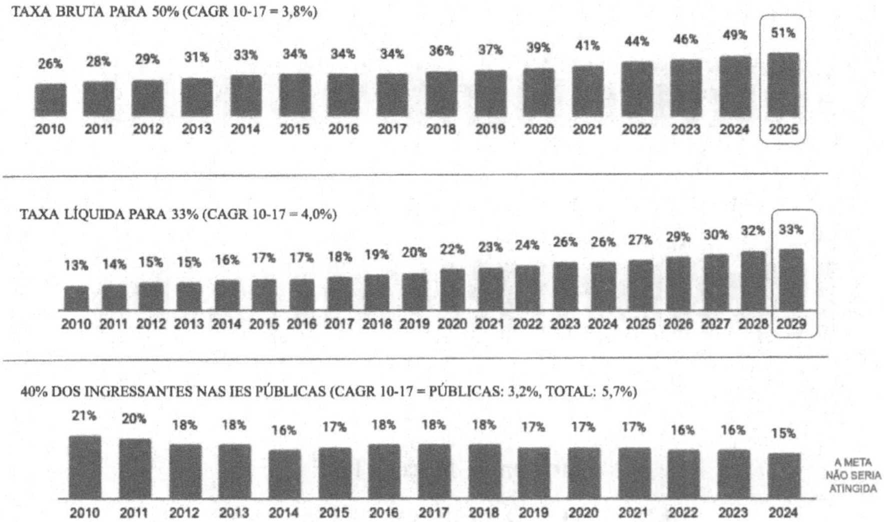

Fonte: ABMES (2019).

Se considerarmos um cenário mais realista, em tempos anteriores à pandemia COVID-19, as metas continuariam ainda mais distantes do que no estudo anteriormente apresentado, alcançando a taxa bruta de matrículas apenas em 2030, a taxa líquida em 2037 e jamais alcançando a meta de matrículas em instituições públicas.[100]

[100] Neste ponto, os estudos dogmáticos sobre o quão distante o oferecimento de educação superior pelo poder público estaria de um direito fundamental social, na linha de que estaria distante da noção que se tem de um mínimo existencial, alinhado com a vedação de retrocesso, conforme apresentado por Ingo W. Sarlet, sugerem que em função da reserva do possível, o percentual de matrículas em IESPu num próximo ciclo de estabelecimento de metas para o PNE precise ser revisto, de forma que as metas guardassem mais proximidade com a realidade e que fosse dado o reconhecimento da importância das IESPr no oferecimento de educação superior e na possibilitação dos interessados e capazes na sua participação. Ver: Sarlet, Ingo Wolfgang. *A eficácia dos direitos fundamentais*: uma teoria geral dos

Figura 3. Evolução simulada para atendimento da Meta 12 do PNE

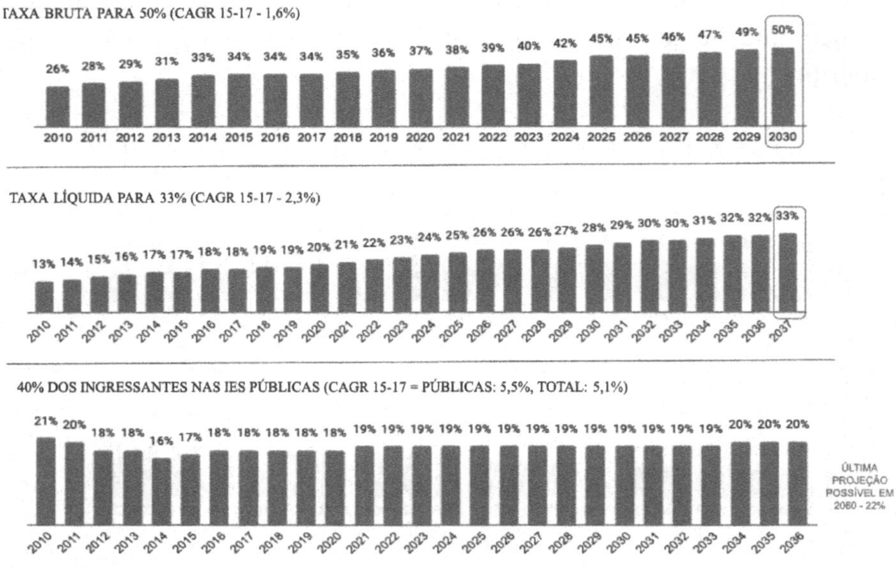

Fonte: ABMES (2019).

Figura 4. Meta do PNE

META 13 - PLANO NACIONAL DE EDUCAÇÃO
Elevar a qualidade da educação superior e ampliar a proporção de mestres e doutores do corpo docente em efetivo exercício no conjunto do sistema de educação superior para 75% (setenta e cinco por cento), sendo, do total, no mínimo, 35% (trinta e cinco por cento) doutores;

Fonte: Lei n.º 13.005, de 25 de junho de 2014.

O relatório[101] de monitoramento produzido pelo INEP (Instituto Nacional de Estudos e Pesquisas Educacionais Anísio Teixeira), é o instrumento que tem a finalidade de acompanhar o quão próximo ou dis-

direitos fundamentais na perspectiva constitucional. 12. ed. rev., atual. e ampl. Porto Alegre: Livraria do Advogado, 2015.

[101] INSTITUTO NACIONAL DE ESTUDOS E PESQUISAS EDUCACIONAIS ANÍSIO TEIXEIRA (INEP). *Relatório do 2.º Ciclo de Monitoramento das Metas do Plano Nacional da Educação – 2018*. Brasília: INEP/MEC, 2018. Disponível em: <http://estaticogl.globo.com/2018/06/07/resumo_relatorio_pne_2_ciclo.pdf?_ga=2.14606135.12525240.1592068224-952787351.1501851614>. Acesso em: 27 jun. 2020.

tante estamos das metas em relação ao PNE. Esse instrumento, no ano de 2018 constatou que a meta 13 do PNE já havia sido alcançada em 2014 quanto ao percentual de professores doutores nas instituições, e em 2015 em relação ao percentual de professores mestres. O mesmo relatório demonstra que das 20 metas do PNE para todos os níveis educacionais, somente a meta 13 foi alcançada.

Figura 5. Meta do PNE

META 14 - PLANO NACIONAL DE EDUCAÇÃO
Elevar gradualmente o número de matrículas na pós-graduação de modo a atingir a titulação anual de 60.000 (sessenta mil) mestres e 25.000 (vinte e cinco mil) doutores;

Fonte: Lei n.º 13.005, de 25 de junho de 2014.

Utilizamos como base de verificação do atingimento da meta 14 o mesmo relatório fornecido pelo INEP, obtendo como conclusões de que meta correspondente a quantidade de mestres deverá ser alcançada dentro do prazo do PNE, enquanto a meta de doutores estaria defasada em cerca de 4.500 titulações. Razões são apontadas para tanto, tendo como principais motivos a defasagem regional e a imensa maioria de titulações realizadas por instituições públicas (cerca de 90%).[102]

Os resultados perseguidos pelo PNE são medidos através da extensa política regulatória aplicada pelo MEC e suas agências administrativas, e eles deveriam ser os indicadores de que a regulação que delimita qualidade na educação estaria sendo bem empregada. Como se viu nas informações obtidas pelos relatórios que deram base às percepções sobre atingimento das metas do PNE, esses são dados pouco objetivos, apresentando valores perseguidos, mas com pouca substancialidade, o que podem demonstrar análises incompletas e que precisam ser complementados e confrontadas com outros modelos.

[102] INSTITUTO NACIONAL DE ESTUDOS E PESQUISAS EDUCACIONAIS ANÍSIO TEIXEIRA (INEP). *Relatório do 2.º Ciclo de Monitoramento das Metas do Plano Nacional da Educação – 2018*. Brasília: INEP/MEC, 2018. Disponível em: <http://estaticog1.globo.com/2018/06/07/resumo_relatorio_pne_2_ciclo.pdf?_ga=2.14606135.12525240.1592068224-952787351.1501851614>. Acesso em: 27 jun. 2020.

Diríamos então que, o PNE é o modelo macro de avaliação das IES do país em relação aos objetivos estatais para educação. Como modelo mais aproximado da realidade factual das IES, temos o desenvolvimento de processos avaliativos de qualidade no âmbito das agências administrativas do MEC, especialmente aqueles delimitados pelo Decreto n.º 9.235, de 15 de dezembro de 2017 que dispõe sobre o exercício das funções de regulação, supervisão e avalição das IES e dos cursos superiores de graduação e pós-graduação no sistema federal de ensino.

A entrada em vigor do Decreto n.º 9.235, de 15 de dezembro de 2017 aponta o modelo regulatório vigente para a regulação, supervisão e avaliação das IES, sendo sucedido por diversos outros atos normativos[103]

[103] Alguns dos atos normativos que complementam o espectro de atuação do Decreto: Portaria Normativa n.º 11, de 20 de junho de 2017, que estabelece normas para o credenciamento de instituições e a oferta de cursos superiores a distância, em conformidade com o Decreto n.º 9.057, de 25 de maio de 2017; Portaria Normativa n.º 20, de 21 de dezembro de 2017, republicada em 3 de setembro de 2018, que dispõe sobre os procedimentos e o padrão decisório dos processos de credenciamento, recredenciamento, autorização, reconhecimento e renovação de reconhecimento de cursos superiores, bem como seus aditamentos, nas modalidades presencial e a distância, das instituições de educação superior do sistema federal de ensino (Redação dada pela Portaria Normativa n.º 741, de 3 de agosto de 2018); Portaria n.º 21, de 21 de dezembro de 2017, que dispõe sobre o sistema e-MEC, sistema eletrônico de fluxo de trabalho e gerenciamento de informações relativas aos processos de regulação, avaliação e supervisão da educação superior no sistema federal de educação, e o Cadastro Nacional de Cursos e Instituições de Educação Superior Cadastro e-MEC; Portaria n.º 315, de 4 de abril de 2018, publicada em 5 de abril de 2018, que dispõe sobre os procedimentos de supervisão e monitoramento de instituições de educação superior integrantes do sistema federal de ensino e de cursos superiores de graduação e de pós-graduação lato sensu, nas modalidades presencial e a distância (Revoga expressamente a Portaria Normativa n.º 22, de 21 de dezembro de 2017); Portaria Normativa n.º 23, de 21 de dezembro de 2017, republicada em 3 de setembro de 2018, que dispõe sobre os fluxos dos processos de credenciamento e recredenciamento de instituições de educação superior e de autorização, reconhecimento e renovação de reconhecimento de cursos superiores, bem como seus aditamentos (Redação dada pela Portaria Normativa n.º 742, de 3 de agosto de 2018); Portaria n.º 515, de 14 de junho de 2018, publicada em 15 de junho de 2018, que define os Indicadores de Qualidade da Educação Superior referentes ao ano de 2017, estabelece os aspectos gerais de cálculo, procedimentos de manifestação das Instituições de Educação Superior sobre os insumos de cálculo e divulgação de resultados; Portaria Normativa n.º 741, de 2 de agosto de 2018, publicada em 3 de agosto de 2018, que altera a Portaria Normativa MEC n.º 20, de 21 de dezembro de 2017, que dispõe sobre os procedimentos e o padrão decisório dos processos de credenciamento, recredenciamento, autorização, reconhecimento e renovação de reconhecimento de cursos superiores, bem como seus aditamentos, nas moda-

que o complementam. Todos esses atos normativos acabam por formular uma extensa carga regulatória sobre as instituições que buscam delimitar qualidade da educação superior no sistema federal de ensino.

Ponto de convergência sobre o processo avaliativo de IES através das metodologias prescritas pelo Decreto n.º 9.235, de 15 de dezembro de 2017 e os atos regulatórios complementares, seria de que todas as figuras normativas que estabelecem critérios de avaliação, acabam por privilegiar indicadores de insumos como corpo docente (titulação, regime, tempo de experiência e produções científicas), quantidades de salas e espaços, quantidade de livros. O grupo de estudos que orientou a formulação da obra Revista da Associação Brasileira de Mantenedoras de Ensino Superior: Indicadores de Qualidade da Educação Superior. Aplicabilidade nas Modalidades Presencial e à Distância, aponta que "embora os valores sobre insumos sejam rapidamente disponíveis e objetivos, eles fornecem pouca evidência da qualidade na prática"[104], o que nos leva a conclusão de que os processos avaliativos que tiveram

lidades presencial e a distância, das instituições de educação superior do sistema federal de ensino; Portaria Normativa n.º 742, de 2 de agosto de 2018, publicada em 3 de agosto de 2018, que altera a Portaria Normativa MEC n.º 23, de 21 de dezembro de 2017, que dispõe sobre os fluxos dos processos de credenciamento e recredenciamento de instituições de educação superior e de autorização, reconhecimento e renovação de reconhecimento de cursos superiores, bem como seus aditamentos; Portaria Normativa n.º 840, de 24 de agosto de 2018, publicada em 24 de agosto de 2018, que dispõe sobre os procedimentos de competência do Instituto Nacional de Estudos e Pesquisas Educacionais Anísio Teixeira – Inep referentes à avaliação de instituições de educação superior, de cursos de graduação e de desempenho acadêmico de estudantes; Portaria n.º 1.428, de 28 de dezembro de 2018, publicada em 31 de dezembro de 2018, que dispõe sobre a oferta, por Instituições de Educação Superior – IES, de disciplinas na modalidade a distância em cursos de graduação presencial; Instrução Normativa n.º 1, de 17 de setembro de 2018, que regulamenta o art. 29 da Portaria Normativa n.º 20, de 21 de dezembro de 2017, alterada pela Portaria Normativa n.º 741, de 2 de agosto de 2018, e republicada em 3 de setembro de 2018); Nota Técnica n.º 2/2017/CGCQES/DAES, Nota Técnica n.º 3/2017/CGCQES/DAES, Nota Técnica n.º 16/2017/CGACGIES/DAES, Nota Técnica n.º 18/2018/CGCQES/DAES, Nota Técnica n.º 19/2018/CGCQES/DAES etc. Fonte de compilação: ESTUDOS: Revista da Associação Brasileira de Mantenedoras de Ensino Superior: Indicadores de Qualidade da Educação Superior: Aplicabilidade nas Modalidades Presencial e a Distância, v. 31, n. 43, jun. 2019. Brasília: ABMES Editora, 2019.

[104] ESTUDOS: Revista da Associação Brasileira de Mantenedoras de Ensino Superior: Indicadores de Qualidade da Educação Superior: Aplicabilidade nas Modalidades Presencial e a Distância, v. 31, n. 43, jun. 2019. Brasília: ABMES Editora, 2019.

como nascedouro o mencionado Decreto e os demais atos normativos subjacentes, são orientados por padrões conformadores das instituições à um modelo que não induz qualidade, mas sim, estabelece padrões mínimos para que instituições sejam classificadas em um determinado conceito.

Apesar da preponderância de indicadores que sejam parametrizáveis e quantificáveis do ponto de vista quantitativo, como por exemplo a quantidade de professores mestres e doutores, salas especializadas para utilização por parte dos professores do núcleo docente estruturante, quantidade de livros em bibliotecas, avaliações de infraestrutura, o modelo regulatório para avaliação da qualidade da educação superior deveria buscar equalizar a qualidade medida por insumos e a qualidade medida por atribuições, ações, e processos de melhoria contínua. Um olhar sobre metodologias de ensino, aprendizagem e avaliação direcionam para desenhos regulatórios que apontam os resultados educacionais no mundo factual, que busca entender a forma como a educação superior muda e adiciona valores a vida do egresso.

No nosso modelo regulatório até existem instrumentos que buscam estabelecer critérios para verificação de qualidade das IES e alunos em uma perspectiva qualitativa, como o ENADE e o Indicador de Diferença entre os Desempenhos Observado e Esperado (IDD), que procuram relacionar indicadores que medem insumos e indicadores que medem resultados da aprendizagem, quando comparados com outras IES.[105] Todavia, esses indicadores não são utilizados de forma suficiente para se estabelecer que o modelo afere a qualidade em sentido substantivo. A inclusão de indicadores como taxa de evasão, taxa de alunos concluintes, empregabilidade de egressos, inadimplência em programas de financiamentos estudantis, internacionalização, parecem ser necessários para se ter uma percepção da qualidade de forma mais substantiva, alinhada ao mundo globalizado.

É na percepção de que os indicadores atuais seriam suficientes, em sentido contrário ao que constatamos neste estudo que José Lima Sobrinho afirma "[a] avaliação exerce sua função social e política muito

[105] ESTUDOS: Revista da Associação Brasileira de Mantenedoras de Ensino Superior: Indicadores de Qualidade da Educação Superior: Aplicabilidade nas Modalidades Presencial e a Distância, v. 31, n. 43, jun. 2019. Brasília: ABMES Editora, 2019.

importante, ao mostrar publicamente o trabalho, não só no sentido da prestação de contas, mas da comprovação, com argumentos da qualidade, de que a Universidade é uma instituição necessária e de que sua produtividade não deve ser medida pelos mesmos instrumentos e indicadores da vida econômica".[106] Os indicadores medem e estabelecem conceitos para cursos e instituições, mas numa percepção quanto aos resultados advindos da educação recebida, um conceito reputacional nos moldes do que corre nos Estados Unidos da América, por exemplo, poderia levar aos alunos e familiares a percepção quanto a qualidade oferecida pela instituição avaliada.

Na busca por instituir modelos regulatórios que apresentem indicadores que apontem qualidade substantiva da educação, devemos unir critérios educativos ou formativos, que busquem desenvolver e aprimorar a qualidade do trabalho produzido pela IES avaliada, a critérios regulatórios que os favoreçam, ao invés dessa dicotomia aparente entre tabelar insumos e resultados com a quantificação da aprendizagem e do crescimento. No modelo atual, o que acaba por acontecer, nos programas regulatórios existentes é que IES miram objetivos preestabelecidos para atingimento de determinado resultado (conceito institucional de 3 a 5) acarretando uma enorme padronização de instituições, sem que isso implique maior ou menor qualidade.

Nosso cenário regulatório para aferição de qualidade acaba ainda por promover um cerceamento na autonomia universitária, fazendo com que IES sejam conformadas aos modelos existentes e aprovados pelo MEC e suas agências, o que, nas lições de Nina Ranieri, poderia levar à compreensão de que "a autonomia universitária, quando mal compreendida, reforça a tutela estatal, a irresponsabilidade institucional e os traços corporativos internos nas universidades, em detrimento das finalidades que devem alcançar"[107], nos afastando do desenvolvimento desejável e almejado pelas políticas estatais para a educação superior. André Saddy defende que a autonomia universitária "deve ser observada como instrumento que tem por objetivo garantir o fim a que as universidades

[106] Sobrinho, José Dias. Autonomia universitária. *Pro-Posições*, São Paulo, v. 4, n. 2, p. 58, jul. 1993.

[107] Ranieri, Nina Beatriz Stocco. Aspectos jurídicos da autonomia universitária no Brasil. *Revista CEJ*, Brasília, v. 9, n. 31, p. 29, out./dez. 2005.

se destinam".[108] O cerceamento não ocorre somente quando se estabelece o padrão de aferição de qualidade das IES, mas também quando elas [especialmente as privadas] são obrigadas a destinar grande parte de seus recursos para o atendimento da regulação.

Assim, deve-se entender então que a certificação de qualidade na educação superior deve estar atenta a todas as dimensões que podem traduzi-la, e, para tanto, a análise estrutural da avaliação da educação superior atual oposta a valores que dificilmente são expressos em indicadores quantificáveis facilmente [como os insumos] aponta que instituições mais plurais, com participação de todos os atores envolvidos naquele setor, tendem a possuir características mais alinhadas com uma real busca de qualidade em todas as dimensões em que uma IES possa ser avaliada. Não seria aquela relação de apontar em sentido *top-down* regras que deverão ser seguidas pelas IES, mas sim, uma verdadeira participação plural do poder público, mantenedores, professores, alunos e representantes da atividade profissionais que poderão conjuntamente delimitar indicadores de qualidade que poderão ser percebidos frente as exigências do mundo moderno e globalizado. Neste linde, exigir qualidade na educação parece se aproximar mais de um sentido substantivo e realizável. Quanto mais próxima uma entidade certificadora de qualidade estiver de indicadores formulados com esse princípio, mais qualitativos serão seus processos avaliativos; quanto mais distante, mais quantitativo tende a ser esse processo. A proximidade com esses princípios deve ser a base da reputação introduzida pela sua avaliação de qualidade.

Como questão a ser respondida, devemos saber como avaliar qualidade em um contexto social de permanente mutação e evolução. Não se fala aqui de critérios avaliativos meramente estruturais no sentido de insumos e infraestrutura. Esses já se demonstram verificados de maneira razoável pelos indicadores constantes dos processos avaliativos nos moldes do Decreto n.º 9.235, de 15 de dezembro de 2017 e os atos regulatórios que o complementa, que acertadamente já aponta quão próximo ou distante se está de um modelo já estabelecido. O que se discute são os predicados de cada IES confrontados aos seus pares e ao que existe num mundo globalizado.

108 Saddy, André. *Discricionariedade na área educacional.* Rio de Janeiro: CEEJ, 2020. p. 64.

Ao observamos apenas a educação superior no Brasil, e fixarmos critérios atrelados somente à nossa realidade, é até possível que cheguemos a padrões razoáveis de educação, mas dificilmente poderemos comparar ou mesmo concorrer com IES de outros países que se submetem a processos avaliativos distintos, focados não apenas nas diretivas mencionadas, mas também na criatividade, inovação, produção científica, empregabilidade e internacionalização. Como afirma Thiago de Melo Martins, "[e]xiste uma espécie de homogeneização do ensino, instituições procuram oferecer serviços cada vez mais padronizados e barateados".[109]

É neste limiar que se buscou olhar como IES são avaliadas em um contexto internacional, e nele verificar como o Brasil e suas IES estão inseridas neste momento. Buscando dar ainda maior precisão para avaliar nações com semelhanças minimamente comparáveis.

De tal modo que, além da verificação de atingimento dos resultados esperados para a educação superior brasileira no período decenal compreendido entre 2014 e 2024 de vigência do PNE, e das características dos processos de avaliação das IES no Brasil, apresentar um paradoxo com instituições de educação superior internacionais pode ser útil para orientar a percepção do posicionamento de IES brasileiras no cenário internacional. Para tanto, optamos neste estudo em buscar instituições que apontem as mais bem avaliadas universidades do mundo, e verificar neste ranking aquelas que seriam de países que possuíssem semelhanças econômicas e de desenvolvimento com o Brasil. Por esse motivo, foram verificadas quantas instituições dos países que compõem os BRICS[110] estão ranqueadas entre as 1000 mais bem avaliadas.

109 Martins, Thiago de Melo. Evolução da mercadorização do ensino superior privado no Brasil: caminho sem volta? *Ensaios Pedagógicos*, Sorocaba, SP, v. 3, n. 2, p. 41, 2019.

110 Os BRICS são a reunião dos países Brasil, Rússia, China, Índia e África do Sul que em determinado período se destacou na economia mundial com o seu rápido crescimento econômico, caracterizados como países emergentes, e que vieram em seguida a agirem de forma a cooperarem mutuamente para o seu desenvolvimento econômico. Eles não são compostos por uma entidade econômica formal, mas vem funcionando como um mecanismo político internacional de cooperação entre os cinco países. Eles ainda correspondem a 21% de toda a riqueza mundial, 42% de toda a população, e 45% de toda a força de trabalho existente no mundo. (Pena, Rodolfo F. Alves. *BRICS*. Brasil Escola. Disponível em: <https://brasilescola.uol.com.br/geografia/bric.htm>. Acesso em: 11 jun. 2020).

Como escolha para aferição das 1000 mais bem avaliadas instituições em um contexto global, utilizou-se a ferramenta existente no portal do Top Universities[111] que faz, anualmente, um levantamento entre instituições de educação superior em mais de 80 países, mediante seis métricas consideradas no contexto internacional como eficazes para capturar a performance das universidades avaliadas, demonstrando os resultados provenientes da educação aplicada nessas instituições.

No ciclo de avaliação de 2020, com base em dados de 2019, foram avaliadas mais de 5500 instituições no mundo, qualificando as 1000 melhores instituições. As métricas avaliadas foram: i) reputação acadêmica; ii) reputação de seus profissionais; iii) relação professor/aluno; iv) citações por instituição; e v) internacionalização.[112]

Verificamos entre as 1000 melhores instituições ranqueadas, quantas estariam neste intervalo de cada um dos países que compõe a grupo conhecido como BRICS. A escolha desse recorte buscou orientar uma amostragem dentre os países participantes para relevância a nível internacional de suas IES.

Quadro 1. Instituições entre as 1000 mais bem avaliadas

País	Quantidade de IES	Posição no ranking
Brasil	19 IES	116, 214, 358, 439, 482, 601-650, 651-700(1), 701-750, 801-1000(1)
Rússia	16 IES	84, 231, 234, 268, 284, 302, 322, 329, 364, 366, 387, 392, 436, 439, 451, 521-530(1), 531-540(1), 541-550(1), 601-650(1), 651-700(1), 751-800(1), 801-1000(1)
Índia	19 IES	152, 182, 184, 271, 281, 291, 383, 474, 491, 601-650(1), 651-700(1), 701-800(1), 751-800(1), 801-1000(1)
China	41 IES	16, 22, 40, 54, 60, 89, 120, 157, 265, 277, 287, 368, 400, 412, 429, 436, 451, 462, 468, 480, 484, 501, 531-540(1), 551-510(1), 571-580(1), 601-650(1), 651-700(1), 701-750(1), 751-800(1), 801-1000(1)
África do Sul	8 IES	198, 400, 427, 501-510(1), 551-560(1), 801-1000(1)

Fonte: Elaboração própria.

(1) O ranking não especifica a posição exata da instituição quando mais de uma delas ocupa a mesma posição, fornecendo somente a faixa em que ela se encontra. Elaborado com base nas informações constantes da avaliação disponível em: <https://www.topuniversities.com/>. Acesso em: 05 jan. 2021.

111 TOP UNIVERSITIES. Disponível em: <https://www.topuniversities.com/>. Acesso em: 27 jan. 2021.

112 A metodologia de avaliação está disponível em: STAFF WRITER. QS World University Rankings – Methodology. *Top Universities*, 25 fev. 2021. Disponível em: <https://www.topuniversities.com/qs-world-university-rankings/methodology>. Acesso em: 21 jan. 2021.

Denota-se da análise que a China aparece como a mais bem conceituada entre os BRICS apresentado 41 universidades entre as 1000 mais bem avaliadas do mundo, em seguida vem a Índia e Brasil com 19 universidades cada uma, e a Rússia com 16. Temos a África do Sul com apenas 8 universidades ranqueadas. Fato que aponta uma informação que pode ser relevante na demonstração de que a regulação brasileira pode não estar em consonância com a regulação internacional para delimitar qualidade na educação é que as duas universidades nacionais mais bem avaliadas figurando entre as 300 primeiras do ranking são a USP (Universidade de São Paulo) e a UNICAMP (Universidade de Campinas), ambas fora do julgo do MEC e suas agências administrativas por não serem parte do sistema federal de ensino.

Na delimitação da qualidade na educação superior, procurou-se ter um cenário alinhado ao atingimento ou não das metas do PNE, a natureza do processo avaliativo das IES em contexto nacional, e comparar a quantidade de IES no ranking das 1000 mais bem avaliadas universidades do mundo diante de critérios aceitos pela comunidade internacional, fazendo um recorte metodológico para universidades em países que compõem os BRICS. Neste cenário, verificou-se que não há nenhuma participação de IESPr nacional ou mesmo IES que façam parte do sistema federal de ensino [regulado, supervisionado e avaliado pelo MEC] entre as 300 mais bem avaliadas.

Pode-se ainda observar que dentre as 1000 mais bem avaliadas instituições do ranking, apenas 03 delas eram privadas, chamando a atenção por serem IESPr com natureza filantrópica e comunitária, não participantes de Grande Grupos Educacionais (GGE).[113]

[113] A delimitação dos Grandes Grupos Educacionais será abordada no título sobre o *status quo* da educação superior.

Quadro 2. As IES brasileiras que figuraram no ranking

	Posição no ranking	Instituição	Sistema
1	116	Universidade de São Paulo – USP	Estadual
2	214	Universidade Estadual de Campinas – UNICAMP	Estadual
3	358	Universidade Federal do Rio de Janeiro – UFRJ	Federal
4	439	Universidade Federal de São Paulo – UNIFESP	Federal
5	482	Universidade Estadual Paulista – UNESP	Estadual
6	601-650(1)	Pontifícia Universidade Católica do Rio de Janeiro – PUC RJ	Privada
7	651-700(1)	Pontifícia Universidade Católica de São Paulo – PUC SP	Privada
8	651-700(1)	Universidade Federal de Minas Gerais – UFMG	Federal
9	651-700(1)	Universidade Federal do Rio Grande do Sul – UFRGS	Federal
10	701-750(1)	Universidade Federal de Santa Catarina – UFSC	Federal
11	801-1000(1)	Pontifícia Universidade Católica do Rio Grande do Sul – PUC RS	Privada
12	801-1000(1)	Universidade de Brasília – UnB	Federal
13	801-1000(1)	Universidade do Estado do Rio de Janeiro – UERJ	Estadual
14	801-1000(1)	Universidade Estadual de Londrina – UEL	Estadual
15	801-1000(1)	Universidade Federal de São Carlos – UFSCar	Federal
16	801-1000(1)	Universidade Federal de Viçosa – UFV	Federal
17	801-1000(1)	Universidade Federal do Paraná – UFPR	Federal
18	801-1000(1)	Universidade Federal de Pernambuco – UFPE	Federal
19	801-1000(1)	Universidade Federal Fluminense – UFF	Federal

Fonte: Elaboração própria.

(1) O ranking não especifica a posição exata da instituição quando mais de uma delas ocupa a mesma posição, fornecendo somente a faixa em que ela se encontra. Elaborado com base nas informações constantes da avaliação disponível em: <https://www.topuniversities.com/>. Acesso em: 05 jan. 2021.

Para fins de relevância na verificação de qualidade, é importante também delinear o cenário nacional para entender a penetração da atividade privada na educação superior e a relação entre a atuação delas comparadas às IESPu. Para tanto, cabe neste ponto descrever de que forma as IESPr contribuem em aspectos quantitativos para a educação superior nacional.

De acordo com o Censo da Educação Superior Brasileira[114], temos hoje 2608 entidades de educação superior no país. De todas essas enti-

[114] INSTITUTO NACIONAL DE ESTUDOS E PESQUISAS EDUCACIONAIS ANÍSIO TEIXEIRA (INEP). *Censo da Educação Superior Brasileira*: notas estatísticas *2019*. Disponível

dades, 302 são públicas, estando divididas entre 108 universidades, 143 faculdades, 40 institutos federais e CEFETs, e 11 centros universitários. Dentre as privadas, encontramos 2306 entidades, divididas em 90 universidades, 283 centros universitários e 1933 faculdades. Com as informações obtidas no censo, pode ser verificar também que 11,6% das IES do país são entidades públicas, e que 88,4% das IES são entidades privadas. Essas informações podem ser mais bem percebidas na figura a seguir:

Figura 6. Número de instituições de educação superior, por organização acadêmica e categoria administrativa

INSTITUIÇÃO DE EDUCAÇÃO SUPERIOR, POR ORGANIZAÇÃO ACADÊMICA E CATEGORIA ADMINISTRATIVA - 2019

ANO	TOTAL	UNIVERSIDADE		CENTRO UNIVERSITÁRIO		FACULDADE		IF e CEFET	
		PÚBLICA	PRIVADA	PÚBLICA	PRIVADA	PÚBLICA	PRIVADA	PÚBLICA	PRIVADA
2019	2.608	108	90	11	283	143	1.933	40	n.a.

Nota: n.a. Não se aplica

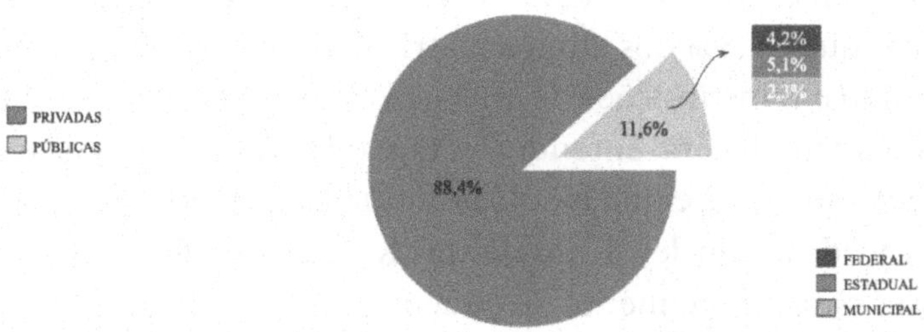

Fonte: Censo da Educação Superior Brasileira: notas estatísticas 2019 (INEP).

Distribuídos nas IES nacionais, públicas e privadas, temos no censo a informação de que 6.523.678 alunos, que correspondem a 75,8% do alunado, estariam em IESPr, enquanto 2.080.146 alunos, que correspondem a 24,2% do alunado, estariam em IESPu.

em: https://download.inep.gov.br/educacao_superior/censo_superior/documentos/2020/Notas_Estatisticas_Censo_da_Educacao_Superior_2019.pdf>. Acesso em: 20 dez. 2020.

FIGURA 7. Matrículas em cursos de graduação, por categoria administrativa

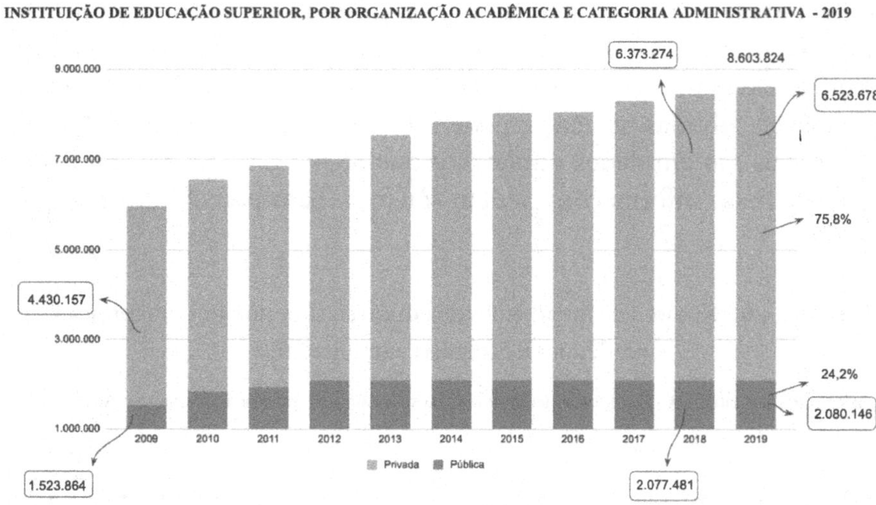

Fonte: Censo da Educação Superior Brasileira: notas estatísticas 2019 (INEP).

No ciclo do censo de 2019, cujos resultados foram apresentados, pode se verificar que 75,8% dos alunos matriculados na educação superior nacional estão em instituições de educação superior privadas, sendo esse dado fundamental para entender o tamanho da participação do setor na educação superior e que medidas alinhadas aos objetivos nacionais para educação devem levar em conta as necessidades e aptidões dessas entidades para oferecimento de educação com qualidade.

Os dados e informações apresentados mostram um cenário que induz à percepção de que os esforços realizados até então pelo MEC e suas agências administrativas na criação, aplicação e fiscalização do cumprimento de medidas regulatórios para às IES, sobretudo as privadas, não vem produzindo os resultados esperados. Primeiramente porque as metas do PNE não apresentam informações substantivas sobre a qualidade esperada da educação, sendo um indicador de pouca aderência ao que se coloca em prática ao mundo real; seguidamente, vemos um contexto avaliativo nacional que deixa de observar instâncias relacionadas a evolução educacional e métricas conciliadas com as estabelecidas pela comunidade internacional que leva a uma análise parcial da qualidade substantiva as IES; e também se constata que em um contexto reputacional, onde as mais diversas instituições mundiais se submetem a uma avaliação mediante métricas de qualidade acadêmica indicadas pelo agente privado verificador, sugerem a existência de consensos universais mínimos sobre as métricas adotadas, e a educação brasileira, dentre elas, comparada com países que possuam condições econômicas com identidades minimamente identificáveis, não mostra um quadro satisfatório; por fim, a participação majoritária de instituições de educação superior privadas na educação nacional apontam para a possibilidade deste setor estar sofrendo as mazelas de uma possível excessiva regulação, podendo este ser um indicador de assimetria que leva aos resultados encontrados. Mesmo a intensa política de fomentar a educação superior para preencher vagas ociosas nos bancos privados (PROUNI)[115] ou para financiar alunos com juros subsidiados (FIES)[116], não vem se mostrando suficientes para obtermos a escalada de qualidade na educação superior nacional, não por serem irrelevantes, mas sim por estarem baseadas em modelos que avaliam qualidade de forma superficial e ossificada.

Algumas questões extraídas do relatório a OCDE "*Rethinking Quality Assurance for Higher Education in Brazil*" podem apontar relações de causalidades quem estariam contribuindo para o cenário.

Excertos do relatório[117] dão conta que que algumas dessas questões possam ter relação com o fato de o MEC ter em seu Ministro o direcionador de toda política educacional no país, ser o produtor de toda a regulação da educação superior, o responsável por conduzir todos os processos de verificação de atendimento de padrões de qualidade, bem

[115] Lei n.º 11.096, de 13 de janeiro de 2005.

[116] Lei n.º 10.260, de 12 de julho de 2001.

[117] *"challenges in system governance include a potential conflict of interest in MEC, which both steers and regulates federal public institutions"* (p. 17). *"First, the design of quality assurance institutions creates conflicting responsibilities for the Ministry of Education. MEC establishes, funds, and steers the federal university system, through its Secretariat for Higher Education (SESu). At the same time, it is responsible, through SERES and, indirectly, INEP, for evaluating their performance and for regulatory actions concerning the programmes they offer. These conflicting responsibilities lead the nation's higher education institutions, especially its private institutions, to view the Ministry as a champion of one sector rather than a neutral arbiter among all. As one representative of a private higher education institution told to the review team, 'For the people at MEC, the federal universities are their children, and we are their bastards.'"* (p. 171). (OECD. Rethinking Quality Assurance for Higher Education in Brazil. *Reviews of National Policies for Education*, Paris, 2018. Disponível em: <https://doi.org/10.1787/9789264309050-en>. Acesso em: 07 jun. 2020).

como a aplicação das punições quando cabíveis, sempre através de suas agências administrativas.

O estudo aponta ainda que não é analisada a aplicação da regulação às IESPu, pois não existem referências a processos que levaram a punição ou diminuição de conceitos institucionais dessas instituições. Essas conclusões parecem apontar para o fato de que a aplicação da regulação da educação superior tem como único público realmente sujeito ao seu crivo as IESPr. Por outro lado, é de se verificar também que apesar de haver punições aplicadas às IESPr, ou mesmo a redução de seus conceitos em função das verificações realizadas [processos de credenciamento ou recredenciamento das instituições, e avaliações realizada nos moldes do SINAES[118]] raramente nos deparamos com processos de descredenciamento.[119]

É nesta seara que IESPr, pequenas e médias, clamam por uma menor carga regulatória em sua atividade, premiando instituições que detenham melhores conceitos com mais liberdade e autonomia, o que além de garantir-lhes mais eficiência na alocação de seus recursos, possibilitaria atuar em acordo com suas próprias identidades em busca de qualidade e inovação.

[118] Lei n.º 10.861, de 14 de abril de 2004.

[119] *"Public HEIs may be established with any institutional form and are accredited automatically by their acts of establishment. The establishment of new federal public institutions is rare, but, from a legal perspective, such institutions can be created without any requirement to undergo an initial external evaluation."* (p. 21). *"Legally, both private and federal public institutions are subject to periodic re-accreditation (recredenciamento), based on on-site reviews coordinated by INEP. For private institutions, successful re-accreditation is a prerequisite for their continued operation (although 'de-accreditation' is rare). For federal public institutions, the process is essentially no more than a formality, as they systematically score three or more on a five point evaluation scale and, in any case, cannot have their accreditation removed."* (p. 158). *"Public, like private, institutions are formally required to undergo renewal of their accreditation through a process involving another on-site review periodically that leads to a new CI and which we examine below. However, whereas the re-accreditation process could theoretically lead to the 'deaccreditation' of private HEIs, public institutions are protected by their legal status. This means re-accreditation is purely an administrative formality for public institutions. Even for private institutions in Brazil, the risk of 'de-accreditation' appears to be low. Although clear data on the number of cases of institutional 'de-accreditation' have not been made public by SERES, the OECD review team understands only a handful of private institutions have last accreditation in the last decade."* (p. 160-161). (OECD. Rethinking Quality Assurance for Higher Education in Brazil. *Reviews of National Policies for Education*, Paris, 2018. Disponível em: <https://doi.org/10.1787/9789264309050-en>. Acesso em: 07 jun. 2020).

Surge com a delimitação desse cenário um clamor dessas instituições pela possibilidade de se autorregular, dirigindo os rumos de suas atividades e sendo estimuladas a trabalharem na consecução de seus objetivos institucionais e das metas estabelecidas para a educação nacional, que mais do que previsto no PNE ou nos rankings mundiais, demonstram que uma nova política regulatória se faz necessária para que essas instituições, que são a grande maioria dos educadores nacionais, possam cumprir essa educação com mais qualidade.

3. Modelos Alternativos de Regulação para a Educação Superior Privada

3.1 A importância de se considerar o *status quo*

Na busca por respostas sobre modelos regulatórios que produzam melhores resultados, não se pode deixar de olhar para o *status quo*. Analisar a regulação existente, conhecer seus agentes reguladores e regulados, verificar assimetrias e os resultados que vem sendo produzidos são essenciais, anteriormente à propositura de qualquer modificação regulatória. Não é por menor razão que a nova lei de liberdade econômica[120] em seu artigo 5.º, introduziu a obrigatoriedade da realização de AIR (Análise de Impacto Regulatório) em todos os casos em de edição ou alteração de atos normativos de interesse geral de agentes econômicos ou de usuários dos serviços prestados.[121]

É claro que não estamos aqui tratando de regulação nos moldes das agências administrativas autônomas, mas sim ao crivo do próprio poder executivo que acumula as funções de regular, direcionar políticas, aplicar a regulação, medir os resultados dessa regulação e aplicar as sanções aos agentes de mercado que não cumpram as suas disposições. Nina Ranieri observa que o Estado brasileiro

> [...] planeja, define políticas e as executa; legisla; regulamenta; financia e subvenciona o ensino e a pesquisa; mantém universidades e instituições

[120] Lei n.º 13.874, de 20 de setembro de 2019.

[121] Ver Decreto n.º 10.411, de 30 de junho de 2020 sobre prazos e aplicação.

> públicas de ensino superior; autoriza reconhece, credencia, recredencia, supervisiona cursos e instituições; avalia alunos, cursos e instituições por todo o país; interfere na organização do ensino; etc.[122],

sendo certo que a maior parte dessas atribuições deriva do poder regulamentar atribuído a União pela LDB, e que apesar de haver descentralização dentro do órgão do poder executivo que direciona todas essas ações, ela edita um número enorme de atos normativos, sob o pretexto de estar em busca de qualidade. Delinear essa estrutura é desejável a fim de que se possa ter noção dos agentes envolvidos na moldura regulatória em que a educação superior está inserida.

Figura 8. Estrutura organizacional da regulação da educação superior

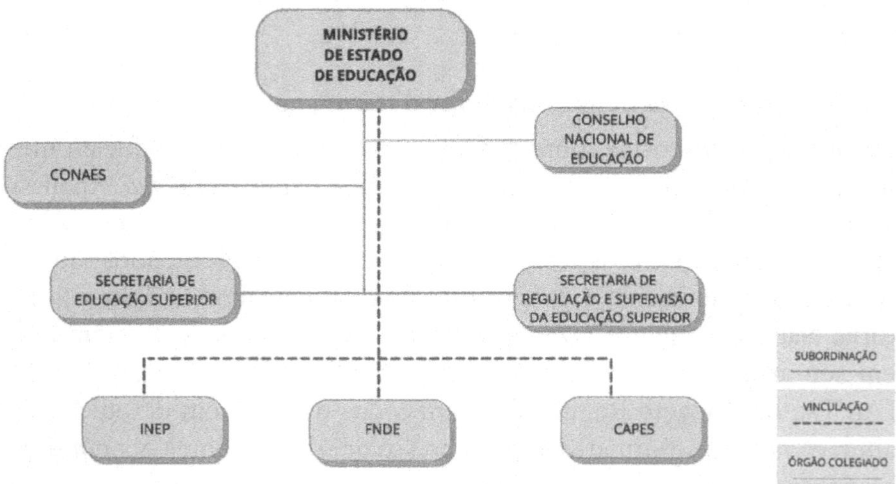

Fonte: Elaboração própria com base no organograma apresentado pelo MEC.

Como pode ser observado na figura acima, o MEC[123] tem em suas atribuições toda a regulação educacional do sistema federal de ensino,

[122] Ranieri, Nina Beatriz Stocco. Aspectos jurídicos da autonomia universitária no Brasil. *Revista CEJ*, Brasília, v. 9, n. 31, p. 20, out./dez. 2005.

[123] "O Ministério da Educação (MEC) é um órgão da administração federal direta e tem como área de competência os seguintes assuntos: I – a política nacional de educação; II – da educação infantil; III – a educação em geral, compreendendo o ensino fundamental, o ensino médio, o ensino superior, a educação de jovens e adultos, a educação profissional, a educação especial e a educação a distância, exceto ensino militar; IV – a avaliação, infor-

esse que tem entre as suas instituições as Universidades, Centros Universitários, Faculdades, CEFETs e IFEs[124] com diferenciação em suas estruturas para sofrer de forma mais intensa ou menos intensa os efeitos da regulação. Ao lado do MEC, podemos situar o CNE que tem entre as suas principais atribuições a de buscar qualidade para a educação. Veja que o CNE não detém autonomia regulatória, mas exerce o direcionamento da regulação através da emissão de pareceres que podem ou não ser homologados pelo MEC.[125]

Ao lado do MEC, temos a Comissão Nacional de Avaliação da Educação Superior (CONAES)[126], órgão colegiado que tem por objetivo a

mação e pesquisa educacional; V – a pesquisa e extensão universitária; VI – o magistério; e VII – a assistência financeira a famílias carentes para a escolarização de seus filhos ou dependentes." Mais informações sobre o MEC e sua histórica formação e atribuições poderá ser obtida em: MINISTÉRIO DA EDUCAÇÃO (MEC). *História*. Disponível em: <http://portal.mec.gov.br/?option= com_content&view=article&id=2&Itemid=171>. Acesso em: 18 jan. 2021.

[124] Estão excluídos da regulação do MEC as instituições de educação superiores estaduais e municiais, na medida em que não fazem parte do sistema federal de ensino. A exceção se dá em relação a pós-graduação *stricto sensu*, na medida em que ela é regulada pela CAPES, abrangendo todas as IES que atuam neste nível educacional.

[125] Dentre as atribuições do CNE, verificamos em seu portal as seguintes: "As atribuições do Conselho são normativas, deliberativas e de assessoramento ao Ministro de Estado da Educação, no desempenho das funções e atribuições do poder público federal em matéria de educação, cabendo-lhe formular e avaliar a política nacional de educação, zelar pela qualidade do ensino, velar pelo cumprimento da legislação educacional e assegurar a participação da sociedade no aprimoramento da educação brasileira. Compete ao Conselho e às Câmaras exercerem as atribuições conferidas pela Lei n.º 9.131/95, emitindo pareceres e decidindo privativa e autonomamente sobre os assuntos que lhe são pertinentes, cabendo, no caso de decisões das Câmaras, recurso ao Conselho Pleno." (MINISTÉRIO DA EDUCAÇÃO (MEC). *Conselho Nacional de Educação – CNE*. Disponível em: <http://portal.mec.gov.br/conselho-nacional-de-educacao/apresentacao>. Acesso em: 18 jan. 2021).

[126] "A Comissão Nacional de Avaliação da Educação Superior – CONAES é o órgão colegiado de coordenação e supervisão do Sistema Nacional de Avaliação da Educação Superior SINAES, instituído pela Lei n.º 10.861, de 14 de abril de 2004." (MINISTÉRIO DA EDUCAÇÃO (MEC). *Conheça a CONAES*. Disponível em: <http://portal.mec.gov.br/conaes-comissao-nacional-de-avaliacao-da-educacao-superior/conheca-a-conaes>. Acesso em: 24 jan. 2021). "A CONAES, vinculada ao Poder Executivo federal, de natureza colegiada, dotada de caráter deliberativo, constitui instância nacional autônoma e tem como tarefas estabelecer diretrizes para o processo de avaliação como um todo, articular avaliação à regulação, assegurar qualidade e coerência ao SINAES e promover o seu aperfeiçoamento." (WEBER, Silke. Avaliação e regulação da educação superior: conquistas e impasses. *Educação & Socie-*

coordenação e supervisão do Sistema Nacional de Avaliação da Educação Superior SINAES.

Sob o direcionamento do MEC estão o que chamamos incialmente como agências administrativas da educação, e que atuam em diversos pontos da regulação educacional, tendo como principais agentes: a Secretaria de Regulação e Supervisão da Educação Superior (SERES); a Secretaria de Educação Superior (SESU); o Instituto Nacional de Estudos e Pesquisas Educacionais Anísio Teixeira (INEP); a Coordenação de Aperfeiçoamento de Pessoal de Nível Superior (CAPES) e o Fundo Nacional de Desenvolvimento da Educação (FNDE).

A SERES, é a secretaria responsável por credenciar, autorizar e reconhecer os programas de graduação. Essa atividade regulatória é exercida com base nos resultados das avaliações de qualidade das IES e seus programas.[127] Ela é responsável pela regulação e supervisão de Instituições de Educação Superior, públicas e privadas, pertencentes ao Sistema Federal de Educação Superior.

dade, Campinas, v. 31, n. 113, p. 1247-1269, out.-dez. 2010. Disponível em: <http://www.cedes.unicamp.br>. Acesso em: 13 jan. 2021).

[127] Podemos verificar no portal da SERES a descrição de suas atribuições como a seguir apresentado: "A Secretaria de Regulação e Supervisão da Educação Superior (Seres) é responsável pela formulação de políticas para a regulação e a supervisão de Instituições de Educação Superior (IES), públicas e privadas, pertencentes ao sistema federal de educação superior. A Seres foi criada em 17/4/2011 pelo Decreto n.º 7.480/2011, absorvendo competências antes da Sesu, da Setec e da extinta Seed do Ministério da Educação. É da sua alçada autorizar, reconhecer e renovar o reconhecimento de cursos de graduação (bacharelado, licenciatura e tecnológico) e de pós-graduação lato sensu, todos na modalidade presencial ou a distância. A Seres também é responsável pela Certificação de Entidades Beneficentes de Assistência Social na Área de Educação (Cebas-Educação). Entre outras atribuições, cabe à Seres também emitir parecer nos processos de credenciamento e recredenciamento de instituições de educação superior e supervisioná-las, bem como os cursos de graduação e sequenciais, com vistas ao cumprimento da legislação educacional e à melhoria da qualidade de educação superior. Também gerencia o e-MEC, sistema público de informações cadastrais em âmbito nacional dos cursos e instituições de educação superior." (MINISTÉRIO DA EDUCAÇÃO (MEC). *Secretaria de Regulação e Supervisão da Educação Superior*. Disponível em: <http://portal.mec.gov.br/secretaria-de-regulacao-e-supervisao-da-educacao-superior-seres/apresentacao>. Acesso em: 18 jan. 2021).

Por sua vez, a SESU é responsável por planejar, orientar, coordenar e supervisionar o processo de formulação e implementação da Política Nacional de Educação Superior.[128]

Como podemos ver em seu portal, "O Instituto Nacional de Estudos e Pesquisas Educacionais Anísio Teixeira (INEP) é uma autarquia federal vinculada ao Ministério da Educação (MEC)." O site ainda informa que a "missão é subsidiar a formulação de políticas educacionais dos diferentes níveis de governo com intuito de contribuir para o desenvolvimento econômico e social do país".[129]

[128] Dentre as atribuições do CNE, verificamos em seu portal as seguintes: "A Secretaria de Educação Superior (Sesu) tem por atribuição planejar, orientar, coordenar e supervisionar o processo de formulação e implementação da política nacional de educação superior. Cabe-lhe propor e executar programas voltados para a ampliação do acesso e da permanência de estudantes na etapa da formação superior. Em conjunto com o Fundo Nacional para o Desenvolvimento da Educação (FNDE), é responsável pela política da oferta e financiamento e de apoio ao estudante do ensino superior. Atua também para estabelecer políticas e executar programas voltados às residências em saúde, bem como incentiva e apoia a capacitação das instituições de educação superior para desenvolverem programas de cooperação internacional, a fim de proporcionar o aumento do intercâmbio de pessoas e de conhecimento e de dar maior visibilidade internacional à educação superior do Brasil. Outras duas importantes atribuições são o desenvolvimento de ações e políticas de formação para profissionais de educação básica junto às instituições da Rede Federal de Ensino Superior e a construção de um quadro de referência de qualidade para a modalidade de educação a distância." (MINISTÉRIO DA EDUCAÇÃO (MEC). *Secretaria de Educação Superior*. Disponível em: <http://portal.mec.gov.br/sesu-secretaria-de-educacao-superior/apresentacao>. Acesso em: 18 jan. 2021).

[129] A título informativo, vale apontar as principais funções do INEP, que podem ser extraídas de seu portal: "Censo da Educação Superior (O Censo da Educação Superior, realizado anualmente pelo Inep, é o instrumento de pesquisa mais completo do Brasil sobre as instituições de educação superior (IES) que ofertam cursos de graduação e sequencias de formação específica, além de seus alunos e docentes. Essa coleta tem como objetivo de oferecer à comunidade acadêmica e à sociedade em geral informações detalhadas sobre a situação e as grandes tendências do setor)"; "Censo escolar (O Censo Escolar é o principal instrumento de coleta de informações da educação básica e a mais importante pesquisa estatística educacional brasileira. É coordenado pelo Inep e realizado em regime de colaboração entre as secretarias estaduais e municipais de educação e com a participação de todas as escolas públicas e privadas do país)"; "Enem (O Exame Nacional do Ensino Médio (Enem) avalia o desempenho escolar ao final da educação básica. Realizado anualmente pelo Inep, desde 1998, o Enem colabora para o acesso à educação superior – por meio do Sisu, do Prouni e de convênios com instituições portuguesas – e a programas de financiamento e apoio estudantil, caso do Fies. Os resultados também permitem o desenvolvimento de estudos e indicadores educacionais. Qualquer pessoa pode fazer o Enem, entretanto,

Nos últimos anos, o Instituto reorganizou o sistema de levantamentos estatísticos e teve como eixo central de atividades as avaliações em praticamente todos os níveis educacionais. Ele coordena o Sistema Nacional de Avaliação da Educação Superior (SINAES), utilizando uma combinação de avaliações de IES com critérios quantitativos, resultados do Exame Nacional de Desempenho dos Estudantes (ENADE), e indicadores de índice de qualidade das IES e dos programas de graduação.

A CAPES tem a função de regular e direcionar os cursos de pós-graduação *stricto sensu*, criando regras e traçando os parâmetros que IES devem observar para atuarem na consecução de cursos nesse nível da educação superior. Ela avalia as IES e cursos de pós-graduação *stricto sensu* em um sistema que compara todas as IES através de um elaborado sistema de revisão de pares organizado em 49 comitês de campos específicos do saber. O resultado de seu processo avaliativo é fundamental para a aprovação de novos programas de pós-graduação a nível de mestrado e doutorado, a continuação dos programas já existentes e direcionamento de recursos públicos para pesquisa.

Por fim, o "Fundo Nacional de Desenvolvimento da Educação (FNDE), autarquia federal criada pela Lei n.º 5.537, de 21 de novembro de 1968, e alterada pelo Decreto-Lei n.º 872, de 15 de setembro de 1969, é responsável pela execução de políticas educacionais do Ministério da Educação (MEC)"[130]. Ele busca a prestação de assistência técnica e financeira na execução de ações visando apoiar a educação com qualidade.

participantes 'treineiros' podem usar o resultado somente para autoavaliação de conhecimentos)"; "ENADE (O Exame Nacional de Desempenho dos Estudantes (Enade) avalia o rendimento dos concluintes dos cursos de graduação em relação aos conteúdos programáticos previstos nas diretrizes curriculares dos cursos, o desenvolvimento de competências e habilidades necessárias ao aprofundamento da formação geral e profissional, e o nível de atualização dos estudantes com relação à realidade brasileira e mundial)"; "Sinaes (criado pela Lei n.º 10.861, de 14 de abril de 2004, o Sistema Nacional de Avaliação da Educação Superior (Sinaes) é formado por três componentes principais: a avaliação das instituições, dos cursos e do desempenho dos estudantes. O Sinaes avalia todos os aspectos que giram em torno desses três eixos, principalmente o ensino, a pesquisa, a extensão, a responsabilidade social, o desempenho dos alunos, a gestão da instituição, o corpo docente e as instalações)". (Disponível em: <http://portal.inep.gov.br/conheca-o-inep>. Acesso em: 18 jan. 2021).

[130] FUNDO NACIONAL DE DESENVOLVIMENTO DA EDUCAÇÃO (FNDE). *História*. Disponível em: <https://www.fnde.gov.br/index.php/acesso-a-informacao/institucional/quem-somos>. Acesso em: 18 jan. 2021.

A existência desses agentes da regulação educacional, todos ligados ao MEC e sujeitos aos seus objetivos, exercem de forma contínua os preceitos estabelecidos em nossa constituição, os objetivos constantes do PNE, através das leis que regem como a educação nacional deve ser aplicada, sobretudo a LDB, apresentando um sistema policêntrico[131] em que diversos agentes atuam para intervir no mercado educacional como um todo, criando um enorme número de atos normativos que delimitam o sistema regulatório em que IES estão inseridas.

A grande maioria das IES no Brasil estão sujeitas à regulação educacional sob responsabilidade do governo federal, e uma grande parcela das IES são do setor privado. O processo regulatório que avalia qualidade é aplicado para IES que façam parte do sistema federal de ensino, que engloba todas as IESPu federais e IESPr do país. Das cerca de 2.608 IES do país, mais de 90% fazem parte desse grupo [IESPu federais e IESPr], e são responsáveis por mais de 90% dos alunos de graduação e pós-graduação do país. As IESPr concentram cerca de 75% de todo o alunado, enquanto os alunos remanescentes que não estão no sistema federal de ensino representam menos de 10% desse universo.[132] O sistema de avaliação da pós-graduação stricto sensu empregado pela CAPES é aplicado a todas as instituições do país, sejam elas parte do sistema federal de ensino ou não.[133]

É nesse cenário que, segundo levantamento apresentado pela ABMES, hoje existem cerca de 3.234 atos normativos que de alguma forma trazem intervenções regulatórias para as IES, conforme se apresenta a figura a seguir:

[131] Diogo de Figueiredo Moreira Neto conceitua como administração policêntrica "A sociedade pluralista contemporânea, de modo espontâneo, se dispõe em rede, cada vez mais complexa, enquanto a Administração Pública, herança da Modernidade, segue ainda, em grande parte, os clássicos padrões piramidais hierarquizados, de modo que, por óbvio, isso interfere na eficiência de seus órgãos administrativos para um adequado atendimento público, passando por uma setorizada e paulatina transformação de administrações hierarquizadas em administrações em rede." (Moreira Neto, Diogo de Figueiredo. *O direito administrativo no século XXI*. Belo Horizonte: Fórum, 2018. p. 206).

[132] Foram utilizadas informações no CENSO da educação superior de 2020, ano base 2019.

[133] OECD. Rethinking Quality Assurance for Higher Education in Brazil. *Reviews of National Policies for Education*, Paris, 2018. p. 19. Disponível em: <https://doi.org/10.1787/9789264309050-en>. Acesso em: 07 jun. 2020.

FIGURA 9. **Atos normativos do setor da educação superior**

ATOS NORMATIVOS DO SETOR DE EDUCAÇÃO					
Atos	1	Instrução Normativa	36	Parecer do CNE	45
Aviso	5	Lei	208	Portaria	29
Decreto	249	Medida Provisória	53	Portaria do MEC	1280
Despacho	77	Nota de Esclarecimento	2	Portaria Interministerial	142
Edital Especial	249	Nota técnica	18	Resolução	549
Coronavírus	123	Outras normas	163	Súmula de Parecer	5
TOTAL DE ATOS NORMATIVOS					**3234**

Fonte: Portal da ABMES (legislação).

Um número tão grande de atos normativos que de alguma forma interferem na regulação do setor obriga que IES de todos os tamanhos, nichos, objetivos e regiões do país se adequem à regulação, criando assim um enorme ônus regulatório[134] assumido para ingresso e permanência nesse mercado por parte dos agentes privados que nele decidem atuar. Esse número pode ter justificativa nas constatações de Eneida Corrêa quanto a atuação de tantos atores governamentais na educação superior sugeriria uma certa dificuldade de articulação, coordenação e excesso de normatização, o que tornaria a administração das IESPr extremamente burocratizada e com sobreposições de papéis, em função de temas regulatórios cada vez mais complexos.[135]

Uma ressalva deve ser feita sobre a imensa quantidade de regulação aplicada sobre a educação superior no Brasil: na mesma linha em que o governo Donald Trump estabeleceu um corte de regulações por meio

[134] O que justifica o questionamento sobre uma possível revisão da regulação aplicada. *"The steady and seemingly inexorable expansion of government activities has caused adversely affected interests, policy analysts, elected officeholders, and an increasingly disillusioned public to ask whether outmoded and excessively burdensome government policies can ever be revised."* (DERTHICK, Martha; QUIRK, Paul J. *The Politics of Deregulation*. Washington, DC: Brookings, 1985. p. 13).

[135] "Em princípio, tantos atores governamentais, possivelmente, aspecto estrutural, histórico e cultural do Ministério, sugerem uma certa dificuldade de articulação, coordenação e excesso de normatização, e, por consequência, uma gestão da ES Privada burocratizada com sobreposições de papéis, e sem estratégia definida, pois os temas regulatórios, cada vez mais complexos, além de especialização dos operadores, exigem setorização, administrativização e consensualização, entre outros." (CORRÊA, Eneida Cardoso de Britto. *Modelo regulatório híbrido da educação superior privada*: possibilidades, limites e desafio. 2015. Dissertação (Mestrado) – FGV/EBAPE, Rio de Janeiro, 2015. p. 89).

da Ordem Executiva 13771 de 30 de janeiro de 2017 nos Estados Unidos da América, buscar a diminuição da regulação parece, em um primeiro momento, ser algo almejável, entretanto, deve-se ter em conta que não se deve buscar essa redução a qualquer custo. Cass R. Sunstein[136], analisando posteriormente a redução promovida pelo governo do presidente Donald Trump, verificou que de fato a relação de diminuição de custos em comparação com administrações anteriores teria sido muito expressiva, porém, essa diminuição de custos e ônus relacionados à regulação não deve ocorrer em todas as hipóteses. No contexto da pandemia de COVID-19, por exemplo, mais valeria a implementação de atos regulatórios que promovessem a saúde das pessoas, do que apenas a relação dos custos direitos não aplicados para regular. Neste sentido, para se reduzir a regulação da educação superior, antes de mais nada, deve-se olhar para os índices já alcançados até então e ter na qualidade e disponibilidade dos serviços uma leitura da impossibilidade de retrocesso[137] na sua prestação.

Vale ressaltar a distinção entre agentes públicos e privados nesse setor, pois a intensidade da regulação é exercida de forma diferente

[136] Ver artigo publicado: SUNSTEIN Cass R. Why Is Trump Gutting Regulations That Save Lives? *The New York Times*, 17 abr. 2020. Disponível em: https://www.nytimes.com/2020/04/17/opinion/coronavirus-trump-regulations.html>. Acesso em: 18 fev. 2021.

[137] A noção sobre a impossibilidade de retrocesso consiste em impedir a revogação de normas que garantam direitos fundamentais sociais (prestacionais) e pode ser melhor abordada na conceituação a seguir: "A vedação ao retrocesso é uma das expressões da eficácia das normas constitucionais programáticas ou de eficácia limitada, das quais constituem exemplo a maior parte das normas constitucionais de direitos fundamentais prestacionais, que não criam direitos que possam impor ações ao legislador ou ao Poder Executivo, mas que têm a força de impedir a edição de normas ou comportamentos que lhes sejam contrários: se a Constituição determina programaticamente dado tipo de prestação e o Estado, após implantá-la, resolve abandoná-la, estaria, nesse segundo momento, violando aquela norma constitucional." (Aragão, Alexandre Santos de. *Direito dos serviços públicos*. 4. ed. Belo Horizonte. Fórum, 2017. p. 409). No mesmo sentido, ele cita: A vedação do retrocesso é uma derivação da eficácia negativa, particularmente ligada aos princípios que envolvem os direitos fundamentais. Ela pressupõe que esses princípios sejam concretizados através de normas infraconstitucionais [...] e, que, com base no direito constitucional em vigor, um dos efeitos gerais pretendidos por tais princípios é a progressiva ampliação dos diretos fundamentais." (Barroso, Luís Roberto; Barcellos, Ana Paula de. O começo da história: a nova interpretação constitucional e o papel dos princípios no direito brasileiro. In: Barroso, Luís Roberto. *A nova interpretação constitucional*. Rio de Janeiro: Renovar, 2003. p. 370).

entre IESPu e IESPr, eis que, segundo levantamento apresentado[138], a regulação tende a ser mais intensa em face de agentes privados do que em relação a agentes públicos, especialmente no que diz respeito aos processos que possuem possibilidades sancionatórias.

Ainda sobre distinções das instituições sujeitas à regulação educacional superior, é importante perceber que dentre as próprias IESPr existem diferenças em sua forma de atuação e concepção, bem como inerente a sua natureza de criação. IESPr estão sujeitas a balizas regulatórias semelhantes, entretanto, face as suas características de criação e objetivos, elas, em geral, possuem capacidades distintas de responder à regulação, o que se divide principalmente em duas questões que as diferenciam: capacidades financeiras que poderão variar em função de seu tamanho, pertencimento à grupo educacional, natureza filantrópica; e também as limitações decorrentes do atendimento à regulação para a aplicação do seu modelo educacional, filosofia consistente nas ideias que justificam a existência daquela instituição, sobretudo àquelas de cunho comunitário e filantrópico que propagam a educação com base em suas crenças, e capacidade de inovação.

Em relação à capacidade financeira, separamos as IESPr em 2 grupos: i) Grandes grupos educacionais; ii) Instituições Privadas não participantes de Grandes Grupos Educacionais. As últimas serão divididas ainda, em função de sua natureza, em entidades com e sem fins lucrativos. As entidades sem fins lucrativos se dividirão ainda em mais quatro diferentes espécies como comunitárias, confessionais, filantrópicas e outras que apesar de não ter finalidade lucrativa, atuam desta forma.

[138] Apontado no relatório da OECD (2018) (Rethinking Quality Assurance for Higher Education in Brazil. *Reviews of National Policies for Education*, Paris, 2018. Disponível em: <https://doi.org/10.1787/9789264309050-en>. Acesso em: 07 jun. 2021).

Figura 10. Quadro analítico da organização das instituições de educação superior privadas quanto a sua natureza

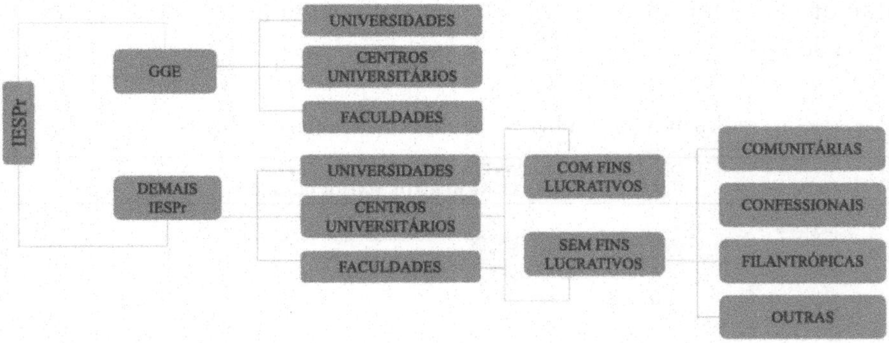

Fonte: Elaboração própria.

Os maiores grupos educacionais do mundo estão no Brasil. Apesar de ser um setor intensamente regulado, há aqui um amplo espaço para a educação superior privada com capacidade de investimento e sinergias entre suas unidades operacionais. Chamamos esses grupos de Grandes Grupos Educacionais (GGE), que atualmente carecem de tratamento específico pela regulação da educação.[139] Esses grupos são compostos na maioria de vezes por diversas entidades mantidas, com atuação em grande parte do território nacional, nas mais diversificadas áreas do conhecimento, tendo sua mantenedora ações na bolsa de valores.[140]

[139] Corroborando a afirmação, cita-se a constatação de que "É certo que o modelo regulatório praticado no MEC, além de disperso, não tem fundamentos econômicos, em que pese a dimensão, amplitude e complexidade do mercado educacional, sem considerar as ações e iniciativas educacionais do Terceiro Setor, e, considerando, ainda, o crescimento vertiginoso e constante das duas últimas décadas, impulsionado pela permissão constitucional, bem como, incentivos, subsídios e diretrizes internacionais, fruto da globalização e internacionalização de compromissos educacionais." (Corrêa, Eneida Cardoso de Britto. *Modelo regulatório híbrido da educação superior privada*: possibilidades, limites e desafio. 2015. Dissertação (Mestrado) – FGV/EBAPE, Rio de Janeiro, 2015. p. 90).

[140] Sobre a existência e contribuições a proliferação dos GGe no Brasil: "O Sistema Federal de Ensino Superior atualmente comporta um mercado em grande concorrência. Para permanecerem na liderança, sobretudo no mercado de ações, as empresas gigantes começaram a realizar megafusões." e "Alguns fatores contribuíram para a expansão do setor privado no Sistema Federal de Ensino Superior para torná-lo tão atrativo para o capital financeiro. Sem dúvida, o que mais contribuiu foi o financiamento estudantil. Os programas de financiamento do governo federal: o Programa Universidade para Todos (PROUNI) e o Fundo de Financiamento Estudantil (FIES), para os cursos superiores, contribuíram para elevar o

A título demonstrativo, procurou-se apontar na figura abaixo os 6 maiores grupos educacionais em operação no Brasil, classificados pelo número de alunos matriculados e pela sua receita líquida anual no exercício de 2019.

Figura 11. Grandes grupos educacionais brasileiros

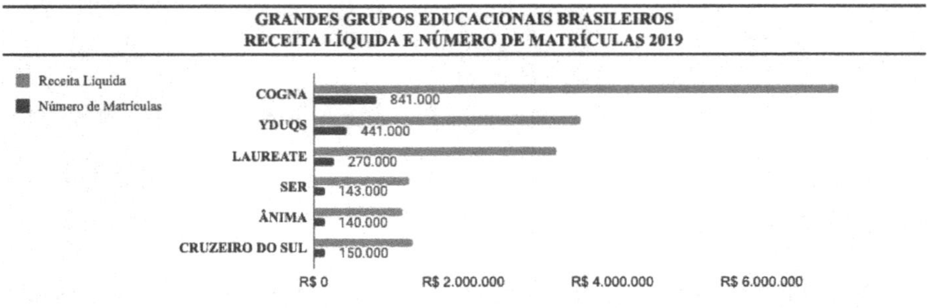

Fonte: Elaboração própria.

Nota: Para elaboração do gráfico foram utilizadas informações obtidas nos portais das instituições e no CENSO da educação superior de 2020, ano base 2019.

Esses 6 grandes grupos educacionais reunidos representam cerca de 20% de todo o alunado matriculado em 2019 na educação superior no país e cerca de 30% de todos os alunos matriculados em IESPr naquele mesmo período, segundo pode-se apurar com as informações obtidas no Censo da Educação Superior do ano de 2020 (base 2019).

A existência desses grandes grupos educacionais, por si só, demonstra uma enorme capacidade de captação de recursos a fim de que sejam investidos na consecução de suas atividades, cujo retorno financeiro é esperado por seus acionistas e investidores.[141] Além da capacidade de

número de alunos." (Espíndola, Adriana de Andrade. *A política da regulação do sistema federal de ensino superior*: uma matriz de análise. 2014. Tese (Doutorado) – Universidade Estadual de Campinas, Campinas, 2014. p. 161-162).

[141] Na linha apresentada, de que os GGE apresentam uma enorme capacidade de investimento é que Espíndola afirma que "O Sistema Federal de Ensino Superior atualmente comporta um mercado em grande concorrência. Para permanecerem na liderança, sobretudo no mercado de ações, as empresas gigantes começaram a realizar megafusões." (Espíndola, Adriana de Andrade. *A política da regulação do sistema federal de ensino superior*: uma matriz de análise. 2014. Tese (Doutorado) – Universidade Estadual de Campinas, Campinas, 2014. p. 161).

captação de recursos, essas instituições são também capazes de estabelecer grandes centros operacionais que acumulariam as funções de diversas entidades mantidas, otimizando operacionalmente seus recursos, além de poder arcar de forma concentrada com os ônus inerentes à regulação existente, explica-se: como visto acima, há uma enorme carga regulatória representada por milhares de atos normativos aos quais IESPr estão sujeitas com maior ou menor intensidade. No atendimento dessa regulação, parte da capacidade financeira das IESPr deve ser destinada aos investimentos necessários para atendimento da regulação. Um grande grupo educacional, por sua vez, tem a capacidade de reunir muitos desses ônus regulatórios em um só lugar, possibilitando o atendimento e acompanhamento da regulação de maneira *top-down*, onde o *BackOffice* do grande grupo pode mapear, apurar, prover, acompanhar, cada detalhe da regulação em todas as unidades mantidas.

Vale aqui falar novamente sobre as características de medição de insumos de nossa regulação em detrimento de um modo de medição de qualidade mais substantivo. A título exemplificativo, o relatório *Rethinking Quality Assurance for Higher Education in Brazil* produzido pela OCDE aponta que a avaliação de qualidade exercida pela CAPES no período quadrienal envolve o uso intensivo de recursos, quadro de professores ao lado de outros fatores, mas negligencia as condições de estudo, produção e destinação dos alunos após a graduação.[142] É coerente afirmar que uma grande rede poderá mapear, investir e atender de forma centralizada as demandas relacionadas a recursos quantitativos, enquanto uma instituição sem essa capacidade teria que manter uma rede semelhante de agentes para essa atribuição, sem o benefício da concentração dos custos e com a dispersão da força de trabalho e recursos por diversos centros individualizados.

O que se constata é que a regulação atual não trata de forma diferente as instituições representadas por grandes grupos educacionais em função de suas capacidades financeiras, e que muitas vezes essa diferenciação pode limitar IESPr que não estão inseridas nesses grupos em relação aos seus objetivos institucionais, à inovação, ou mesmo em

[142] OECD. Rethinking Quality Assurance for Higher Education in Brazil. *Reviews of National Policies for Education*, Paris, 2018. p. 15. Disponível em: <https://doi.org/10.1787/9789264309050-en>. Acesso em: 07 jun. 2020.

relação à necessidade de produzir determinados resultados de qualidade que não estariam medindo em seu sentido mais substantivo. Há ainda a questão de que, para atender à regulação e obter resultados satisfatórios no que se relaciona com indicadores que medem qualidade mediante valores quantitativos, as IESPr precisam concentrar grande parte de seus recursos, o que em última análise limita o investimento em inovação e seus próprios modelos de melhoria contínua.

Delimitando o grupo composto por IESPr não participantes de GGE, teríamos inseridas todas as instituições divididas em 2 diferentes categorias. A ressalva quanto à participação em GGE se dá para que possa ter a noção de que essas IESPr não possuem normalmente, a mesma sinergia operacional e regulatória de que os GGE podem dispor, apesar de algumas delas possuírem benefício tributário que pode ser ou não entendido como uma vantagem competitiva como se verá adiante. Assim, na diferenciação das instituições que compõem as não participantes dos GGE, podemos dividi-las em IESPr com finalidade lucrativa e sem finalidade lucrativa. A segunda se divide ainda em 3 espécies como já mencionado anteriormente, sendo elas as comunitárias, confessionais e filantrópicas.

As instituições comunitárias são aquelas em que representantes da comunidade fazem parte de sua mantenedora; as instituições confessionais atendem a determinada orientação confessional ou ideológica; sendo as filantrópicas as delineadas no artigo 19, inciso 2.º da LDB e que tem como característica a prestação de serviços à população, em caráter complementar às atividades do Estado, sendo certificadas na forma da lei.[143] Veja que as espécies dessas instituições sem finalidade lucrativa podem ser encontradas em uma mesma instituição, sendo ela comunitária, confessional e filantrópica.

[143] Lei n.º 9.394, de 20 de dezembro de 1996. "Art. 19. As instituições de ensino dos diferentes níveis classificam-se nas seguintes categorias administrativas: I – públicas, assim entendidas as criadas ou incorporadas, mantidas e administradas pelo Poder Público; II – privadas, assim entendidas as mantidas e administradas por pessoas físicas ou jurídicas de direito privado. III – comunitárias, na forma da lei. §1.º As instituições de ensino a que se referem os incisos II e III do caput deste artigo podem qualificar-se como confessionais, atendidas a orientação confessional e a ideologia específicas. §2.º As instituições de ensino a que se referem os incisos II e III do caput deste artigo podem ser certificadas como filantrópicas, na forma da lei."

Delimitadas as IESPr não participantes de GGE, passamos a analisar aquelas que não possuem finalidade lucrativa, de forma a poder verificar, *a posteriori*, os ônus em relação às demais espécies sujeitas às IESPr com finalidade lucrativa que não façam parte dos GGE.

As IESPr sem finalidade lucrativa têm em comum a complementaridade em relação ao Estado no oferecimento da Educação Superior. Essa característica fundamental dessas instituições por si só já denota a importância de sua existência num cenário em que, como observado, o Estado não se compromete com o real atingimento do PNE, nem tampouco tem no PNE a substancialidade necessária para a produção de educação com qualidade.

Como vimos, há IESPr que praticam a atividade para obtenção de seus fins de cunho financeiro, entretanto há também aquelas que visam aplicar seu superávit no aprimoramento e capilarização da educação, tendo como fim uma atividade que muito se assemelha a das IESPu, de cunho filantrópico e social. Essas são as entidades filantrópicas, que ganham vida como as fundações e as associações sem finalidade lucrativa, tendo nessa natureza um controle ainda mais abrangente dos seus indicadores de qualidade, pois além de estarem obrigadas ao atingimento da qualidade ditado pelo MEC e suas "agências", estão também condicionadas à demonstração em sentido administrativo, financeiro e tributário de qualidade para gozo e fruição dos benefícios inerentes a condição de imunes.

Essas instituições filantrópicas recebem em contrapartida[144] à concessão de bolsas de estudo o benefício da imunidade tributária, e para tanto ela deverá obter a Certificação de Entidades Beneficentes de Assistência Social na Área de Educação (CEBAS), passando a partir daí a gozarem da imunidade no pagamento de tributos. Como se vê, apesar dessas IESPr não gozarem da sinergia operacional e capacidade financeira dos GGE, elas teriam, em tese, um benefício tributário em função da sua natureza e certificação. Digo em tese porque apesar de receberem a imunidade tributária, elas estão obrigadas à concessão de bolsas

[144] Vale neste ponto uma ressalva que, apesar das IES filantrópicas sob a égide da Lei n.º 12.101/2009 estarem obrigadas ao cumprimento de contrapartidas para gozo da imunidade tributária, o Supremo Tribunal Federal reconheceu de forma explícita da inconstitucionalidade do art. 13, III, da Lei n.º 12.101/2009 na ADI 4480 (DJ 15/04/2020), assim a exigência de concessão de bolsas é manifestamente indevida.

de estudo para que sejam certificadas com o CEBAS, o que por sua vez obriga a instituição filantrópica a fornecer os serviços de educação superior para alunos bolsistas sem receber mensalidades escolares.

No oferecimento de serviços educacionais é fato que utilizando como base os dados de 2016, segundo levantamento feito em 2018 pelo Fórum Nacional das Instituições Filantrópicas (FONIF) para a área da educação superior, as IESPr com natureza filantrópica [independentemente de serem comunitárias, confessionais ou puramente filantrópicas] representaram 13,7% das IES no Brasil, e 15,6% das IESPr em números totais. Elas ainda representavam 15,9% de todos os cursos de graduação superior no país e 12,1% de todas as vagas na educação superior. Um número bastante representativo em um setor que tem muita dificuldade em alcançar as metas estipuladas como políticas estatais.

Figura 12. Instituições filantrópicas no ensino superior

INSTITUIÇÕES FILANTRÓPICAS NO ENSINO SUPERIOR	
Correspondência das instituições filantrópicas frente às IES totais	13,7%
Correspondência das instituições filantrópicas frente às IESPr totais	15,6%
Percentual de cursos de graduação em relação a todos os cursos de graduação nacionais	15,9%
Percentual de vagas na educação superior ofertadas frente à todas as vagas	12,1%

Fonte: Fórum Nacional das Instituições Filantrópicas – FONIF (2018).

Vimos que as IESPr que compõem os GGE e as IESPr que possuem natureza filantrópica possuem, em maior ou menor escala, algum benefício que lhe permite estar sob o julgo da regulação educacional com maior ou menor intensidade. Por outro lado, IESPr com finalidade lucrativa e que não fazem parte dos GGE estão sujeitas a todos os ônus da regulação setorial tendo como algumas das poucas atenuantes a possibilidade de ser uma universidade ou centro universitário, ou ainda de aderir a algum programa de fomento da educação como o PROUNI ou o FIES.

Contextualizando as IESPr com finalidade lucrativa percebe-se que apesar da Constituição Federal possibilitar a atuação de entidades privadas na educação superior mediante a livre iniciativa, ela o faz de maneira desproporcional quando comparamos GGE[145], IESPr com finalidade lucrativa que não fazem parte desses grupos e IESPr sem fins lucrativos certificadas como de assistência social na educação. Os grandes grupos conseguem na capacidade financeira e operacional estabelecer parâmetros para que suas mantidas atinjam patamares desejáveis perante a regulação que estabelece qualidade, as demais IESPr, sendo elas com ou sem fins lucrativos, em maior ou menor escala, não possuem essa capacidade de sinergia para fazer frente a regulação setorial, acabando por não serem capazes, ou mesmo, terem muita dificuldade para competir com esses GGE. Há ainda a questão de que, precisando direcionar mais recursos para atender a regulação, essas entidades que não fazem parte dos GGE limitam sua capacidade de inovação e investimento na produção de educação com qualidade.

O paradoxo é que essa diferença entre capacidades de fazer frente à regulação coloca essas instituições em um patamar diferente quando se trata do atendimento aos ônus da regulação[146], demonstrando que, se por um lado é desejável menos ônus sobre instituições não pertencentes aos GGE, por outro, é necessário haver um equilíbrio entre esses entes regulados de forma a sanar essa assimetria regulatória.

Essa conclusão leva à reflexão sobre o quanto estamos limitando o potencial de qualidade, inovação e especialização de centros de excelência existentes em faculdades com essas características, ou, ainda, o quanto estamos valorizando uma parametrização do setor educacional em direção a um modelo de medição de qualidade que falha em pro-

[145] "O estabelecimento dos grandes grupos tem causado instabilidade nas pequenas e médias entidades mantenedoras. O setor tem apresentado diversos casos de entidades mantenedoras em processo de insolvência, acarretando o descredenciamento voluntário ou conduzido pelo Ministério da Educação, por falta de sustentabilidade financeira das instituições." (Espíndola, Adriana de Andrade. *A política da regulação do sistema federal de ensino superior*: uma matriz de análise. 2014. Tese (Doutorado) – Universidade Estadual de Campinas, Campinas, 2014. p. 162).

[146] "Na defesa das pequenas e médias mantenedoras, a Associação Brasileira das Mantenedoras de Ensino Superior (ABMES) encomendou um estudo sobre o risco de sustentabilidade das pequenas e médias instituições. De acordo com o estudo, o MEC deveria rever os critérios e mecanismos de avaliação do ensino superior, sobretudo os do Enade, uma vez que estas instituições, além de não conseguirem concorrer com as gigantes, têm obtido conceitos inferiores nos processos avaliativos no ministério." (Espíndola, Adriana de Andrade. *A política da regulação do sistema federal de ensino superior*: uma matriz de análise. 2014. Tese (Doutorado) – Universidade Estadual de Campinas, Campinas, 2014. p. 165).

duzir resultados substanciais, sobretudo quando comparado com instituições estrangeiras e cria um potencial para concentração de mercado. Hoje os GGE já representam cerca de 20% das matrículas na educação superior nacional, e cerca de 30% das matrículas em IESPr.

Figura 13. Grandes grupos educacionais brasileiros – relação de matrículas na educação superior brasileira

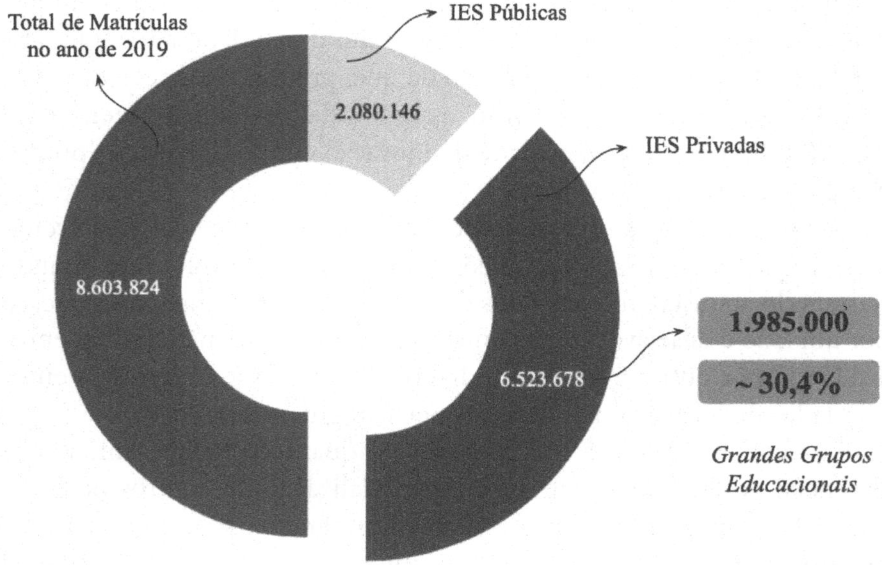

Fonte: Elaboração própria com informação extraídas da tabela de dados do Censo da Educação Superior de 2020, ano base 2019.

Analisando o *status quo* educacional em nossa regulação setorial frente às considerações e a descrição do nosso modelo institucional apresentado, vemos que jovens e suas famílias em nosso país ao escolherem uma IES para cursar a sua graduação buscam oportunidades em centros que são mensurados pelo INEP em conceitos institucionais que vão de 1 até 5, sendo as que possuem conceito 3 ou maior satisfatórias segundo esse modelo. Lembramos que é um modelo que avalia muito mais insumos do que indicadores mais qualitativos como empregabilidade, renda após determinado período de conclusão, número de alunos concluintes *versus* alunos ingressantes, qualidade acadêmica e afins. Outro ponto também intensamente observado por famílias brasileiras é a capacidade de arcar com os ônus financeiros decorrentes da educação que almejam ou a possibilidade de obtenção de bolsas de estudos [que em sua maioria decorrem de algum programa de fomento governamental ou da filantropia], ou ainda o ingresso em uma IESPu.

Observando candidatos à graduação superior em outro país, como por exemplo nos Estados Unidos da América, vê-se muitos alunos utilizando como orientador para percepção de qualidade e possibilidade de ingresso aplicativos como o disponível no Portal Niche[147], que apresenta a avaliação de indicadores realizados por pais de alunos, professores, funcionários de instituições de educação e os próprios alunos dessas instituições. São apresentados indicadores como índice acadêmico, custo para formação, diversidade, qualidade da infraestrutura do campus, participação esportiva, média salarial após 06 anos da graduação, percentual de alunos graduados face aos ingressantes e muitos outros, e possuem conceitos que vão de E até A+ [muito semelhante quando se compara ao nosso conceito institucional de 1 a 5], aparentando uma estrutura mais substancial alicerçada na reputação em que as IES daquele país angariam através desses agentes privados que funcionam como certificadores da qualidade, servindo para que o candidato tenha uma percepção mais apurada sobre o que encontrará naquela IES e como isso se relaciona com o futuro que almeja.

Não se defende aqui que não existam parâmetros mínimos para a educação superior. É obrigação do Estado a verificação de qualidade e autorização que se traduz em autorização para abertura de cursos, reconhecimento de cursos, credenciamento, recredenciamento de instituições. O que se apresenta é uma fotografia em que o Brasil poderia estar em uma melhor posição nos rankings educacionais quando comparados com outros países com capacidades educacionais semelhantes, especialmente frente ao quanto que investe, o quanto que atrai de investimentos na educação superior e os predicados que lhe qualificam como potência econômica emergente.

Todo esse cenário acende a busca por modelos regulatórios que garantam mais liberdade de atuação dos agentes presentes no setor regulado, que sejam empregados meios de medição de qualidade que meçam de forma substancial o aproveitamento da educação superior oferecida, e o quanto de inovação podemos estar perdendo em função

147 Niche. Disponível em: <https://www.niche.com/>. Acesso em: 02 jan. 2021.

dos ônus regulatórios, esses que servem aos propósitos das entidades que são capazes de parametrizar o atendimento enquanto a regulação impede que centros de excelência possam fazê-lo ou mesmo alcançarem esse patamar por não poderem suportar os ônus sem colocar em xeque a sua capacidade de inovação, especialização e investimento num modelo mais substancial de qualidade relacionada as suas próprias percepções institucionais.

Em conclusão à análise de nosso *status quo*, especialmente no que diz respeito ao modelo regulatório, vale apontar as constatações extraídas do relatório a OCDE *Rethinking Quality Assurance for Higher Education in Brazil* em que verificou a legitimação da avaliação de qualidade da educação superior brasileira, sendo aceita por grande parte das instituições reguladas, sobretudo com a implementação do SINAES com a inserção de técnicas de avaliação como autoavaliação, revisão por pares, avaliação externa com base na opinião dos alunos. Há IES que inclusive passaram a monitorar a experiência de seus alunos e a aptidão para participar de avaliações institucionais, oferecendo oportunidades de aprimoramento e engajamento frente a comunidade universitária como forma de garantir a qualidade.

Entretanto, há constatações sobre desafios que devem ser enfrentados para melhoria do sistema de governança das IES, sobretudo as IES-Pr.[148] O modelo normativo da regulação educacional aponta para um conflito entre as responsabilidades do MEC. Ele [MEC] provê recursos para o setor, direciona as IESPu federais através da SESu, ao mesmo tempo é responsável pela SERES e indiretamente pelo INEP, por avaliar

[148] "A prática regulatória do MEC além de fortemente influenciada pelo discurso hegemônico da ES, que desconsidera a atual natureza eminentemente privada do ensino superior, é fragmentada, não estratégica, de cunho social e destoa do padrão convencional da regulação, pois reage aos estímulos dos entes regulados não tendo um papel indutor ou de organização de mercados na defesa do interesse público e dos consumidores/ alunos." E ainda "É certo que o modelo regulatório praticado no MEC, além de disperso, não tem fundamentos econômicos, em que pese a dimensão, amplitude e complexidade do mercado educacional, sem considerar as ações e iniciativas educacionais do Terceiro Setor, e, considerando, ainda, o crescimento vertiginoso e constante das duas últimas décadas, impulsionado pela permissão constitucional, bem como, incentivos, subsídios e diretrizes internacionais, fruto da globalização e internacionalização de compromissos educacionais." (Corrêa, Eneida Cardoso de Britto. *Modelo regulatório híbrido da educação superior privada*: possibilidades, limites e desafio. 2015. Dissertação (Mestrado) – FGV/EBAPE, Rio de Janeiro, 2015. p. 47 e 90).

os programas de graduação e editar os atos normativos que tocam esses programas. O relatório afirma que "esse conflito de responsabilidades leva as instituições de educação superior do país, especialmente as instituições privadas, a verem o Ministério como um campeão do setor, mais do que um árbitro neutro entre todas as instituições".[149] Há ainda o fato de que apesar do CONAES ser responsável por guiar e acompanhar o funcionamento do SINAES[150], ele não dispõe de recursos e organização suficiente para fazê-lo.[151] O conselho não possui um corpo próprio de profissionais ou um orçamento exclusivo, além de não ter a capacidade de realizar o trabalho analítico necessário para supervisionar como o SINAES está funcionando e que resultados vem produzindo. Seus membros não representam suficientemente todos os agentes interessados no setor, deixando de lado uma visão mais abrangente em relação as responsabilidades sociais do setor. Por fim, o relatório acaba por constatar que ao contrário do que ocorre na maioria dos sistemas de ensino superior onde a responsabilidade por promover e compartilhar práticas de melhoria da qualidade dependem de órgãos de fora da estrutura governamental[152], como associações representativas do setor e subsetores, órgãos de representação de grupos profissionais dentro das IES,

[149] Tradução livre de: *"These conflicting responsibilities lead the nation's higher education institutions, especially its private institutions, to view the Ministry as a champion of one sector, rather than a neutral arbiter among all."* (OECD. Rethinking Quality Assurance for Higher Education in Brazil. *Reviews of National Policies for Education*, Paris, 2018. p. 43. Disponível em: <https://doi.org/10.1787/9789264309050-en>. Acesso em: 07 jun. 2020).

[150] Criado pela Lei n.º 10.861, de 14 de abril de 2004, o Sistema Nacional de Avaliação da Educação Superior (Sinaes) é formado por três componentes principais: a avaliação das instituições, dos cursos e do desempenho dos estudantes. O Sinaes avalia todos os aspectos que giram em torno desses três eixos, principalmente o ensino, a pesquisa, a extensão, a responsabilidade social, o desempenho dos alunos, a gestão da instituição, o corpo docente e as instalações. Disponível em: <www.mec.gov.br>. Acesso em 27. Jun. 2020.

[151] *"CONAES should receive dedicated resources and sector associations in higher education should be incentivised to promote quality across the system."* (OECD. Rethinking Quality Assurance for Higher Education in Brazil. *Reviews of National Policies for Education*, Paris, 2018. p. 17. Disponível em: <https://doi.org/10.1787/9789264309050-en>. Acesso em: 07 jun. 2020).

[152] Na mesma linha do apontando nos parâmetros desenvolvidos para orientar a avaliação de qualidade na educação superior na União Européia que reclama a participação dos participantes do setor educacional: *"Quality, whilst not easy to define, is mainly a result of the interaction between teachers, students and the institutional learning environment."* (STANDARDS and Guidelines for Quality Assurance in the European Higher Education Area (ESG). Brussels, Belgium, 2015. p. 7).

entidades confessionais, politécnicas ou ainda centros de pesquisa especializados, poucos foram os órgãos encontrados de apoio a melhoria da qualidade bem como pouca foi a atenção dispensada a esses órgãos pelo poder público em função de seu papel potencialmente importante.

Com a descrição de como está desenhado o sistema regulatório educacional superior, seus agentes regulados e reguladores, algumas de suas assimetrias regulatórias, vemos que se trata de um sistema autoritário, pouco compartilhado com a sociedade, com grande número de indicadores que não necessariamente medem a qualidade de forma substancial, mas que, apesar disso, é amplamente aceito pelos agentes regulados face a ausência de opções aplicáveis. Isso demonstra a estabilidade do setor e pode levar a conclusões alinhadas com o tamanho do investimento dos GGE que vem buscando esse setor no Brasil com potencial concentração de seus esforços para geração de resultados.

Esse potencial existente na educação superior brasileira não deve servir apenas aos propósitos macroeconômicos das sociedades que nele atuam mediante a livre inciativa, mas também como propulsor e catalizador do crescimento educacional superior com qualidade, do ingresso no mercado de trabalho, da ascensão social e da pesquisa nacional, essa tão atrelada aos sistemas educacionais com maior reputação em aspectos globais. Para tanto, olhar esse cenário setorial na perspectiva de fomentar a qualidade e elevar os índices educacionais superiores do Brasil em direção às principais potências econômicas mundiais passa pela experimentação e inserção de outras possibilidades regulatórias que tenham o potencial de aumentar as chances de atingir esses resultados.

Assim, surgem como opções que conduzem a maior liberdade e possibilitam ampliação da atuação de agentes privados nesse setor de fundamental estratégia para o desenvolvimento nacional ferramentas regulatórias advindas de modelos que consideram a desregulação, a autorregulação e a metarregulação. Conhecer esses modelos e confrontá-los com a regulação educacional então adotada se faz providencial para colaborar com o conhecimento de modelos regulatórios que podem colaborar para o desenvolvimento educacional do país, fomentar a inovação, a liberdade, a substancialidade da qualidade da educação e o cumprimento dos nossos objetivos constitucionais, educacionais e empresariais.

3.2 Desregulação

O movimento de desregulação teve berço na década de 70 e 80 do século passado nos Estados Unidos da América, tendo sido atribuída a justificativa quanto a necessidade de mitigar práticas anticompetitivas. Havia uma percepção naquela época de que uma reforma regulatória, no sentido de desregular, e como observa Derthick e Quirck, se fazia necessária como "uma reposta ao excesso de governo, ou pelo menos à burocracia, muitas vezes esquecendo o fato de que todos os regulamentos se originam de leis que o Congresso aprovou".[153]

Analisando um conceito de desregulação que parte da noção de que sua essência estaria em remover limitação à concorrência em decorrência da regulação, com a adoção de práticas pró-competitivas e melhorias nos serviços [objeto do setor regulado], Derthick e Quirck não encontram evidências de que os consumidores dos serviços ou mesmo o setor regulado teriam participação expressiva no processo de mudança.[154] Ao contrário, verificam que "A desregulamentação pró-competitiva foi apenas uma parte de um esforço de três presidentes sucessivos (Ford, Carter e Reagan) para reduzir amplamente as restrições governamentais indesejadas às restrições de condutas privadas que se originam na lei e, em seguida, são elaboradas por agências administrativas".[155]

Diversas são as formas de o Estado regular, sendo modificada a sua intensidade de acordo com o instrumento regulatório adotado por ele. Quando o Estado implementa essa postura regulatória para direcionar o

[153] Derthick, Martha; Quirk, Paul J. *The Politics of Deregulation.* Washington, DC: Brookings, 1985. p. 29.

[154] *"We infer that the success of procompetitive deregulation cannot be attributed to a change in the configuration of economic interests, nor can it be interpreted as the outcome of bargaining among interest groups. The most active and powerful organized interests were opposed to the policy change. In none of the cases did the regulated industries decide that regulation was no longer in their interests. In none was their defeat brought about primarily by other well-organized groups that stood to gain by reform. Rejecting this interpretation of deregulation, we reject also the economic theory of politics from which it derives, offering not only a different account of these events but a different mode of interpretation. Although we make theoretical arguments, we will not offer a theory of politics comparable in structure and scope to the one we reject. In our view it is the implausible pretension of the economic theory of politics to extreme simplicity and yet general application that is its fundamental error."* (Derthick, Martha; Quirk, Paul J. *The Politics of Deregulation.* Washington, DC: Brookings, 1985. p. 26-27).

[155] Derthick, Martha; Quirk, Paul J. *The Politics of Deregulation.* Washington, DC: Brookings, 1985. p. 28.

mercado para seus objetivos e trazer equilíbrio àquele sistema, tem também como alvo que agentes inseridos naquele setor sejam coordenados em prol do desenvolvimento e sustentabilidade do setor.

Em geral, o instrumental regulatório pode ter uma grande variação, indo desde a utilização de ferramentas tecnológicas, delimitação de molduras, especificações de regras mínimas a serem seguidas, as regras de comando e controle, dentre outras, mas segundo leciona Cary Goglianese, a regulação possui quatro componentes principais que são comuns a todas as formas de regular: um regulador, um agente para quem a regulação é direcionada, o tipo de comando regulador e as consequências de não atender àquele comando.[156]

Na moldura regulatória da educação brasileira, são diversas as técnicas regulatórias utilizadas, com uma mescla de diversos instrumentos à disposição do regulador. Baldwin, Martin e Lodge[157] apresentam 07 das principais estratégias regulatórias que seriam i) Comando e controle; ii) Incentivos; iii) Aproveitamento de mercado; iv) Transparência (*disclosure*); v) Ação direta do Estado e solução de design; vi) Atribuição de Direitos e Responsabilidades; e vii) Compensações públicas ou seguro social. Pensando em desregulação, mostra-se potencialmente interessante apontar algumas situações em que podemos ver a aplicação de algumas dessas técnicas no nosso setor da educação superior.

A primeira e mais utilizada técnica regulatória na educação superior seria a de *comando e controle* quando vemos a fixação de condutas esperadas dos agentes regulados [IES] e as consequências do não atendimento daquelas determinadas condutas. Essa é sem dúvidas a mais utilizada na regulação da educação superior brasileira; os *incentivos* estão presentes de forma permanente e abrangente na educação, não raras vezes leis de fomento como a do PROUNI, FIES ou PROIES são editadas de forma a incentivar o mercado, sobretudo IESPr, a rumarem na direção dos interesses estatais para a atividade. Há ainda os subsídios concedidos na forma de imunidades tributárias para àquelas IESPr

[156] COGLIANESE, Cary. Regulation's Four Core Components. *The Regulatory Review*, 17 set. 2012. Disponível em: <https://www.theregreview.org/2012/09/17/regulations-four-core-components/>. Acesso em: 27 jun. 2020.

[157] BALDWIN, Robert; CAVE, Martin; LODGE, Martin. *Understanding Regulation*: Theory, Strategy, and Practice. 2. ed. Oxford: Oxford University Press, 2012. p. 134.

certificadas como filantrópicas que prestam seus serviços ao lado do Estado, se aproximando muito da moldura institucional de um agente público; o *aproveitamento de mercado* pode ser também verificado no controle da concorrência quando vemos o CADE analisando os processos de fusões e aquisições de IESPr por GGE ou ainda na lei[158], quando limita e direciona o controle de preços e aumento de mensalidades das IESPr; a *transparência* quando determina que informações sobre qualidade das IES sejam permanentemente disponibilizadas para a sociedade ou ainda nos diversos atos obrigacionais de publicidade de informação das IES; a *ação direta do estado* ocorre através de suas universidades federais, dos IFEs e dos CEFETs que atuam neste setor e são as precursoras da educação superior em nosso país; na *solução de design* encontramos a implementação de modelos avaliativos como o ENADE [o que assim se entende não por estimular alunos, mas por ser importante referencial para aferição do conceito da instituição], as *compensações públicas* poderiam estar presentes no arrefecimento da regulação através dos bônus regulatórios como se proporá neste estudo, e muitas outras hipóteses quando esmiuçamos as diversas intervenções estatais no direcionamento do mercado da educação superior.

Entretanto, o atendimento a uma gama de instrumentos regulatórios tão grande, como visto no desenho do momento em que nossa regulação educacional se encontra, pode se tornar um fardo demasiadamente pesado para IESPr atuantes no setor. O atendimento da extensa regulação acaba por limitar a capacidade de investimento das IESPr o que acaba por operar diretamente em sua capacidade de oferecer educação com qualidade. Além disso, ao estabelecer um ônus burocrático intenso demais para atender a regulação setorial, IESPr se veem sob uma atuação menos eficiente. Ainda neste pensamento, a inovação fica limitada frente à ossificação institucional para atendimento da regulação. Inovação e regulação muitas vezes precisam de um ajuste para que uma não impossibilite a outra, uma proposta de desregulação da educação superior defenderia, em tese, que melhor seria o setor não ter regulação, caminhando para um cenário pró-competitivo e, assim, para um ajuste natural. Derthick e Quirck apontam que a desregulação pode ser enten-

158 Lei n.º 9.870, de 23 de novembro de 1999.

dida como "uma reversão bem-sucedida de políticas governamentais bem estabelecidas".[159]

Na educação superior brasileira não há essa possibilidade. O artigo 209 da CRFB e seus incisos delimitaram os requisitos para que o agente privado possa atuar neste setor em regime de livre iniciativa. O atendimento das normas do setor, a autorização e a aferição de qualidade pelo poder público são condições cuja alienação para a atuação privada deve ser vista com muita cautela. Não há possibilidade de desregulação do setor sem que a Constituição Federal seja modificada, se é que isso seria possível no que se refere a esses direitos/deveres consignados, pois considerando a educação superior como direito fundamental prestacional, mudar para desregular e não manter os referenciais indicativos para sua aplicação não nos parece viável do ponto de vista constitucional. Todavia, se olharmos para os 04 componentes apresentados por Cary Coglianese, podemos ver que há possibilidade de depositarmos alguns dos instrumentos regulatórios nas mãos de outros agentes reguladores.

Na esteira da impossibilidade de desregular o setor da educação superior brasileira, não estão alinhadas as discussões sobre desregular, mas sim regular de forma mais eficiente, produzir uma regulação melhor. Baldwin, Cave e Lodge citam que os diálogos sobre desregulação deram lugar a discussões sobre como regular melhor.[160]

Desta forma, debates que incialmente seriam sobre desregulação passaram a tratar de formas mais eficientes e liberais de regulação, cogitando a possibilidade de atribuição aos próprios agentes de mercado ou outros ainda a serem criados, quanto a implementação de instrumentos regulatórios. Esses debates sempre limitados pela necessidade de autorização e aferição de qualidade por parte do poder público, e o quanto dessa aferição poderia ou deveria ser delegada a outros entes reguladores não estatais.

Com essa ideia, instituições poderiam exercer sua autonomia universitária em sentido estrito de forma mais abrangente e livre e teriam a possibilidade de direcionar uma parcela maior de seus recursos para uma atuação que privilegiasse a qualidade medida em sentido substan-

[159] DERTHICK, Martha; QUIRK, Paul J. *The Politics of Deregulation*. Washington, DC: Brookings, 1985. p. 13.

[160] BALDWIN, Robert; CAVE, Martin; LODGE, Martin. *Understanding Regulation*: Theory, Strategy, and Practice. 2. ed. Oxford: Oxford University Press, 2012. p. 10.

tivo, a inovação, a estimulação de atividades profissionais, a pesquisa e os objetivos que fazem parte de sua própria identidade.

Vale neste ponto uma ressalva, todos os instrumentos regulatórios terão benefícios e malefícios que precisam ser analisados anteriormente a sua implementação. Nesta mesma linha, foi editada a lei da declaração de direitos da liberdade econômica[161] que prevê expressamente em seu artigo 5.º que a edição e alteração de atos normativos de interesse geral de agentes econômicos ou usuários dos serviços deverá ser precedida por análise de impacto regulatório (AIR), sendo essa uma ferramenta fundamental para prever potenciais consequências dos atos que visam regular determinado setor, o que não se viu acontecendo desde sua entrada em vigor no que diz respeito a regulação da educação superior. Parafraseando Fernando Leal[162], a existência do artigo 5.º da Lei n.º 13.874, de 20 de setembro de 2019 encontra justificativa subjacente no fato de ter o administrador público de lançar mão de sua utilização para orientar escolhas públicas, satisfazendo assim as expectativas dos afetados direta ou indiretamente por essas escolhas de que elas se sustentam sobre razões, podendo ainda ser controladas. Há um caráter prospectivo na utilização da AIR, na medida em que se revela útil para conduzir a decisão que ainda será tomada.

Ainda que não se possa desregular a educação superior, modificar a regulação existente prescinde da prospecção de efeitos futuros, e na hipótese de sua cogitação, estudos de AIR podem ser úteis anteriormente a sua implementação. Voltaremos ao ponto sobre AIR ao longo dessa pesquisa.

3.3 Autorregulação

Recentes discussões[163] sobre a enorme carga regulatória aplicada às IES vêm sendo travadas no âmbito do Ministério da Educação (MEC), no

[161] Lei n.º 13.874, de 20 de setembro de 2019.

[162] LEAL, Fernando. Análise de impacto regulatório e proporcionalidade: semelhanças estruturais, mesmos problemas reais? *Revista Brasileira de Políticas Públicas*, Brasília, v. 9, n. 3, p. 316, 2019.

[163] "Em setembro de 2019, o tema da autorregulação foi mencionado pelo ministro da Educação, Abraham Weintraub, durante o 21.º Fórum Nacional do Ensino Superior (FNESP). O ministro cobrou que as instituições privadas tragam ideias que possam ajudar a resolver os problemas do setor e que não esperem que todas elas sejam dadas pelo governo. Ele se

Conselho Nacional da Educação (CNE) e pelas entidades representativas das Instituições de Educação Superior Privadas (IESPr) em âmbito nacional. Referida discussão é motivada, em parte, pelos relatos das entidades de pequeno e médio porte, que alegam estar em relação de desigualdade com os GGE.[164] Como vimos nesse estudo, a existência dos GGE coloca demais IESPr em uma situação de desequilíbrio[165] quando se trata de atendimento da regulação setorial. Os mencionados relatos alinham-se às conclusões presentes no relatório[166] da política nacional para educação da OCDE[167], que vem propondo a ideia de um modelo de regulação para este setor que tenha suas bases na análise de custo-benefício da avaliação de qualidade da educação superior dentre outras possibilidades regulatórias. Além disso, como aponta Prosser, "[é] evidente na gama de instituições que são contadas como envolvidas na regulação;

referiu, principalmente, à flexibilização das regras de fiscalização e credenciamento para a abertura de novos cursos e faculdades privadas." (LEITÓLES, Fernanda. Autorregulação no ensino superior privado: MEC encomenda estudos da Unesco e da OCDE. *Gazeta do Povo*, 13 jan. 2020. Disponível em: <https://www.gazetadopovo.com.br/educacao/autorregulacao-ensino-superior-privado-mec-encomenda-estudos-unesco-ocde/>. Acesso em: 03 jan. 2021). "O importante é substituir a rotina regulatória por uma nova inteligência regulatória, encontrando alguma divisão de trabalho entre o MEC e o setor privado, em linha com o que a doutrina constitucional alemã designa por "autorregulação regulada", na célebre formulação de Hoffmann-Riem, jurista e ex-ministro da suprema corte alemã: uma mudança no papel do Estado dinamizada pela participação do setor privado." (NASCIMENTO, Poliana. Regulação e autorregulação da educação superior: desafios e perspectivas. *2 em 1 Consultoria*, 28/02/2019. Disponível em: <https://www.2em1consultoria.com.br/regulacao-e-autorregulacao-da-educacao-superior-desafios-e-perspectivas/>. Acesso em: 03 jan. 2021).

164 RANKING das dez maiores empresas de ensino superior do país, em 2017. Disponível em: <https://arte.folha.uol.com.br/mercado/2018/06/17/dez-maiores-do-ensino-superior/>. Acesso em: 02 ago. 2020.

165 Neste sentido, Adriana de Andrade Espíndola afirma que: "O estabelecimento dos grandes grupos tem causado instabilidade nas pequenas e médias entidades mantenedoras. O setor tem apresentado diversos casos de entidades mantenedoras em processo de insolvência, acarretando o descredenciamento voluntário ou conduzido pelo Ministério da Educação, por falta de sustentabilidade financeira das instituições." (ESPÍNDOLA, Adriana de Andrade. *A política da regulação do sistema federal de ensino superior*: uma matriz de análise. 2014. Tese (Doutorado) – Universidade Estadual de Campinas, Campinas, 2014. p. 162).

166 OECD. Rethinking Quality Assurance for Higher Education in Brazil. *Reviews of National Policies for Education*, Paris, 2018. Disponível em: <https://doi.org/10.1787/9789264309050-en>. Acesso em: 07 jun. 2020.

167 OCDE – Organização para a Cooperação e Desenvolvimento Econômico; em inglês: OECD – Organization for Economic Co-operation and Development.

expandiu-se de departamentos governamentais para agências independentes, para 'auto-regulamentação' e 'co-regulamentação' e, finalmente, para regulamentação por organizações privadas".[168] Referido modelo parte da ideia da concessão de mais liberdade para as instituições privadas adotarem processos internos de autoavaliação, com indicadores que reflitam suas identidades, concedendo mais autonomia em sentido estrito às instituições que possuam melhores resultados, promovendo um arrefecimento do processo de autorização de cursos, credenciamento e recredenciamento. Ao mesmo tempo, o MEC e suas agências administrativas, como reguladores da atividade, deixariam de atuar ou diminuiriam sua atuação nessa regulação para uma forma residual, o que em última análise, poderia permitir a sua atuação na concentração de seus esforços regulatórios nas Instituições de Educação Superior Públicas (IESPu) e na educação nacional pública como um todo.

Essas discussões têm suas bases na premissa de que a regulação hoje aplicada pelo MEC não estaria produzindo os melhores resultados em uma análise de custo-benefício, isso por que a não garantia de qualidade em uma concepção substancial, o não aproveitamento do conhecimento específico das IES e o excesso de burocracia não estariam, em última análise, colaborando para o atendimento de prestar educação superior em alinhamento com as referências constitucionais para a atividades.[169]

[168] PROSSER, Tony. *Two visions of regulation.* Paper for Regulation in the Age of Crisis, University College Dublin, June 2010. p. 2.

[169] Essas conclusões advém da conjugação de diversas assertivas presentes na literatura e em estudos realizados sobre o setor da educação, dos quais são citados os seguintes: *"Representatives of private institutions consulted by the OECD review team complained that the composition of the reviewer pool used to implement on-site reviews is often skewed towards public universities, while institutional representatives more generally argued that those who are called upon to carry out reviews sometimes lack expertise concerning the programme under review. There is also concern about the subjectivity or unreliability of qualitative assessments. The revised process of on-site review for programme authorisation and recognition, as amended in late 2017, asks reviewers to make qualitative judgements on a five-point Likert scale, using pre-formulated judgement criteria. Despite the attempts by INEP to formulate the judgement criteria clearly, these scales still leave considerable room for interpretation. They call upon reviewers to make distinctions that are likely to be inconsistent between individuals. The OECD review team was told by campus officials that the same programme offered in different campuses with otherwise near-identical supply conditions received different marks from on-site reviewers."* (OECD. Rethinking Quality Assurance for Higher Education in Brazil. *Reviews of National Policies for Education*, Paris, 2018. p. 23. Disponível em: <https://doi.org/10.1787/9789264309050-en>. Acesso em: 07 jun. 2020). "Em princípio, tantos atores

Outra justificativa para a implementação de modelo regulatório com instrumentos de autorregulação seria o fato de que, para atender os processos regulatórios do MEC e suas agências administrativas, os modelos atuais não induziriam a maior qualidade.[170] No modelo atual a regulação da educação superior não induziria a criatividade, criando uma espécie de *tick in the box*, onde a IESPr, para garantir sua sobrevivência, buscaria o atendimento de indicadores específicos e quantitativos e não seriam estimuladas à inovação, à medição de qualidade com conceitos substantivos, de forma que pudesse apontar os efeitos da educação superior recebida na vida do aluno egresso, da sociedade em que a IES e o aluno estão inseridos.[171] Essa ocorrência tende a fazer com que as IESPr fiquem muito semelhantes entre si quanto ao oferecimento de seus cursos.[172]

governamentais, possivelmente, aspecto estrutural, histórico e cultural do Ministério, sugerem uma certa dificuldade de articulação, coordenação e excesso de normatização, e, por consequência, uma gestão da ES Privada burocratizada com sobreposições de papéis, e sem estratégia definida, pois os temas regulatórios, cada vez mais complexos, além de especialização dos operadores, exigem setorização, administrativização e consensualização, entre outros." (Corrêa, Eneida Cardoso de Britto. *Modelo regulatório híbrido da educação superior privada*: possibilidades, limites e desafio. 2015. Dissertação (Mestrado) – FGV/EBAPE, Rio de Janeiro, 2015. p. 89).

170 "É certo que o modelo regulatório praticado no MEC, além de disperso, não tem fundamentos econômicos, em que pese a dimensão, amplitude e complexidade do mercado educacional, sem considerar as ações e iniciativas educacionais do Terceiro Setor, e, considerando, ainda, o crescimento vertiginoso e constante das duas últimas décadas, impulsionado pela permissão constitucional, bem como, incentivos, subsídios e diretrizes internacionais, fruto da globalização e internacionalização de compromissos educacionais." (Corrêa, Eneida Cardoso de Britto. *Modelo regulatório híbrido da educação superior privada*: possibilidades, limites e desafio. 2015. Dissertação (Mestrado) – FGV/EBAPE, Rio de Janeiro, 2015. p. 90).

171 "[s]e por um lado o aumento da oferta de vagas de graduação e a ampliação do número de instituições de ensino superior proporcionam um avanço em termos do acesso de jovens e adultos à formação superior, é notório que essa expansão não foi acompanhada por uma evolução qualitativa. Ou seja, o maior acesso a cursos superiores não representa uma qualificação a níveis satisfatórios, da população brasileira, ante ao baixo nível dos cursos ofertados, o que passa pelas más condições de trabalho dos professores, por problemas decorrentes de falhas nas etapas anteriores de ensino e até mesmo por deficiências na infraestrutura das IES." (Vilela, Danilo Vieira. A regulação e a viabilidade de uma agência reguladora para o ensino superior brasil. *Revista do Direito Público*, Londrina, v. 11, n. 3, p. 96, dez. 2016).

172 ESTUDOS: Revista da Associação Brasileira de Mantenedoras de Ensino Superior: Indicadores de Qualidade da Educação Superior: Aplicabilidade nas Modalidades Presencial e a Distância, v. 31, n. 43, jun. 2019. Brasília: ABMES Editora, 2019.

É neste cenário que surgem discussões sobre a autorregulação[173] da educação superior privada, para que esses agentes econômicos[174] tenham a possibilidade de ditar as próprias regras para a atividade e sair do julgo conformador do poder executivo, atuando de forma mais livre e com melhor eficiência alocativa.

Rumar de um modelo integralmente regulado pelo Poder Executivo para um modelo onde os próprios agentes econômicos definem os rumos da regulação de sua atividade não é um objetivo simples de ser alcançado. Existem desafios jurídicos que precisam ser vencidos para que um modelo assim possa vir a vigorar, sobretudo, em se tratando da educação superior, que possui referenciais constitucionais[175] e legais[176] para atuação neste setor e que devem ser seguidas pelo poder público e pelas entidades privadas.

Faremos neste capítulo a identificação dos desafios na implementação de um modelo de autorregulação para a educação superior privada cotejando-os com a teoria da regulação nessa área específica de estudo. Quando encontrados os desafios e limitações, eles serão analisados e

[173] A autorregulação pode ser conceituada como: "minissistemas de governo coletivo" (Black, Julia. Constitutionalising Self-Regulation. *Modern Law Review*, v. 59, n. 1, p. 24, 1996); "um arranjo institucional em que uma organização regula os parâmetros de comportamento dos seus membros" (Baggot, Rob. Regulatory reform in Britain: the changing face of self-regulation. *Public Administration*, v. 67, n. 4, p. 436, 1989); "é o mecanismo de regulação que se estabelece pela adesão e observância consensual de normas e padrões de atuação por agentes econômicos, com vistas a preservar as condições ideais de exploração de uma atividade econômica, sujeitando-os a mecanismos de incentivo, sanções premiais, censuras comportamentais ou a exclusão associativa." (Marques Neto, Floriano de Azevedo. Regulação estatal e autorregulação na economia contemporânea. *Revista de Direito Público da Economia – RDPE*, Belo Horizonte, v. 9, n. 33, p. 90, 2011). "a regulação exercida pelos próprios agentes aos quais se destina, realizada, portanto, por pessoas físicas ou jurídicas, ou grupo, destas que autolimitam ou cerceiam suas liberdades de escolhas futuras." (Saddy, André. *Regulação estatal, autorregulação privada e códigos de conduta e boas práticas*. 2. ed. Rio de Janeiro: CEEJ, 2020. p. 118).

[174] Universidades, Centros Universitários e Faculdades privados participantes ou não de GGE.

[175] Aqui falamos do Capítulo III, Seção I, da Constituição da República Federativa do Brasil que delimitou a forma de atuação da União, Estados, Municípios e agentes privados na educação.

[176] Neste ponto nos referimos a Lei de Diretrizes e Bases da Educação, Lei n.º 9.394 de dezembro de 1996, que delimitou alguns dos principais limites para atuação na educação superior.

relacionados para verificar como esse modelo regulatório poderia trazer respostas compatíveis com a autorregulação.

Em nossa hipótese inicial, a autorregulação, sozinha, não seria compatível com o modelo regulatório brasileiro para a educação superior, e que a teoria da regulação pode contribuir para enrobustecer o arcabouço necessário para a criação de um cenário regulatório com maior liberdade e eficiência alocativa, que contribuísse para maior crescimento, estabilidade da atividade, atingimento dos objetivos nacionais para a educação, num contexto em que a qualidade se aproximaria de uma aferição substancial.[177]

Com base nos ensinamentos de Cary Goglianese sobre os quatro elementos centrais da regulação[178], sendo um deles a figura do regulador, na autorregulação teríamos a substituição do Estado na figura de agente regulador pelo próprio setor privado, que instituiria regras e parâmetros aos quais aderiria voluntariamente, autoaplicando limitações e condições a serem seguidas.

Considerando a constatação de que a regulação não é aplicada com isonomia entre IESPu e IESPr[179], além do fato de o setor da educação ter a participação das entidades privadas que acumulam mais de 75% das

[177] Eneida Cardoso de Britto Corrêa afirma que "a simples existência de metas no PNE e recursos disponíveis não garante resultados, nem qualidade. A falta de definição precisa de resultados a serem alcançados deixa os atores sociais e, principalmente, os agentes econômicos "livres" para operar com base nos custos de transação (pois contratos custam dinheiro), com racionalidade limitada e oportunista, pois esta é a regra do jogo, em oposição ao interesse público, que, também, não está suficiente e adequadamente definido." (CORRÊA, Eneida Cardoso de Britto. *Modelo regulatório híbrido da educação superior privada*: possibilidades, limites e desafio. 2015. Dissertação (Mestrado) – FGV/EBAPE, Rio de Janeiro, 2015. p. 90).

[178] COGLIANESE, Cary. Regulation's Four Core Components. *The Regulatory Review*, 17 set. 2012. Disponível em: <https://www.theregreview.org/2012/09/17/regulations-four-core-components/>. Acesso em: 27 jun. 2020.

[179] Cf. constatações em: *"Public HEIs may be established with any institutional form and are accredited automatically by their acts of establishment. The establishment of new federal public institutions is rare, but, from a legal perspective, such institutions can be created without any requirement to undergo an initial external evaluation."* (p. 21). *"Legally, both private and federal public institutions are subject to periodic re-accreditation (recredenciamento), based on on-site reviews coordinated by INEP. For private institutions, successful re-accreditation is a prerequisite for their continued operation (although 'de-accreditation' is rare). For federal public institutions, the process is essentially no more than a formality, as they systematically score three or more on a fivepoint evaluation scale and, in any case, cannot have their accreditation removed."* (p. 158). (OECD. Rethinking Quality Assurance for Higher Edu-

matrículas na educação superior e cerca de 80% das entidades reguladas[180], um potencial modelo de autorregulação teria como destinatário principal o setor privado. Essa afirmativa não quer dizer, necessariamente, que IESPu não poderiam aderir ao modelo em estudo, essa seria uma faculdade para ser exercida nos limites da sua atuação com autonomia em sentido amplo. O agente público à cargo da administração da entidade de educação superior pública poderia, em tese, mediante a conformação das três dimensões que regem as decisões administrativas apresentadas por Eduardo Jordão[181], optar por aderir a entidade autorreguladora. A adoção dessa escolha poderia ser útil para num contexto reputacional demonstrar qualidade no sentido aferido pela entidade autorreguladora e orientar processos decisórios de escolhas sobre em que instituição estudar ou de que instituição poderiam ser contratados os egressos.

Dado o cenário de importância das IESPr para a educação nacional, toda discussão sobre sua limitação de atuação, bem como do fato de que os GGE são capazes de sustentar a carga econômica e laboral imposta pela regulação da educação superior em detrimento de instituições de menor porte, que não possuem a mesma sinergia operacional que esses grandes grupos para atender à regulação, precisando lançar mão de uma quantidade de recursos desproporcional às suas possibilidades, iniciou-se no meio educacional, o debate sobre a implantação de modelos mais liberais de regulação e que privilegiassem as IES com melhores resultados educacionais. Ressalte-se que esse debate, inicialmente, não envolvia necessariamente a discussão sobre contextos avaliativos da qualidade substancial das IES.

Além dos custos inerentes à grande carga regulatória à qual essas instituições estão submetidas, ficam também as limitações quanto aos indicadores de qualidade presentes nos processos avaliativos do MEC e suas

cation in Brazil. *Reviews of National Policies for Education*, Paris, 2018. Disponível em: <https://doi.org/10.1787/9789264309050-en>. Acesso em: 07 jun. 2020).

180 Apontado no nas notas estatísticas do Censo da Educação Superior Brasileira – 2019. (Disponível em: https://download.inep.gov.br/educacao_superior/censo_superior/documentos/2020/Notas_Estatisticas_Censo_da_Educacao_Superior_2019.pdf>. Acesso em: 20 dez. 2020).

181 Jordão, Eduardo. The three dimensions of administrative law. *A&C – Revista de Direito Administrativo & Constitucional*, Belo Horizonte, v. 19, n. 75, p. 21-38, jan./mar. 2019.

agências, que acabam por limitar a possibilidade de investimento de instituições pequenas e médias, o que em última análise acaba por impedir o exercício na prestação de serviços educacionais amparados no perfil de cada uma dessas instituições, fazendo com que IES sejam cada vez mais parecidas.

No debate sobre a implementação de modelos mais liberais, a autorregulação aparece como potencial modelo regulatório que poderia trabalhar em função dos diversos objetivos, públicos e privados, para a educação superior.[182]

Na linha apresentada, o Relatório *Rethinking Quality Assurance for Higher Education in Brazil* tem como constatação que os processos de aferição de qualidade não permitem que as IES demonstrem que possuem a capacidade de cuidar da educação com qualidade, e assim poderiam atuar como organizações autocredenciadas, devendo ser permitidas a autorizar, revisar e eliminar programas que entenderem dever serem revisados, como ocorre em outros sistemas educacionais superiores no mundo.[183]

A ideia de autorregulação leva à percepção de que agentes econômicos atuando mediante regras autoimpostas pode estar alinhado ao ajuste necessário para que IES possam proporcionar ao mercado os serviços que são demandados na medida da necessidade dos seus consumidores, o que levaria à eficiência alocativa. Um exemplo dessa possibilidade, seria a flexibilização da regra permitindo que faculdades pudessem abrir novos cursos [autonomia em sentido estrito], cuja autorização do MEC

[182] *"Shared governance demands a flexible and facilitative notion of government. By this I mean that the state must have the capacity to play a variety of roles in a mixed regime: broker, networker, supervisor, enforcer and partner, to name a few."* (Freeman, Jody. Private Parties, Public Functions and the New Administrative Law. *Administrative Law Review*, v. 52, n. 3, p. 855, 2000).

[183] "Um número significativo de países da Europa Ocidental e da Comunidade das Nações lidou com a expansão e o novo ambiente do ensino superior através da transferência de autoridade do Estado para as universidades." (Castro, Maria Helena Magalhães. Estado e mercado na regulação da educação superior. In: Brock, Colin; Schwartzman, Simon (Ed.). *Os desafios da educação no Brasil*. Rio de Janeiro: Nova Fronteira, 2005. p. 237). *"Examples of such differentiated models – where some institutions are subject to programme-level review and others are accorded self-accrediting status on the basis of rigorous institutional review – exist in other systems of higher education and could serve as inspiration for Brazil."* (OECD. Rethinking Quality Assurance for Higher Education in Brazil. *Reviews of National Policies for Education*, Paris, 2018. p. 158. Disponível em: <https://doi.org/10.1787/9789264309050-en>. Acesso em: 07 jun. 2020).

é obrigatória e limitada em acordo com a natureza institucional.[184] Há também a possibilidade de expedição de seus próprios diplomas, sem que precise ser certificado por uma universidade pública.[185] IESPr com resultados muito satisfatórios, em tese, deveriam ter autonomia [em sentido estrito] para expedição de seus diplomas de forma individual, sem a participação de um certificador.

A tarefa de atender às normas gerais da educação superior aponta para um desafio desproporcional gerando assimetria informacional diante da publicação de atos normativos a todo tempo pelo MEC e suas agências administrativas. Podemos ver no *status quo* de nosso setor a quantidade de atos normativos que de alguma forma tocam a regulação da educação superior, o que por si só já denota o esforço empresarial necessário para seu atendimento.

A extensa lista de atos normativos reforça o sentido das reclamações realizadas pelos agentes econômicos que atuam no setor educacional, sobre as dificuldades e custos para atendimento da regulação. Um cenário mais liberal, com *standards* que delimitem a atuação do setor em prol de objetivos comuns conciliáveis, aponta para um modelo em que as próprias IES deveriam atuar como direcionadoras dos indicadores com a implementação de controles criados e exercidos pelos próprios agentes do mercado, mais afastados das regras de comando e controle usualmente utilizadas na regulação da educação. É nesse entendimento que Maria Helena Magalhães Castro aponta que "Delegando responsabilidades, o Estado multiplica sua capacidade de visualizar e implementar políticas; e, envolvendo a comunidade nos dilemas normativos e de formulação de políticas, ele rapidamente amplia o estoque de informações e competências à disposição, e alarga a compreensão e conformidade de suas ações".[186] No mesmo sentido, a OECD recomenda que o Brasil se

[184] Neste ponto é salutar distinguir que a autonomia universitária de instituições de educação superior muda de acordo com a sua natureza institucional, isto é, Universidade de Centros Universitários gozam de autonomia para abertura de cursos e expedição de diplomas, enquanto faculdades dependem de autorização do poder público (MEC) para a abertura de cursos, e de universidades que lhes chancelem o diploma. Informações adicionais podem ser obtidas no item sobre autonomia universitária nesta pesquisa.

[185] Verificar o Decreto n.º 9.235, de 15 de dezembro de 2017.

[186] Castro, Maria Helena Magalhães. Estado e mercado na regulação da educação superior. In: Brock, Colin; Schwartzman, Simon (Ed.). *Os desafios da educação no Brasil*. Rio de Janeiro: Nova Fronteira, 2005. p. 266.

direcione a um sistema regulatório em que IES que possam demonstrar consistente capacidade interna de garantir e prover qualidade deveriam ser acreditadas a autorizar e reconhecer seus próprios programas.[187]

Assim, como são o MEC e suas agências administrativas os organismos normatizadores da atividade educacional, que possuem a atribuição da medição de qualidade, e são aplicadores das consequências pelo não atingimento dos padrões estabelecidos, partes dos seus poderes regulatórios poderiam ser entregues aos próprios agentes regulados.

A entrega de parte desses poderes poderia contribuir para o cenário da educação brasileira em prol de maior qualidade da educação com menores gastos por parte do poder público, pois como aponta Ogus[188], "órgãos autorreguladores normalmente possuem maior *expertise* e conhecimento técnico das práticas e possibilidades de inovações em seu seguimento do que as agencias ligadas ao poder público, o custo informacional para a formulação e interpretação de *standards* seriam menores" e comumente são suportados pelos próprios agentes regulados. Nessa mesma linha de concessão de parte dos poderes regulatórios, convém considerar o argumento de Sinclair quando defende que os legisladores devem construir soluções regulatórias em função das circunstâncias encontradas no ambiente regulado em questão.[189]

Baldwin, Cave e Lodge apresentaram uma verificação de parâmetros de avaliação para verificação se uma determinada aproximação regulatória seria razoável no sentido de ser discutida publicamente. Eles o nomearam como os cinco critérios para uma boa regulação e na linha de verificar esses critérios, para avaliação se de fato a autorregulação poderia corresponder a uma boa regulação para a educação superior privada, passível de ser editada em nosso sistema educacional superior, buscou-se confrontá-los com especificidades inerentes ao setor relacionadas às

[187] OECD. Rethinking Quality Assurance for Higher Education in Brazil. *Reviews of National Policies for Education*, Paris, 2018. p. 158. Disponível em: <https://doi.org/10.1787/9789264309050-en>. Acesso em: 07 jun. 2020.

[188] OGUS, Anthony. Rethinking Self-Regulation. *Oxford Journal of Legal Studies*, v. 15, n. 1, p. 97-108, 1995. Disponível em: <https://www.jstor.org/stable/764582>. Acesso em: 03 maio 2020.

[189] SINCLAIR, Darren. Self-regulation versus command and control? Beyond false dichotomies. *Law & Policy*, v. 19, n. 4, p. 552, 1997.

dimensões estabelecidas pelos autores. São elas: i) *expertise*; ii) eficiência; iii) mandato; iv) *accountability*; e v) devido processo.[190]

3.3.1 *Expertise*

A *expertise* como justificativa para adoção de um modelo autorregulatório parte da ideia de que os *experts* em determinada questão técnica teriam mais conhecimentos específicos e técnicos inerentes ao setor regulado de forma que as suas decisões poderiam ser tomadas com base em seu conhecimento técnico e que, por isso, estariam eles mais aptos a tomarem essa decisão em condições de ponderação sobre informações incompletas ou imprecisas.[191] Em tese, *experts* seriam necessários para a regulação de setores com alto índice de tecnicidade. Em um modelo de autorregulação, o regulado, estando mais próximo da atuação dinâmica da atividade, adaptando-se e aperfeiçoando-se diariamente em sua atuação profissional, teria condições, em tese, de obter informações mais atualizadas e pontuais sobre o desempenho do setor.

É ainda comum que reguladores independentes não tenham a mesma possibilidade de manutenção do nível de informação e atualização necessários no que tange ao setor regulado que atua em determinada atividade. Isso ocorreu, por exemplo, na educação superior, quando mesmo sem previsão legal, o MEC se viu compelido a requerer a oitiva do Conselho Administrativo de Defesa Econômica (CADE) em processos de transferência de mantença entre GGE.[192]

É factível pensar em *expertise* na atuação regulatória diante de um setor como o financeiro, em que agentes regulados atuariam em confor-

[190] As dimensões são apresentadas no capítulo 3 da obra: BALDWIN, Robert; CAVE, Martin; LODGE, Martin. *Understanding Regulation*: Theory, Strategy, and Practice. 2. ed. Oxford: Oxford University Press, 2012.

[191] BALDWIN, Robert; CAVE, Martin; LODGE, Martin. *Understanding Regulation*: Theory, Strategy, and Practice. 2. ed. Oxford: Oxford University Press, 2012. p. 29.

[192] "A falta de experiência do MEC, com a temática, implicou na oitiva do CADE em alguns processos de transferência de mantença, mesmo sem previsão legal, criando uma espécie de vácuo regulatório, pois o CADE é uma autarquia federal reguladora com a missão de zelar pela livre concorrência no mercado, que investiga e, em última instância decide, pois é uma espécie de Tribunal, sobre matéria concorrencial, não tendo nenhuma vinculação com a questão educacional." (CORRÊA, Eneida Cardoso de Britto. *Modelo regulatório híbrido da educação superior privada*: possibilidades, limites e desafio. 2015. Dissertação (Mestrado) – FGV/EBAPE, Rio de Janeiro, 2015. p. 41).

midade com um sistema autorregulatório, especialmente com medidas de atendimento da sistemática autoimposta, deixando para os órgãos governamentais uma atuação residual. Essa conduta possibilita uma atuação mais apurada do *expert* na área, em detrimento do que um burocrata que detém informações em grande escala, sem a acuidade que permitiria direcionar o sistema para encontrar seu nível ótimo.

Pensando sobre *expertise* e regulação da educação superior, em uma primeira análise, fica a impressão de que seria um setor que não necessitaria de grandes capacidades técnicas para equalização de suas assimetrias. Há indícios de que a atuação regulatória do MEC, precipuamente direcionada para atuação das IESPu que se encontram sob o sistema federal de ensino, poderia não estar alinhada com uma maior percepção técnica relacionada com as circunstâncias que permeiam a atividade educacional superior privada. Isso se daria, parafraseando Eneida Cardoso de Britto Corrêa em função do direcionamento da regulação do MEC estar pautado por um discurso hegemônico da educação superior, que desconsidera a sua atual natureza eminentemente privada, é fragmentada, não estratégica, de cunho social e destoa do padrão convencional da regulação, pois reagiria aos estímulos dos entes regulados sem exercer um papel indutor ou de organização do setor na defesa do interesse público e dos titulares de desse direito fundamental social.[193]

É certo que a atuação privada na educação superior deve ser precedida de autorização pelo poder público, verificação de qualidade e cumprimento das normas que regem a educação.[194] Esses são os limites impostos às IESPr para que atuem nesse mercado. A autorização de cursos varia em acordo com a natureza da instituição, enquanto a qualidade

[193] A autora ainda afirma que: "É certo que o modelo regulatório praticado no MEC, além de disperso, não tem fundamentos econômicos, em que pese a dimensão, amplitude e complexidade do mercado educacional, sem considerar as ações e iniciativas educacionais do Terceiro Setor, e, considerando, ainda, o crescimento vertiginoso e constante das duas últimas décadas, impulsionado pela permissão constitucional, bem como, incentivos, subsídios e diretrizes internacionais, fruto da globalização e internacionalização de compromissos educacionais." (Corrêa, Eneida Cardoso de Britto. *Modelo regulatório híbrido da educação superior privada*: possibilidades, limites e desafio. 2015. Dissertação (Mestrado) – FGV/EBAPE, Rio de Janeiro, 2015. p. 47 e 90).

[194] Constituição Federal da República: Art. 209. O ensino é livre à iniciativa privada, atendidas as seguintes condições: I – cumprimento das normas gerais da educação nacional; II – autorização e avaliação de qualidade pelo Poder Público.

deve ser observada em todas elas, independentemente de sua natureza. Há fortes indícios de que a nossa educação superior não atinge níveis satisfatórios de qualidade quando analisada frente às metas constantes do PNE ou mesmo quando colocado em um contexto internacional, como já abordado nesse estudo. Temos também o atendimento das normas que regem a educação, e neste caso em específico não aparentam prescindir de atuação *expert*, senão pela necessidade de cumprimento e acompanhamento do regramento.

A necessidade de atendimento dos referenciais constitucionais para a atuação privada na educação superior e a impossibilidade de o poder público atingir as metas autoimpostas neste nível educacional face ao PNE, clamam para que essas assertivas sobre inexistência de tecnicidade a justificar a elaboração das normas regulatórias do setor sejam confrontadas com a realidade de nosso país, de dimensões continentais com índices educacionais muito variados quando analisamos região por região. É neste mesmo cenário que instituições prezam por se qualificar frente a indicadores comuns à todas elas [que avaliam o conceito institucional] para que possam manter suas atividades, sendo que no atendimento desses indicadores, muitas vezes se autolimitam para atingir determinado resultado "satisfatório" em detrimento de investir nas necessidades regionais, ou mesmo específicas inerentes a cada curso, vocação institucional, objetivos empresariais, acadêmicos, profissionais e outros dentro da esfera de possibilidades de cada IESPr, e que poderiam dar um sentido mais substancial na aferição de seus resultados qualitativos.

O que se percebe é que ao contrário do que parece, conhecer a atividade de forma sensível e acompanhar a evolução do setor educacional e das profissões cujos cursos universitários têm a missão de inserir seus alunos, requer uma *expertise* que não parece ser possível ao agente público avaliador obter e manter atualizada sem incorrer em custos muito altos.[195]

[195] "Em princípio, tantos atores governamentais, possivelmente, aspecto estrutural, histórico e cultural do Ministério, sugerem uma certa dificuldade de articulação, coordenação e excesso de normatização, e, por consequência, uma gestão da ES Privada burocratizada com sobreposições de papéis, e sem estratégia definida, pois os temas regulatórios, cada vez mais complexos, além de especialização dos operadores, exigem setorização, administrativização e consensualização, entre outros." (Corrêa, Eneida Cardoso de Britto. *Modelo regulatório*

Se pensarmos em termos da pandemia de COVID-19 então, essa situação se torna ainda mais evidente quando o próprio MEC destinou às IESPr a decisão sobre a forma de manter suas aulas e suas atividades práticas, excepcionando poucos cursos na área de saúde. Tal é o reconhecimento de que as próprias IESPr detém essa *expertise* específica que a Portaria n.º 544 de 16 de junho de 2020[196], destinou à essas IESPr a decisão sobre como disciplinar a presente situação. Esses atos ainda foram ratificados pelo Parecer n.º 19 de 07 de julho de 2020, editado pelo CNE e homologado pelo MEC em 10 de dezembro de 2020.

Na linha do que Baldwin, Cave e Lodge[197] apresentam como contra-argumentação da impossibilidade de acompanhamento técnico do regulador público nesta dimensão, poderia ele contratar o conhecimento técnico e específico para poder dar vazão à necessidade regulatória. Porém, é nessa mesma linha que, ao levar o conhecedor técnico e sensível para dentro do órgão regulador governamental, o afastaria da evolução desses conhecimentos que se dá dia a dia, em cada uma das IESPr e regiões do nosso país.

É desejável ter um regulador, que consiga conciliar interesses públicos e privados, com uma maior percepção sobre o que é necessário para atingir um contexto ótimo, isso ocorrendo em função de estar na ponta da relação e poder ter o conhecimento profissional, técnico e acadêmico, necessários para poder direcionar os rumos da atividade de forma sensível com o cenário apresentado. Nesta dimensão, um órgão autor-

híbrido da educação superior privada: possibilidades, limites e desafio. 2015. Dissertação (Mestrado) – FGV/EBAPE, Rio de Janeiro, 2015. p. 89).

[196] Podemos ver no §2.º da Portaria que: "Será de responsabilidade das instituições a definição dos competentes curriculares que serão substituídos, a disponibilização de recursos aos alunos que permitam o acompanhamento das atividades letivas ofertadas, bem com a realização de avaliações durante o período de autorização de que trata o caput". Vemos ainda no §4.º do mesmo artigo que "A aplicação da substituição de práticas profissionais ou de práticas que exijam laboratórios especializados, de que trata o §3.º, deve conta de planos de trabalhos específicos, aprovados no âmbito institucional, pelos colegiados e apensados ao projeto pedagógico do curso." Essas destinações de poder decisório no âmbito de autonomia das IES acabam por reconhecer que elas são as detentoras da *expertise* específica, para em acordo com a situação casual de cada uma delas, decidir a melhor forma de aplicar os modelos educacionais.

[197] Baldwin, Robert; Cave, Martin; Lodge, Martin. *Understanding Regulation*: Theory, Strategy, and Practice. 2. ed. Oxford: Oxford University Press, 2012.

regulador para educação superior parece apresentar as justificativas necessárias para ser estabelecido como um bom modelo regulatório.

Adicionado ainda a questão da especialidade técnica, considerando o nicho específico da educação superior privada, vale como exemplo as avaliações *in loco*, realizadas em nome do MEC e suas agências administrativas, para verificação de qualidade dessas instituições através de indicadores. Há que se verificar se os avaliadores apontados pelo MEC constantes da BASis[198] são em sua maioria membros de IESPu cujo contexto regulatório e factual é completamente diverso daquele das IESPr, afastando a agudez do contexto real que dá base a percepção dos avaliadores, podendo induzir a uma análise sem a devida sintonia. Como se pode verificar na figura a seguir, em levantamento realizado no ano de 2006 havia um equilíbrio entre os avaliadores cadastrados no BASIis sendo necessário um olhar atual para entender se ser oriundo de IESPu ou IESPr pode influir nas percepções do avaliador.

[198] "O Banco de Avaliadores do Sistema Nacional de Avaliação da Educação Superior (BASis) é composto por docentes da Educação Superior capacitados pelo Instituto Nacional de Estudos e Pesquisas Educacionais Anísio Teixeira (Inep) para realizar avaliações externas de Instituições de Educação Superior (IES) e dos cursos de graduação." A fonte indica que a constituição e manutenção do BASis compete ao Inep, de acordo com o Decreto n.º 9.235, de 15 de dezembro de 2017; e é realizada pela Diretoria de Avaliação da Educação Superior (Daes), segundo Portaria Normativa n.º 19, de 13 de dezembro de 2017. (INSTITUTO NACIONAL DE ESTUDOS E PESQUISAS EDUCACIONAIS ANÍSIO TEIXEIRA (INEP). Avaliação Externa in loco de Instituições de Educação Superior e Cursos de Graduação (Avaliação in loco). Disponível em: <http://inep.gov.br/web/guest/educacao-superior/banco-de-avaliadores-basis/banco-de-avaliadores-basis>. Acesso em: 02 ago. 2020).

Figura 14. Perfil do avaliador BASis

PERFIL DO AVALIADOR DO BASIS

Categoria Administrativa	Avaliadores de IES		Avaliadores de Cursos	
	Total	%	Total	%
IES Públicas	2.953	55%	5.554	54%
IES Privadas	2.208	41%	4.717	46%
Avaliadores sem vínculo	168	3%	422	4%
Total	5.329	-	10.693	-

Fonte: BASis – Banco de Avaliadores do SINAES e perfil dos integrantes (Ristoff; Gioglo; Pacheco, 2006).

Silke Weber aponta que "os avaliadores têm, também, frequentemente utilizado as suas instituições de origem como referência de avaliação" e que esse fato poderia estar levando a conclusão de que "lhes tem sido difícil, muitas vezes, decidir se o curso ou a instituição em avaliação atende ou não aos critérios inerentes a uma formação de qualidade na área".[199] Se considerarmos que 80% das IES são privadas e mais de 50% dos avaliadores são provenientes de IESPu, pode estar sendo gerada uma assimetria informacional que condiciona a percepção da avaliação criando um viés.

Quanto a formulação de indicadores, há ainda a questão de que esses deveriam ser divididos entre aqueles que são mínimos para atuação na atividade [que deveriam ser impostos pelo poder público em sua atuação constitucional] e aqueles que deveriam ser autoimpostos pela própria IESPr ou pela comunidade de entidades de educação superior representadas setorialmente.

Do ponto de vista da dimensão *expertise*, parece existir justificativas para entender aplicação de um modelo autorregulatório na educação superior como uma boa medida regulatória, entretanto, essa atuação denota dever ser residual para atingir a parte cuja tecnicidade e proximidade com a atuação educacional parecem ser essenciais para

[199] Weber, Silke. Avaliação e regulação da educação superior: conquistas e impasses. *Educação & Sociedade*, Campinas, v. 31, n. 113, p. 1262-1263, out.-dez. 2010. Disponível em: <http://www.cedes.unicamp.br>. Acesso em: 20 jun. 2020.

formulação de indicadores que melhor reflitam o que deve ser entendido como qualidade de uma forma mais substantiva e que possa direcionar potenciais alunos em acordo com a percepção de resultados educacionais, enquanto caberia ainda ao poder público o estabelecimento de critérios mínimos, possivelmente atrelados a uma moldura de caráter mais quantitativo no sentido de insumos mínimos, infraestrutura e conteúdos universais.

3.3.2 Eficiência

Anteriormente ao adentramos nas discussões acerca da dimensão da eficiência, necessário apresentar algumas das tensões que conduzirão a necessidade de entendê-la em duas perspectivas: i) uma delas atrelada a questão de custo-benefício na adoção de um modelo regulatório baseado em autorregulação para IESPr; e outra, ii) sob a questão relacionada ao desembolso público, no sentido de se empregar recursos financeiros e de pessoal, na atuação regulatória em um modelo que vem falhando na promoção de direitos fundamentais prestacionais. Como Baldwin, Cave e Lodge afirmam, "A extensão de um conflito entre eficiência e objetivos sociais ou distributivos pode, por si só, ser uma questão controversa".[200]

Na relação apresentada no entendimento quando a eficiência que se tem como parâmetro, a tensão parece direcionar para uma complementação na medida em que a atuação no contexto da primeira permitiria um melhor aproveitamento na segunda. Em relação a primeira perspectiva da eficiência, tem-se em conta que IESPr atuando no setor educacional, além de objetivarem lucro na consecução de suas atividades, devem ter em conta as referências constitucionais que direcionam a sua atuação. Desta forma, a sua livre iniciativa para atuar neste setor [educacional superior] deverá estar conformada à autorização, atuação com qualidade e atendimento das normas educacionais de forma que as referências sustentem a atuação. Na segunda perspectiva, procura-se equacionar a primeira noção de eficiência com duas vertentes: a) a primeira baseando na percepção de que não se pode haver prestação de serviços

[200] Tradução livre de: *"The extent of a conflict between efficiency and social or distributional objectives may itself be a matter of dispute."* (BALDWIN, Robert; CAVE, Martin; LODGE, Martin. *Understanding Regulation*: Theory, Strategy, and Practice. 2. ed. Oxford: Oxford University Press, 2012. p. 31).

educacionais sem que se tenha a correlativa relação de qualidade satisfatória; b) na atuação direta, verificar potenciais formas de regulação que permitam atingir os objetivos públicos com menor desembolso de recursos financeiros e de pessoal deve estar entre as medidas perseguidas pelo poder público.[201]

A verificação de aderência à um modelo regulatório de autorregulação sob o prisma da dimensão da eficiência talvez, para IESPr, seja a mais relevante de todas elas. Como apresentado anteriormente, a carga regulatória imposta sobre IES no Brasil é sobrepujante. Hoje as IES precisam observar mais de 3.000 atos normativos[202] para atuar nesse mercado.

A atuação em conformidade com todo o regramento da educação superior acaba por fazer sobressaltar a grande diferença existente entre IESPu, IESPr médias e pequenas, e IESPr que fazer parte de GGE.[203] Além disso, o esforço púbico no emprego de recursos para aferição do atendimento à regulação setorial por parte dos atores regulados é sobrepujante, especialmente na medida em que o MEC e suas agências não são capazes de dar conta de todo o acompanhamento e deliberação sobre as demandas regulatórias das IES em tempo razoável.[204]

Não adentraremos neste ponto na análise da eficiência nos processos de avaliação da qualidade de IESPu, eis que não há históricos de diminuição de seus conceitos em nosso país. Isso ocorre não porque elas são exímias cumpridoras da regulação educacional, mas sim porque seus processos avaliativos ocorrem de forma diferente das IESPr. Assim, o simples fato de não haver histórico negativo em tamanho cenário regulatório leva à conclusão de que a avaliação ocorre de forma diferente entre IESPu e IESPr.[205]

[201] Neste sentido: "Pedra angular da autorregulação estaria em seus sistemas de garantia de qualidade, elaborados para cumprir duas funções: uma de prestação pública de contas e uma de melhoria de qualidade." (Castro, Maria Helena Magalhães. Estado e mercado na regulação da educação superior. In: Brock, Colin; Schwartzman, Simon (Ed.). *Os desafios da educação no Brasil.* Rio de Janeiro: Nova Fronteira, 2005. p. 257).

[202] Ver tabela no título sobre a importância de se considerar o *status quo*.

[203] Neste ponto, ver título sobre o *status quo* da regulação educacional superior.

[204] Ver Portaria n.º 279, de 29 de setembro de 2020.

[205] *"Legally, both private and federal public institutions are subject to periodic re-accreditation (recredenciamento), based on on-site reviews coordinated by INEP. For private institutions, successful re-accreditation is a prerequisite for their continued operation (although 'de-accreditation' is rare). For federal public institutions, the process is essentially no more than a formality, as they systematically*

A maior diferença para atendimento da carga regulatória do setor parece restar sobre as IESPr, separando-as em dois grupos: i) IESPr pequenas e médias; ii) IESPr de grandes grupos educacionais.

No acompanhamento da regulação para educação superior, instituições precisam empregar muitos recursos e pessoal para cuidar de cada parte dessa regulação. Existem indicadores de cunho acadêmico, outros de infraestrutura, pessoais, administrativos, mudanças regulatórias sazonais, programas governamentais, auxílios à alunos, à comunidade acadêmica como um todo, sem falar na necessidade de inovação, criação, produção, e atuação que é comum em todas as IES.

Quando comparamos IESPr com base em seus tamanhos e capacidade de investimento, vimos que nas pequenas e médias um grupo de profissionais com habilidades específicas precisa ser composto para atender a regulação setorial, enquanto nas grandes, há normalmente um grupo de profissionais para cuidar desses mesmos indicadores em diversas IESPr que compõe o grupo educacional. Essas constatações não são capazes de permitir a inferência de que as IESPr que compõem os GGE poderiam estar colaborando com os objetivos públicos que direcionam a atividade educacional superior, pois, como defendemos, atender a regulação setorial não necessariamente induziria à promoção de educação superior com qualidade substantiva.

A relação de custo-benefício no ganho da escala permite que IESPr de grandes grupos educacionais invistam o necessário para atendimento da regulação educacional com mais eficiência do que IESPr pequenas e médias, e a aplicação de um modelo de autorregulação para educação superior poderia, em tese, permitir uma maior participação de todas as IES na confecção da regulação, e o ganho econômico proveniente desse modelo regulatório poderia retorna ao próprio setor através de incentivos regulatórios às IES cujos indicadores de qualidade e atendimento da regulação sejam satisfatórios, através de bônus regulatório que permitiria mais autonomia em sentido estrito e menos burocracia para as IES bem avaliadas. Além disso, o poder público poderia direcionar seus

score three or more on a fivepoint evaluation scale and, in any case, cannot have their accreditation removed." (OECD. Rethinking Quality Assurance for Higher Education in Brazil. *Reviews of National Policies for Education*, Paris, 2018. p. 158. Disponível em: <https://doi.org/10.1787/9789264309050-en>. Acesso em: 07 jun. 2020).

esforços para às políticas públicas que lhe permitiram fomentar e direcionar o setor em função de seus objetivos educacionais.[206]

A atuação autorregulatória do setor também, do ponto de vista da eficiência, poderia ter o efeito de ampliar a possibilidade de acompanhamento do cumprimento da regulação setorial. Se por um lado existem incentivos para que o setor se autorregule e mantenha o atendimento das regras autoimpostas em função da delegação à elas próprias dessas responsabilidades com diminuição de seus ônus e a aplicação de possíveis bônus, por outro lado, há um esgotamento do setor regulatório estatal que não é capaz de dar conta de todas as demandas de verificação de atendimento da regulação das IES. Uma prova dessa ocorrência consistiu na publicação da Portaria n.º 279, de 29 de setembro de 2020, que inovou com a homologação tácita de processos regulatórios cuja reponsabilidade quanto a sua aprovação recaia sobre o MEC. Essa homologação se dá na hipótese dele [o MEC e suas agências] não conseguir se manifestar de forma conclusiva acerca do deferimento ou indeferimento do ato público requerido em prazos atribuídos na portaria. Vale ainda a menção de que não há qualquer justificativa quanto a razoabilidade dos prazos atribuídos na portaria.

Uma otimização da regulação com a atribuição, por exemplo, da confecção de indicadores aos próprios entres privados em um regime de autorregulação, poderia permitir que o MEC e suas agências aplicassem seus recursos com mais eficiência na condução das políticas públicas a seu encargo, bem como nos indicadores que lhe fossem tidos como essenciais e não delegáveis. É neste sentido que entendemos quando Juliana Bonacorsi de Palma afirma que a eficiência consiste em condicionar que a Administração pondere sobre "as possíveis alternativas jurídicas cabíveis no caso concreto e justificar o porquê da adoção de uma específica solução jurídica em detrimento das demais", devendo a aná-

[206] Neste sentido "Delegando responsabilidades, o Estado multiplica sua capacidade de visualizar e implementar políticas; e, envolvendo a comunidade nos dilemas normativos e de formulação de políticas, ele rapidamente amplia o estoque de infomações e competências à disposição e alarga a compreensão e conformidade de suas ações." (Castro, Maria Helena Magalhães. Estado e mercado na regulação da educação superior. In: Brock, Colin; Schwartzman, Simon (Ed.). *Os desafios da educação no Brasil.* Rio de Janeiro: Nova Fronteira, 2005. p. 235-274. p. 266).

lise dos possíveis desenhos regulatórios fazerem parte da motivação pela escolha administrativa.[207]

Assim, diante da dimensão eficiência, parece haver conciliação no sentido de que há indícios de que dividir a regulação com IESPr poderia, em tese, produzir uma melhor relação de custo-benefício no atendimento das normas do setor, em ambos os sentidos que delimitaram o que se entende por eficiência. Essa relação poderia ainda trazer reflexos positivos na medida em que IESPr teriam maior possibilidade de alocar recursos que hoje são despendidos no atendimento e acompanhamento da regulação em objetivos que fossem conciliáveis com suas identidades empresariais e regionais, o que em última análise, poderia refletir em maior qualidade em seu sentido substancial, enquanto que o MEC e suas agências poderiam atuar de forma mais eficiente na condução das políticas públicas para educação e verificação de indicadores regulatórios cuja delegação não fossem conciliáveis.

3.3.3 Mandato

A verificação de qualidade regulatória do ponto de vista da dimensão relacionada ao mandado democrático no estabelecimento de um regime autorregulatório com a finalidade de verificação de qualidade da educação superior, passa necessariamente pelo sopesamento entre os indicadores que demonstram como a qualidade da educação vem sendo alcançada, atualmente, e de que forma o estabelecimento do novo regime poderia indicar a melhoria desse objetivo de prestação de educação superior com qualidade.

O órgão regulador constituído para a verificação de qualidade da educação superior, em atendimento ao referencial constitucional pre-

[207] "Uma das leituras que se tem desenvolvido na doutrina administrativista sobre a eficiência consiste em condicionar a Administração a ponderar todas as possíveis alternativas jurídicas cabíveis no caso concreto e justificar o porquê da adoção de uma específica solução jurídica em detrimento das demais. Este argumento foi reforçado com a projeção da avaliação de impacto regulatório, segundo a qual o Poder Público deve tomar a decisão mais eficiente, assim determinada pela análise de. custo-benefício ou outros métodos de investigação científica. A análise dos possíveis desenhos da regulação se faz no âmbito do processo administrativo normativo e integra a motivação, a qual deve trazer as razões para a escolha administrativa." (Palma, Juliana Bonacorsi. Processo administrativo normativo na regulação: a recente experiência brasileira. *Revista de Direito Administrativo Contemporâneo*, v. 2, p. 93, set. 2014).

visto para a atuação de entidades privadas neste setor, é o MEC e suas agências administrativas. Na medida em que o MEC não vem alcançando, através da disposição regulatória, os resultados atribuídos ao poder público para esse nível educacional, nas linhas do que Bladwin, Cave e Lodge sustentam[208], pode estar demonstrando um distanciamento da vontade popular para o desempenho de seu mandato, na medida em que esse distanciamento lhe subtrai o apoio popular que justifica uma regulação ser considerada boa nesta dimensão.

Na educação superior, diferentemente de outros setores, os objetivos nacionais e os limites constitucionais para a atividade são dispostos através de referenciais específicos constantes dos textos normativos. A Constituição determina de forma clara e abrangente que IESPr, para atuação neste setor mediante a livre inciativa, deverão ter autorização, verificação de qualidade pelo poder público, e cumprir as normas da educação. Baldwin, Cave e Lodge seguem afirmando que "Pode ser muito apropriado julgar os reguladores de acordo com seu sucesso no cumprimento de seus mandatos".[209] Conjugar o resultado da educação superior nacional com os objetivos almejados [e estatuídos via PNE] pode gerar a prospecção de que ajustes regulatórios, do ponto de vista da dimensão do mandato, podem ser úteis para justificar a aspiração de apoio popular das medidas colocadas em prática.

O nosso modelo regulatório da educação superior vem sendo ajustado e reajustado na medida em que as constatações das assimetrias são identificadas, buscando dar atendimento para o mandamento constante das referências constitucionais e legais para a atividade, entretanto, esses resultados estão longe de ser alcançados. Das metas do PNE, apenas

[208] No fragmento apresentado a seguir, os autores sustentam que no cumprimento do mandato, com o tingimento dos resultados representados na vontade popular dessa dimensão são alcançados, é legítimo que se possa reclamar o apoio popular. *"This criterion suggests that regulatory action deserves support when it is authorized by Parliament, the fountain of democratic authority. If the people, through Parliament, have instructed certain regulators to achieve result X, and those regulators can point to their having produced result X, then they are in a position to claim public support."* (Baldwin, Robert; Cave, Martin; Lodge, Martin. *Understanding Regulation*: Theory, Strategy, and Practice. 2. ed. Oxford: Oxford University Press, 2012. p. 27).

[209] Tradução livre de: *"It might be very proper to judge regulators according to their success in fulfilling their mandates."* (Baldwin, Robert; Cave, Martin; Lodge, Martin. *Understanding Regulation*: Theory, Strategy, and Practice. 2. ed. Oxford: Oxford University Press, 2012. p. 27).

uma delas está sendo atingida. Há ainda toda uma discussão sobre verificação de qualidade em contexto substancial.

Sabemos que o poder público, na consecução de seu dever mandamental, deve continuar na busca por melhor avaliar a educação superior oferecida por instituições privadas, contudo, a atuação direta pode ser complementada pela atuação privada num modelo autorregulatório. Para tanto, uma política de verificação de resultados posteriores a implementação desse modelo será necessária para verificar se, na escolha dele, permitira-se invocar o clamor popular pelo atingimento dos objetivos regulatórios.

Neste contexto, o referencial constitucional de avaliação da qualidade da educação superior fornecida por IESPr, deve guiar os processos discricionários de escolha por formas de regular, isto é, havendo a percepção por parte do poder público de que a iniciativa privada pode ser útil na construção e aplicação de um novo modelo regulatório, e havendo sucesso desse modelo regulatório, estaria então em posição de clamar pelo apoio público inerente a dimensão do mandato para escolha regulatória realizada.[210]

O mesmo ocorre em relação a flexibilização na autorização, ela ocorre para o credenciamento, recredenciamento de instituições, e para a autorização e reconhecimento de cursos.[211] A autorização de cursos já é relativizada na medida em que IESPr podem autorizar seus próprios cursos de acordo com sua natureza institucional, isto é, universidades e

[210] Cf. *"This is reflected in the increasing popularity of proposals for civilian review boards or an ombudsman, some system of making government more responsive to the needs and desires of those who lack the power to make their demands effective through the elective process."* (Remington, Frank J. *Discretionary Justice*: A Preliminary Inquiry. Kenneth Culp Davis. Baton Rouge: Louisiana State University Press, 1969. p. 885).

[211] "Art. 10. O funcionamento de IES e a oferta de curso superior dependem de ato autorizativo do Ministério da Educação, nos termos deste Decreto. §1.º São tipos de atos autorizativos: I – os atos administrativos de credenciamento e recredenciamento de IES; e II – os atos administrativos de autorização, reconhecimento ou renovação de reconhecimento de cursos superiores. §2.º Os atos autorizativos fixam os limites da atuação dos agentes públicos e privados no âmbito da educação superior. §3.º Os prazos de validade dos atos autorizativos constarão dos atos e serão contados da data de publicação. §4.º Os atos autorizativos serão renovados periodicamente, conforme o art. 46 da Lei n.º 9.394, de 1996, e o processo poderá ser simplificado de acordo com os resultados da avaliação, conforme regulamento a ser editado pelo Ministério da Educação." (Decreto n.º 9.235, de 15 de dezembro de 2017).

centros universitários gozam de autonomia para autorização de cursos e expedição de diplomas, enquanto faculdades devem pedir essa autorização ao MEC, bem como obter a chancela de seus diplomas requerendo-os às universidades públicas.[212] Esse ponto guarda relação com a questão de se ter maior ou menor autonomia em sentido estrito, atrelada aos resultados e natureza institucional.[213]

Do ponto de vista da qualidade da regulação no estabelecimento de um modelo autorregulatório que considere formas de se flexibilizar a autorização referenciada na Constituição Federal e, mais bem delimitada na LDB, passa pelas mesmas prescrições no que se refere à verificação de qualidade da educação superior nas IESPr.

Desta forma, dividir o estabelecimento de um modelo de verificação de qualidade que poderia delimitar uma melhor percepção desse predicado quando prestado por IESPr, entre o poder público e os agentes regulados, dada a questão de *expertise* apresentada neste estudo, bem como a manutenção residual dos pontos tidos como inconciliáveis para delegação, não parece ferir questões inerentes à legitimidade do condutor das políticas públicas se essas políticas alcançarem os fins para os quais elas se direcionam.

O cumprimento de normas da educação é uma obrigação que se impõe para atuação no setor mediante a livre iniciativa. A autorregulação da educação superior não teria o poder de revogar ou mesmo suprimir as normas da educação superior, na verdade ela viria para complementar[214] e estabelecer normas específicas que privilegiassem uma atuação mais liberal das IES que detivessem melhores indicadores de qualidade, com a diminuição dos ônus inerentes ao excesso de regulação anunciado e uma atuação pública em prol da obtenção de melhores resultados para a educação superior, que em última análise, estaria alinhado com sua função no exercício do mandato outorgado. Como pode

[212] Verificar o Decreto n.º 9.235, de 15 de dezembro de 2017.

[213] Sobre autonomia universitária em sentido estrito observar item específico neste estudo.

[214] Sinclair, analisando a dicotomia entre regras de comando e controle e a adoção de outras modalidades regulatórias em um contexto ambiental, defende que "*it is possible to identify a number of policy variables which, in combination, can accommodate a wide variety of environmental circumstances.*" (Sinclair, Darren. Self-regulation versus command and control? Beyond false dichotomies. *Law & Policy*, v. 19, n. 4, p. 532, 1997).

se ver, o plano em que se buscam as realizações da política regulatória adotada será fundamental para legitimação da escolha adotada.

3.3.4 *Accountability*

A verificação da qualidade da opção por um modelo regulatório é justificável na medida da possibilidade de percepção da *accountability*[215] desse modelo. Assim, na adoção ou modificação de regimes regulatórios, Julia Black sustenta que entender as dinâmicas das relações de legitimidade e *accountability* são um pré-requisito necessário.[216] Neste ponto, nos interessa abordar às inerentes ao quanto se pode esperar ser confiável o regime que se pretende instituir ou modificar.

A dimensão de *accountability* é normalmente relacionada por autores que tratam a regulação, como aquela em que se encontra o risco de captura regulatória[217] face a atuação de grupos de interesse no modelo

[215] A título utilitário, apresenta-se algumas conceituações e contextualizações acerca do que se entende por *accountability*: Bovens, Mark. Analysing and assessing public accountability. A concpetual framework. *European Governance Papers (EUROGOV)*, n. C-06-01, p. 9, jan. 2006. Disponível em: <http://www.connex-network.org/eurogov/pdf/egp-connex-C-06-01.pdf>. Acesso em: 16 fev. 2021. *"At its core, accountability is a particular type of relationship between different actors in which one gives account and another has the power or authority to impose consequences as a result."* e *"In other words, for A to be accountable to B means that A agrees to external scrutiny by or on behalf of B (gives account to B) and that B's response will make a 'practical difference' to the conduct of A, either retrospectively, prospectively or both."* (Black, Julia. *Constructing and Contesting Legitimacy and Accountability in Polycentric Regulatory Regimes.* LSE Law, Society and Economy Working Papers 2/2008. p. 24). *"How we decide to think about accountability arrangements depends on fundamental views: about the capacity of individuals to make informed choices; about the complexity of particular regulatory activities; and about the effectiveness of particular accountability strategies in specific settings."* (Baldwin, Robert; Cave, Martin; Lodge, Martin. *Understanding Regulation*: Theory, Strategy, and Practice. 2. ed. Oxford: Oxford University Press, 2012. p. 355).

[216] *"We can then begin to understand the dynamics of legitimacy and accountability relationships, a necessary pre-requisite for any attempts to try to develop new relationships or alter existing ones."* (Black, Julia. *Constructing and Contesting Legitimacy and Accountability in Polycentric Regulatory Regimes.* LSE Law, Society and Economy Working Papers 2/2008. p. 14).

[217] Para uma conceituação de captura regulatória: *"The concept of 'capture' in all its contexts usually requires three defining elements in addition to private control over an area of public decision making and/or performance in order to be recognized as capture: (1) essentiality and/or generality of the benefit, (2) estability or persistence of provision of the benefit, and (3) the public provision of defensive measures or actions that entrench the benefits against actual or potential challenges; such defenses can include the employment of institutional structures or processes that steeply increase the costs of detecting and/or intervening to oppose provision of those sequestered benefi ts."* (Mitnick, Barry M. Capturing

que se estuda implementar.[218] Essa captura regulatória, no que se refere à regulação da educação, parece colocar em posições com essas características cinco grupos com interesses que podem ser comuns e contraditórios, dependendo da situação regulatória.

Os grupos de interesse na educação são principalmente aqueles compostos pelos *GGE*, as *entidades representativas de classe*, o grupo composto pelas *universidades públicas federais*, o grupo composto pelos *alunos*, e por fim, o grupo composto por *professores e funcionários* de IESPu e IESPr. O primeiro grupo possui interesses inerentes à sua atuação privada, o segundo tem um espectro de interesses mais abrangente sendo composto por entidades que representam IES com características que se assemelham em alguma medida, de uma forma geral são compostos por IESPr com naturezas distintas entre as diversas entidades representativas do setor, enquanto o terceiro tem interesses decorrentes de sua atuação pública e política. Os grupos compostos por professores e funcionários que atuam em IES, ao lado de grupos representativos de alunos, funcionam como o contraponto dessa balança buscando equilibrar as forças em prol de interesses relacionados a essencialidade do serviço educacional e a sua própria condição na qualidade de funcionário em empresa privada, funcionário público ou aluno. Contudo, a amplitude dos interesses desses grupos não é necessariamente um óbice à implementação de um modelo autorregulatório para a educação superior, se considerada uma boa medida regulatória, vencido o teste de *expertise* e eficiência. Como Croley aponta, a questão seria saber se uma nova política regulatória é benéfica, ou não. Assim, a questão da captura regu-

"capture": definition and mechanisms. In: Levi-Faur, David. *Handbook on the Politics of Regulation*. Cheltenham, UK: Edward Elgar Publishing, 2011. p. 35); *"Capture implies conflict, and regulatory capture implies that the regulated firms have, as it were, made war on the regulatory agency and won the war, turning the agency into their vassal. That at any rate is how I understand the concept."* (Posner, Richard A. The concept of regulatory capture. A short, inglorious history. In: Carpenter, Daniel; Moss, David A. *Preventing regulatory capture*: Special interest influence and how to limit it. Cambridge: Cambridge University Press, 2014. p. 49).

[218] Entre as obras e autores podemos citar: Croley, Steven P. Beyond capture: towards a new theory of regulation. In: Levi-Faur, David. *Handbook on the Politics of Regulation*. Cheltenham, UK: Edward Elgar Publishing, 2011. p. 50-69; Mitnick, Barry M. Capturing "capture": definition and mechanisms. In: Levi-Faur, David. *Handbook on the Politics of Regulation*. Cheltenham, UK: Edward Elgar Publishing, 2011.

latória não seria relacionada a existir ou não, mas uma ausência de alternativa para sua adoção.[219]

Levando em consideração que para que a adoção desse modelo passe no controle da dimensão da *accountability*, estará sujeita a um entendimento mais estreito, na linha de que Bovens delimita como "uma relação entre um ator e um fórum, na qual o ator tem a obrigação de explicar e justificar sua conduta, o fórum pode colocar questões e julgar, e o ator pode enfrentar as consequências".[220] Neste cenário, o ator seria o poder público, o fórum seriam os grupos de interesse apresentados.

A existência de diversos grupos de interesse, sendo os interesses muitas vezes conflitantes, mas muitas vezes comuns, tende a acentuar a participação na elaboração da regulação do setor, o que também colaboraria para evitar a captura regulatória. Como sugere Theodoulou e o parafraseando, a percepção do processo, contextualização e estrutura da política regulatória escolhida deve refletir a acomodação entre os interessados na política. A decisão pela escolha regulatória deverá ser tomada e as diferenças entre os interessados deverão ser resolvidas pelas autoridades com legitimidade em um processo de acomodação, negociação e compromisso.[221]

A dimensão que trata das questões de legitimidade para instituição de um modelo de autorregulação já deixou pistas no sentido de que uma supervisão por parte de entidade governamental condutora das políticas públicas pode ser necessária, tanto na elaboração dos parâmetros que

[219] *"The policy question is whether regulation is beneficial, all things considered, or whether it is not (and when, and by what metric). The prominence of capture theory is due not to overwhelming supportive evidence, but to the absence of an alternative."* (CROLEY, Steven P. Beyond capture: towards a new theory of regulation. In: LEVI-FAUR, David. *Handbook on the Politics of Regulation*. Cheltenham, UK: Edward Elgar Publishing, 2011. p. 56).

[220] *"[a] relationship between an actor and a forum, in which the actor has an obligation to explain and to justify his or her conduct, the forum can pose questions and pass judgment, and the actor can face consequences."* (BOVENS, Mark. Analysing and assessing public accountability. A concpetual framework. *European Governance Papers (EUROGOV)*, n. C-06-01, p. 31, jan. 2006. Disponível em: <http://www.connex-network.org/eurogov/pdf/egp-connex-C-06-01.pdf>. Acesso em: 16 fev. 2021).

[221] THEODOULOU, Stella Z. How Public Policy is Made. In: CAHN, Matthew A.; THEODOULOU, Stella Z. (Ed.). *Public Policy*: The Essential Readings. New Jersey: Prentice Hall, 1995. p. 96.

serão obedecidos pelos autorreguladores[222], quanto como uma complementação através de um modelo de metarregulação combinando pontos fortes e fracos de diferentes estratégias regulatórias.[223] A prevenção à captura regulatória pode ser dar de diversas maneiras[224] quando existem as justificativas para a implantação de um modelo alternativo de regulação, sendo no presente caso a autorregulação em perspectiva.

Além das medidas que possibilitariam melhor controle sobre a potencial possibilidade de captura do órgão autorregulador, vemos também a competição entre órgãos reguladores como salutar para mitigar a possibilidade de captura e otimizar o sistema de autorregulação. Essa competição poderia se dar por intermédio da atuação em áreas que denotassem qualidade em diferentes dimensões[225] como pesquisa, produção acadêmica, inserção profissional no mercado de trabalho, evasão escolar, entre diversas outras que podem medir qualidade de forma substantiva dado um determinado indicador.

Por sua vez, esses órgãos seriam vinculados ao condutor das políticas públicas relacionadas à educação, ou ainda à uma possível agência reguladora autônoma, caso se justificasse sua criação para o setor.

Vemos assim que a indicação de um sistema de compartilhamento da regulação entre o poder público e as instituições reguladas pode ser uma opção com potencial de produzir bons resultados regulatórios, o

[222] Nesta linha *"Rulemaking procedures seek to strike a balance between the obligation of the government to make technically competent policy choices under statutory delegations and its obligation to respond do the concerns of citizens and organizaed groups. With cross-cutting cleavages that do not map neatly onto party labels and with statues that do not specify in detail how to deal with complex problems, consultation and judicial oversight are one route to public accountability."* (Ackerman, Susan Rose. *Law and Regulation*: The Oxford handbook of Law and Politics. New York: Oxford University Press, 2008. Cap. 33. p 584).

[223] *"There are just different strategies that have a mix of strengths and weaknesses."* (Ayres, Ian; Braithwaite, John. *Responsive Regulation*: Trancending the deregulation dabate. New York: Oxford University Press, 1992. p. 101).

[224] Baldwin, Robert; Cave, Martin; Lodge, Martin. *Understanding Regulation*: Theory, Strategy, and Practice. 2. ed. Oxford: Oxford University Press, 2012. Cap. 8.

[225] Esta inclusive é a linha adotada para as recomendações para garantia de qualidade da educação superior na União Europeia. *"The role of quality assurance is crucial in supporting higher education systems and institutions in responding to these changes while ensuring the qualifications achieved by students and their experience of higher education remain at the forefront of institutional missions."* (STANDARDS and Guidelines for Quality Assurance in the European Higher Education Area (ESG). Brussels, Belgium, 2015. p. 2).

que em última análise poderia amparar a sua adoção esperando-se que possa trazer colaborações para diminuição dos ônus regulatórios e para a busca por qualidade substancial da educação superior.

3.3.5 Devido processo

Por fim, analisando as dimensões apresentadas por Baldwin, Cave e Lodge[226] como critérios para se ter uma boa regulação, a implementação de um modelo de autorregulação para a educação superior, na dimensão do devido processo apresenta a necessidade de dar voz a todos os agentes regulados. Maria Helena Magalhães de Castro afirma que "o Estado e a sua burocracia, sozinho, provavelmente não chegarão às políticas mais adequadas, muito menos a implementá-las".[227]

Partindo da percepção central relacionada às referências constitucionais que direcionam a atuação privada na educação superior, do ponto de vista da participação do setor regulado como forma de legitimação da escolha regulatória, temos a afirmação das Diretrizes para Garantia de Qualidade no Ensino Superior Europeu que a qualidade não é fácil de se definir, e na educação ela é percebida principalmente na interação entre professores, alunos e o ambiente educacional em que estão inseridos.[228]

Na verdade, a verificação quanto o potencial de produção de resultados para caracterizar uma boa opção regulatória passa pela tensão entre as assimetrias regulatórias apresentadas ao longo do presente estudo, tendo entre a massiva carga regulatória que obriga IESPr a investirem uma grande quantidade de tempo e recursos financeiros para acompanhamento e cumprimento da regulação do setor, sem que isso se traduza efetivamente em qualidade substantiva, e, a outra seria a necessidade de se olhar para nosso modelo regulatório e questionar se uma complementação com outros modelos, ou ainda modificações na sua aplicação,

[226] BALDWIN, Robert; CAVE, Martin; LODGE, Martin. *Understanding Regulation*: Theory, Strategy, and Practice. 2. ed. Oxford: Oxford University Press, 2012. p. 29.

[227] CASTRO, Maria Helena Magalhães. Estado e mercado na regulação da educação superior. In: BROCK, Colin; SCHWARTZMAN, Simon (Ed.). *Os desafios da educação no Brasil.* Rio de Janeiro: Nova Fronteira, 2005. p. 266.

[228] *"Quality, whilst not easy to define, is mainly a result of the interaction between teachers, students and the institutional learning environment."* (STANDARDS and Guidelines for Quality Assurance in the European Higher Education Area (ESG). Brussels, Belgium, 2015. p. 7).

poderiam ser eficientes para levar o modelo adotado para um cenário de educação com qualidade substancial de uma forma abrangente.

Dentre as duas das justificativas principais apresentadas, a quantidade de recursos necessários para atendimento da regulação setorial, alinhado à diferença de recursos e sinergias disponíveis comparando IESPr pequenas e medias às IESPr que fazem parte de GGE, e a sinalização de que IESPu são avaliadas de forma diferente de IESPr, apontam para possibilidade de através de um devido processo colocar essas IES, todas elas, em um patamar que leve em conta as suas desigualdades para atendimento da regulação e verificação de qualidade.

A potencial competição entre entidades autorreguladoras que denotem indicadores de qualidade substancial atrelados aos interesses de cada IES, pode estar alinhado ao estímulo de investir no que de fato é inerente a cada uma delas. A dimensão de devido processo, ao invés de ser um potencial problema para instituição de um modelo autorregulatório, pode vir a ser uma forma que produzirá isonomia aos seus participantes num nicho de avaliação comum às suas identidades.

3.3.6 Reunião das dimensões da autorregulação

A verificação dos cinco critérios propostos por Bladwin, Cave e Lodge quanto às dimensões para uma boa regulação num contexto de autorregulação para a educação superior é útil no sentido de que as justificativas jurídicas para a sua implementação poderão ser entendidas como presentes e são conciliáveis com os estudos doutrinários acerca da utilização desse modelo regulatório. Entretanto, no desenho que se vislumbra com o presente estudo, a aplicação de um modelo simplesmente autorregulatório não seria suficiente para produzir as repostas aos anseios daqueles que pugnam por ela[229], para atender os referenciais constitucionais inerentes à atividade educacional em regime privado e nem mesmo para trazer mais eficiência na produção de educação supe-

[229] Nesta linha, Julia Black afirma que em um contexto de descentralização da regulação não haveria consenso sobre o uso da autorregulalção, senão vejamos: *"Analyses of the patterns of ordering and control in contemporary society mean that the state-centred conceptions of regulation will not suffice, and those that simply have an 'add-on' to allow for self-regulation are too limited, not least because there is no commonly accepted usage of self-regulation."* (BLACK, Julia. Critical Reflections on Regulation. *LSE Centre for the Analysis of Risk and Regulation Discussion Paper*, n. 4, p. 27, 2002).

rior com mais qualidade. Para tanto, o presente estudo, na linha do que Ogus[230] afirma que, a autorregulação combinada com um limitado nível de controle centralizado pode prever uma solução viável para problemas de falhas de mercado, aponta que um sistema composto por autorregulação, metarregulação e estudos sobre potenciais modificações no desenho normativo da regulação da educação superior no Brasil se fazem necessários para, diante do cenário regulatório encontrado e do potencial benefício percebido com a adoção de um novo modelo, verificar se a modificação do modelo atual, sua melhoria ou a adoção de opções regulatórias complementares às existentes, poderia ser útil para ajudar o país a desenvolver um modelo que trate a avaliação da educação superior com qualidade medida de forma mais substantiva, que promova os direitos sociais fundamentais nos limites da capacidade do Estado e dos ditames da Constituição Federal, que estimule agentes privados a colaborarem com mais efetividade ne persecução estatal do oferecimento de educação superior no atingimento das metas do PNE, que permitam essas entidades privadas atuarem com mais liberdade e incremento na sua responsabilidade pela promoção dos referenciais constitucionais para a educação superior.

3.4 Metarregulação

Um modelo de metarregulação para a educação superior pressupõe a atuação conjunta do Estado e das próprias entidades participantes do setor diretamente na regulação. Segundo Coglianese e Mendelson as definições de metarregulação variam, podendo ser conceituadas em formato mais abstrato como a interação entre a regulação governamental e a autorregulação. Há definições ainda mais abrangentes quando se referem as articulações de diferentes agentes reguladores em diferentes níveis regulatórios. Nesta mesma linha, Parker e Braithwaite conceituam a metarregulação institucional como a regulação de uma instituição por

[230] OGUS, Anthony. Rethinking Self-Regulation. *Oxford Journal of Legal Studies*, v. 15, n. 1, p. 13, 1995. Disponível em: <https://www.jstor.org/stable/764582>. Acesso em: 03 maio 2020. Texto original: *"My principal concern has been to correct the stereotyped image of self-regulation and to suggest ways in which it may be combined with a limited degree of centralized control to provide a viable solution to problems of market failure."*

outra.[231] As conceituações de metarregulação, em um formato geral, apresentam uma moldura em que cada camada regula a regulação de outras camadas, em diversas combinações horizontais e verticais. É neste último cenário que nos parece se encaixar uma proposta de metarregulação para a educação superior brasileira.

Como visto anteriormente, há justificativa plausível em relação a potencial qualidade de um modelo regulatório que utilize ferramentas da autorregulação para a sua implementação no setor da educação superior brasileira. Neste modelo em que o Estado retém para si parte da regulação, deixando que o setor privado busque eficiência alocativa no praticar de sua atividade, apontar quais são os pontos que não poderiam ser delegados ao particular é tarefa fundamental.

Nesta linha, é aberta a possibilidade de que o Estado, regulador da atividade educacional superior, identifique atuações passíveis de regulação e delegue para um agente autorregulador indicado para o setor, de forma que seriam propostas soluções regulatórias desenvolvidas por esse agente, atendendo o comando maior de regular do próprio Estado.[232]

Frente aos referenciais constitucionais para a atuação privada na educação superior, desregular não seria uma opção viável, eis que a verificação de qualidade por parte do poder público, a autorização e o atendimento às normas do setor são indispensáveis. Vale ainda ponderar que estamos tratando aqui de um direito fundamental social cuja prestação é obrigação do Estado, que se pode ver socorrido da iniciativa privada na compleição da sua obrigação constitucional. Nesta linha, pensar neste direito fundamental que não estaria inserido numa conotação de mínimo existencial[233], conforme entendido por Ingo W Sarlet, e

[231] Coglianese, Cary; Mendelson, Evan. Meta-Regulation and Self-Regulation. In: Baldwin, Robert; Cave, Martin; Lodge, Martin (Ed.). *The Oxford Handbook of Regulation.* Oxford: Oxford University Press, 2010. p. 3.

[232] Coglianese, Cary; Mendelson, Evan. Meta-Regulation and Self-Regulation. In: Baldwin, Robert; Cave, Martin; Lodge, Martin (Ed.). *The Oxford Handbook of Regulation.* Oxford: Oxford University Press, 2010. p. 6.

[233] "O mesmo vale para a invocação, como fundamento de um direito subjetivo, do direito e garantia do mínimo existencial, já que por mais alargada que possa via a ser sua compreensão, dificilmente compatível com a inclusão de um direito definitivo a uma vaga no ensino superior, pelo menos em se tomando como referencial os desenvolvimentos mais recentes em nível de direito comparado. (Sarlet, Ingo Wolfgang. *A eficácia dos direitos fundamentais*:

que deve ser oferecido dentro de um conceito de reserva do possível[234], tendo o Estado como condutor dos referenciais e fomentador da atividade, resguardando para si a parcela indelegável de suas obrigações, parece estar alinhado com os anseios de nosso Poder Constituinte.

Contudo, verificamos que existe uma flexibilização quando se trata de autorização de cursos, e que IES que tenham naturezas distintas como universidades e centros universitários poderão ter flexibilizada a necessidade de autorização pelo poder público, exceto em cursos de medicina, direito, enfermagem, psicologia e odontologia. Essas mesmas instituições poderão também expedir seus próprios diplomas sem a necessidade de certificação por outra entidade, cabendo ainda às universidades a certificação dos diplomas das faculdades que lhes submeterem.[235]

A atuação de criar níveis com diferentes atribuições regulatórias quando a regulação estatal em si é delegada, em função do reconhecimento de especialização técnica inerente aos requisitos institucionais para ser universidade ou centro universitário, já demonstra uma atuação metarreguladora no sentido de atribuir aos agentes regulados parte da regulação, o que é, por sua vez, supervisionado pelo regulador original [Estado] no momento do reconhecimento de cursos e recredenciamento institucional.

Podemos concluir também ao longo desse estudo que apesar de existir um modelo que meça qualidade dos cursos superiores de forma eficiente quando avalia insumos e predicados quantitativos, ele falha em medir qualidade em um sentido mais substantivo, deixando de verificar

uma teoria geral dos direitos fundamentais na perspectiva constitucional. 12. ed. rev., atual. e ampl. Porto Alegre: Livraria do Advogado, 2015. Posição 10845).

[234] "A reserva do possível constitui, em verdade (considerada toda a sua complexidade), espécie de limite jurídico e fático dos direitos fundamentais, mas também poderá atuar, em determinadas circunstâncias, como garantia dos direitos fundamentais, por exemplo, na hipótese de conflito de direitos, quando se cuidar da invocação – desde que observados os critérios da proporcionalidade e da garantia do mínimo existencial em relação a todos os direitos fundamentais – da indisponibilidade de recursos com o intuito de salvaguardar o núcleo essencial de outro direito fundamental." (SARLET, Ingo Wolfgang. *Os direitos sociais como direitos fundamentais*: contributo para um balanço aos vinte anos da Constituição Federal de 1988. 2008. Disponível em: <http://www.stf.jus.br/arquivo/cms/processoAudienciaPublicaSaude/anexo/artigo_Ingo_DF_sociais_PETROPOLIS_final_01_09_08.pdf>. Acesso em: 24 fev. 2021).

[235] Verificar o Decreto n.º 9.235, de 15 de dezembro de 2017.

casuisticamente o impacto da graduação e pós-graduação na vida do aluno, seja durante o ciclo de aprendizagem institucional, seja na vida de egresso. Há ainda assimetrias regulatórias nesse modelo que trata de forma igualitária agentes de mercado que possuem características muito distintas quanto a possibilidade de atender a regulação e desenvolver seus ideais de inovação, pesquisa e vocação, e acaba por tratar de forma assimétrica quando vemos que há indícios de tratamento desigual quando são as universidades públicas que estão em análise[236] ou mesmo entre as privadas quando olhamos para a capacidade de sinergia e operacionalidade dos GGE.

Assim, se a regulação setorial é extensa ao ponto de não permitir que o Estado na figura de agente regulador possa sozinho dar conta de equilibrar as assimetrias já apontadas até então, estando a educação brasileira distante dos objetivos estatais, seja em confronto as metas estabelecidas no PNE, seja quando comparado mediante avaliadores internacionais aos quais as mais diversas e renomadas instituições em contexto global se submetem, a atuação dos agentes regulados se faz essencial para colaborar com essa regulação.[237]

As reflexões apresentadas até então, nos remetem para o questionamento sobre os pontos dos quais o Estado, por diretiva constitucional, não pode deixar de atuar no que se relaciona com a regulação da educação superior. Entretanto, como visto na delegação em favor de universidades e centros universitários de autorização de cursos e registro de seus próprios diplomas, há possibilidade de flexibilização com base em predicados que indiquem essa possibilidade [atingimento dos requisitos

[236] *"Although private and federal public institutions are subject to periodic re-accreditation, through institutional reviews, 'de-accreditation' is rare for private institutions and effectively impossible for public institutions."* (OECD. Rethinking Quality Assurance for Higher Education in Brazil. *Reviews of National Policies for Education*, Paris, 2018. Disponível em: <https://doi.org/10.1787/9789264309050-en>. Acesso em: 07 jun. 2020).

[237] Neste sentido, ao destacar a autorregulação 'forçada' Ayres e Braithwaite delimitam a corregulação (sinônimo de metarregulação) e a participação dos grupos de interesse: *"Coregulation, as distinct from enforced self-regulation, is usually taken to mean industry-association self-regulation with some oversight and/or ratification by government (Grabosky and Braithwaite, 1986: 83). Ideally, in light of what we have discussed in Chapter 3, Coregulation should also involve participation by public interest groups."* (Ayres, Ian; Braithwaite, John. *Responsive Regulation*: Trancending the deregulation dabate. New York: Oxford University Press, 1992. p. 102).

para ser universidade ou centro universitário], o que lhe permite delegar essa atribuição a alguns desses entes regulados.

Não se diz aqui que essa delegação é feita sem que existam amarras e pontos de controle, pois no que se refere à autorização de cursos, o reconhecimento é o momento em que o Estado, regulador da atividade educacional, verifica se aquele curso autorizado no âmbito da autonomia institucional em sentido estrito atendeu aos requisitos mínimos propostos em seu programa. Há também medidas regulatórias, valendo destacar a recente nota técnica 13/2019 revisada em 2020, que apresenta os procedimentos para a implementação do diploma digital, trazendo um controle amplo para toda sociedade na adoção dessa nova modalidade de certificação, o que representa mais *accountability* para todo o processo.

Assim, quando olhamos para a moldura constitucional que delimita a atuação reguladora do Estado na educação juntamente com as permissões legais que atribuem aos entes regulados uma parcela de atuação regulatória, temos já presente em nosso sistema regulatório da educação superior a metarregulação, bastando que o próprio Estado e as IES promovam medidas que possibilitem o alargamento desse modelo em prol de uma melhor relação de custo-benefício, cabendo ao primeiro a motivação das empresas em se autorregularem[238], o que poderia restabelecer a equidade regulatória entre os variados modelos de IES, além de possibilitar que a qualidade seja percebida em um contexto substancial quando aquele que vai escolher em que IES estudar, poderá ter a real percepção frente aos seus próprios anseios e percepções.

O sistema atual regulatório para a educação superior, em aspectos gerais, assume uma postura limitadora da discricionariedade das entidades reguladas e atua de forma a deixá-las cada vez mais simétricas

[238] COGLIANESE, Cary; MENDELSON, Evan. Meta-Regulation and Self-Regulation. In: BALDWIN, Robert; CAVE, Martin; LODGE, Martin (Ed.). *The Oxford Handbook of Regulation*. Oxford: Oxford University Press, 2010. p. 12. Nesta mesma linha, Coglianes e Mendelson sustentam que: *"Meta-regulation needs a more precise understanding if any distinction between it and self-regulation is to be maintained. Our effort here to see meta-regulation as an explicit strategy recognises the important difference between inchoate actions or proposals that may have the by-product of motivating firms to self-regulate, and self-conscious efforts by governmental officials (or others) to induce firms to self-regulate. The latter is what counts as a meta-regulatory strategy."*

na busca pelo atendimento de indicadores quantitativos.[239] Isso pode ser espelhado no fato de que IESPr de GGE não figuram entre as mais bem avaliadas do mundo, nem tampouco figuram entre as IES que não atingem resultados não satisfatórios no modelo de aferição atualmente em vigor. Essa modelação tende a diminuir a inovação e conceder identidade às IES desses grupos em áreas que poderiam ser excelentes ou diferenciadas. Em um modelo de metarregulação, teríamos os agentes regulados com a capacidade de se organizarem e instituírem indicadores de qualidade que demonstrariam de forma mais substantiva os predicados institucionais que poderiam apontar a perspectiva de qualidade que alunos, professores, agentes privados atuando no setor ou junto ao setor, conselhos e órgãos de classes profissionais, poderiam de fato utilizar para perceber e alinhar a sua escolha educacional frente aos seus próprios objetivos pessoais, empresariais ou institucionais. Poderiam ainda ser estabelecidos indicadores que, para sua obtenção de forma satisfatória, deveriam as IES investir nesses aspectos substanciais da qualidade.

É nesta linha que também vem o Estado, na figura de seus representantes para o setor, se posicionando quando clama pela colaboração das IESPr na elaboração e propositura de opções regulatórias que permitam maior delegação sem que se tenha perda de qualidade[240], sobretudo

[239] *"Conventional forms of regulation are thought to greatly remove discretion from regulated targets, telling them exactly what they must do or achieve (Bardach and Kagan, 1982)."* Tradução livre: "As formas convencionais de regulação são tidas como grandes limitadoras da discricionariedade dos agentes regulados, dizendo a eles exatamente o que fazer ou alcançar." (Bardach e Kagan, 1982). Going by the Book: The Problem of Regulatory Unreasonableness, Philadelphia: Temple University Press. Citado em: COGLIANESE, Cary; MENDELSON, Evan. Meta-Regulation and Self-Regulation. In: BALDWIN, Robert; CAVE, Martin; LODGE, Martin (Ed.). *The Oxford Handbook of Regulation*. Oxford: Oxford University Press, 2010. p. 4-15.

[240] "Em setembro de 2019, o tema da autorregulação foi mencionado pelo ministro da Educação, Abraham Weintraub, durante o 21.º Fórum Nacional do Ensino Superior (FNESP). O ministro cobrou que as instituições privadas tragam ideias que possam ajudar a resolver os problemas do setor e que não esperem que todas elas sejam dadas pelo governo. Ele se referiu, principalmente, à flexibilização das regras de fiscalização e credenciamento para a abertura de novos cursos e faculdades privadas." Leia mais em: LEITÓLES, Fernanda. Autorregulação no ensino superior privado: MEC encomenda estudos da Unesco e da OCDE. *Gazeta do Povo*, 13 jan. 2020. Disponível em: <https://www.gazetadopovo.com.br/educacao/autorregulacao-ensino-superior-privado-mec-encomenda-estudos-unesco-ocde/>. Acesso em: 03 jan. 2021. "Isso não quer dizer que o ministério deixaria de atuar nas instituições",

quando cobra propostas que flexibilizem as regras de credenciamento e fiscalização de novos cursos e faculdades privadas. Esperamos ao longo desse estudo poder contribuir com algumas dessas sugestões.

prevê. "Muito pelo contrário, se poderia centrar mais naquelas que têm mais problemas e menor qualidade. Se a instituição tem mais qualidade e cumpre todos os pré-requisitos, seja ela universidade, faculdade ou centro universitário, terá uma nota entre 4 e 5 (sendo 5 a nota máxima), e precisaria de menor intervenção. Sobraria tempo, esforços e recursos para dar mais atenção às instituições de nota 3." Leia mais em: MINISTÉRIO DA EDUCAÇÃO (MEC). *Redução de burocracia garante melhor andamento de processos.* Disponível em: <http://portal.mec.gov.br/component/tags/tag/51691>. Acesso em: 07 jan. 2021. "Há uma estreita relação entre autoavaliação, autorregulação e acreditação. No Brasil, como vamos consolidar esses vínculos? Espera-se que o Estado, representado pelo MEC, mantenha seu papel de supervisionar e orientar o sistema de ensino superior, por ser o ente responsável pela "coisa pública". O Estado não pode se furtar do seu papel de organizar o sistema, conforme os interesses públicos." Leia mais em: Reis, Fábio. Autorregulação no ensino superior. *SEMESP*, 18 nov. 2019. Disponível em: <https://www.semesp.org.br/assessoria-educacional/noticias/autorregulacao-do-ensino-superior/>. Acesso em: 07 jan. 2021.

4. Aplicações de Autorregulação e Metarregulação – Propostas de como Cada Modelo pode Contribuir para a Regulação da Educação Superior

Ao longo de todo o estudo foi possível verificar que a autorregulação e metarregulação são modalidades regulatórias que, a despeito de todos os debates atualmente em voga no país, já vêm sedo utilizados em alguma medida na educação superior. Esses exemplos são mais amplamente verificados quando percebemos a concessão de maior autonomia universitária em sentido estrito para que IES possam autorizar cursos, expedir diplomas, criar processos de verificação de qualidade que sejam somados aos conceitos institucionais quando das avaliações realizadas pelo MEC e suas agências, enfim, as medidas vêm sendo colocadas em prática ao longo do tempo, sem, contudo, que se tenha a aparência de um planejamento modelar como um todo. Vê-se a vontade de delegar, de premiar os bons resultados e de tolher quando esses não são os desejáveis. Percebe-se também o anseio nacional e institucional por obter melhores resultados na educação superior, pelo crescimento da renda populacional e empregabilidade, por melhor qualificação educacional frente aos demais sistemas educacionais no mundo, pelo atingimento das metas do PNE.

Para o estabelecimento da autorregulação e metarregulação de forma sistematizada, precisaríamos primeiramente ressaltar os princípios que delimitariam essa moldura, e fazer uma releitura desses princípios frente as nossas diretivas constitucionais e legais de forma a compatibilizá-los com os objetivos perseguidos que seriam o de obter mais qualidade na educação, essa medida pelo seu impacto na vida dos alunos, instituições, e da sociedade como um todo. Esses deverão ser aspectos qualitativos decorrentes da educação, e as instituições precisarão medir e avaliar sua implementação de uma forma perceptível e acessível à sociedade.[241]

Foi nessa linha que a ABMES publicou[242] 10 premissas para que se possa adotar um sistema de autorregulação para educação superior, o que já denota o anseio das entidades que representam agentes regulados em aplicar um modelo de forma sistematizada e previsível, trazendo segurança jurídica para o setor regulado. Dentre as premissas, algumas ideias encontram amparo neste estudo, sendo incorporadas as sugestões de aplicação para a melhoria da regulação setorial e segurança jurídica em favor das IESPr que atuam neste setor. Como vimos, o setor educacional brasileiro reúne algumas das maiores instituições educacionais do mundo, o que também denota a importância de segurança jurídica e previsibilidade para que se tenha o devido investimento. Há ainda a questão relacionada à assimetria na possibilidade de atendimento da regulação o que coloca os GGE e demais instituições privadas em desequilíbrio.

Não somente a ABMES, mas também outras entidades do setor vêm se manifestando em favor do estabelecimento de um modelo regulatório com base em autorregulação e metarregulação, chamando a atenção para os cuidados necessários com a implementação de um "novo modelo"[243] num setor onde se espera estabilidade. Foi nesta linha que

[241] É também com base nessas percepções que foram estabelecidas as Diretrizes para Garantia de Qualidade no Ensino Superior Europeu quando dispõe que: *"The role of quality assurance is crucial in supporting higher education systems and institutions in responding to these changes while ensuring the qualifications achieved by students and their experience of higher education remain at the forefront of institutional missions."* (STANDARDS and Guidelines for Quality Assurance in the European Higher Education Area (ESG). Brussels, Belgium, 2015. p. 2).

[242] Publicado em ASSOCIAÇÃO BRASILEIRA DE MANTENEDORAS DE ENSINO SUPERIOR (ABMES). Premissas para autorregulação da educação superior. *Estadão*, 13 fev. 2020. Disponível em: <https://www.abmes.org.br/noticias/detalhe/3636/premissas-para-autorregulacao-da-educacao-superior>. Acesso em: 27 jun. 2020.

[243] Coloca-se novo modelo entre aspas porque na verdade, como apresentado ao longo do estudo, a autorregulação e metarregulação já vem sendo utilizadas em certa medida pelo estado neste setor.

Bachur alertou que se deve substituir a rotina regulatória por uma nova inteligência regulatória, com a divisão de trabalho entre o MEC e o setor privado[244], o que demonstra a preocupação do setor em estabelecer parâmetros que sejam objeto de consenso com os agentes regulados.

Fábio Reis, em representação ao SEMESP, também apresentou preocupação com o estabelecimento de um novo modelo regulatório baseado em autorregulação e metarregulação[245] sem que tenham as devidas reflexões de debates sobre o tema, de forma a trazer maior participação para o seu estabelecimento.

Mesmo o MEC se manifestou[246] sobre a necessidade de aplicar menos regulação estatal e dividir com o setor regulado as responsabilidades inerentes a obtenção de resultados qualitativos frente aos objetivos nacionais para a educação superior.

[244] Bachur, João Paulo. Regulação e autorregulação da educação superior: desafios e perspectivas. *2 em 1 Consultoria*, 28 fev. 2019. Entrevista concedida a Poliana Nascimento. Disponível em: <https://www.2em1consultoria.com.br/regulacao-e-autorregulacao-da-educacao-superior-desafios-e-perspectivas/>. Acesso em: 03 jan. 2021. "O importante é substituir a rotina regulatória por uma nova inteligência regulatória, encontrando alguma divisão de trabalho entre o MEC e o setor privado, em linha com o que a doutrina constitucional alemã designa por "autorregulação regulada", na célebre formulação de Hoffmann-Riem, jurista e ex-ministro da suprema corte alemã: uma mudança no papel do Estado dinamizada pela participação do setor privado."

[245] Reis, Fábio. Autorregulação no ensino superior. *SEMESP*, 18 nov. 2019. Disponível em: <https://www.semesp.org.br/assessoria-educacional/noticias/autorregulacao-do-ensino-superior/>. Acesso em: 07 jan. 2021. "Espero que os "tomadores de decisão", as "associações e pessoas influentes" e os formuladores de políticas não caiam no encanto de aprovar mudanças de forma rápida, causando impactos que não foram previstos. Insisto na reflexão objetiva e assertiva, no diálogo e na busca das melhores referências internacionais de autorregulação."

[246] Publicação no portal do MEC sobre implementação de autorregulação para a educação superior (MINISTÉRIO DA EDUCAÇÃO (MEC). *Redução de burocracia garante melhor andamento de processos.* Disponível em: <http://portal.mec.gov.br/component/tags/tag/51691>. Acesso em: 08 jan. 2021). "Segundo esse raciocínio, a implantação de mecanismos com vistas à qualidade dos serviços prestados seria, a longo prazo, um indicativo de uma necessidade menor de regulação pelo Estado. "A regulação da educação deve ter por objetivo a elevação da qualidade dos cursos. Isso não pode ser confundido com uma regulação econômica", ressalta Marco Antonio. "A autorregulação regulada e a desburocratização seriam a abertura de um novo espaço de discussão para uma regulação mais eficiente e compartilhada, à semelhança das boas práticas já adotadas em outros países."

É nesse contexto que são apresentadas sugestões para a implementação de medidas regulatórias alinhadas com a literatura sobre autorregulação e metarregulação observadas neste estudo.

4.1 Manutenção das prerrogativas constitucionais e legais atribuídas ao poder público

O estabelecimento de um regime com a adoção de modelos regulatórios que utilizem a autorregulação e metarregulação como premissas pressupõe uma atuação do MEC, na qualidade de regulador atual de todo setor e representante da União frente ao sistema federal de ensino, com poderes de controle e *enforcement* exercidos de forma residual, na linha do que Ogus defende.[247] Dentre as atribuições constitucionais de Estado para a educação superior e os princípios legais constantes da Lei de diretrizes e bases da educação, identificar os pontos que devem, de forma mandatória, constar dessa atuação residual é fundamental para a validade do sistema que se pretende propor.

Na medida em que o Estado deve medir qualidade e autorizar cursos, enquanto os agentes privados que atuam no setor devem observar as normas que delimitam a sua atuação, entender o que pode ser delegado e a forma de controle da delegação são ações necessárias para implementação desse sistema.

Há ainda a obrigatoriedade de elaboração do PNE como atribuição da União, juntamente a colaboração entre estados, o distrito federal e os municípios neste objetivo, entretanto, vimos que além do PNE não ser inteiramente atingível frente aos resultados nacionais em relação à educação superior, ele não necessariamente demonstra buscar a prestação de educação superior com qualidade substantiva. Ele segue ainda sendo uma lei formal, sem que se tenha o devido cumprimento de suas metas, bem como sejam aplicadas penalidades em decorrência do seu não atingimento. Mais ainda, ele deveria refletir uma política estatal que vinculasse o poder executivo a sua compleição, o que não se vê ocorrendo em nosso país. O direcionamento de recursos nas políticas públicas muda de acordo com a vontade do poder executivo em exercício, reve-

[247] Ogus, Anthony. Rethinking Self-Regulation. *Oxford Journal of Legal Studies*, v. 15, n. 1, p. 7, 1995. Disponível em: <https://www.jstor.org/stable/764582>. Acesso em: 03 maio 2020.

lando uma política de governo, ao invés de política estatal com finalidade de atingimento de resultados em logo prazo.

Capelato e Covac afirmam que a troca de ministros, secretários, diretores, coordenadores e demais membros na atuação regulatória do MEC prejudica a formação de políticas públicas de longo prazo, o que além de trazer insegurança jurídica no planejamento institucional, afasta o Estado do cumprimento das metas do PNE.[248]

Como o PNE não é alcançado em relação as metas para a educação superior em sua maior parte, e as consequências são apenas formais e reputacionais no sentido de comparação com outras economias mundiais e com os objetivos constantes do plano, o Estado precisa de um ferramental jurídico e operacional maior, e ampliar sua capacidade de empregar recursos na elaboração do que se pretende atingir nos próximos 10 anos, de forma a possibilitar a busca por qualidade da educação superior brasileira de forma mais substantiva e de fixar objetivos que de fato denotem uma melhoria de seus indicadores. É nesta linha que atribuir parte dos ônus de se medir qualidade e de atuar nesse setor poderia ser direcionado aos agentes privados, o que em última análise produziria uma relação de melhor custo-benefício para o Estado, eis que as próprias IESPr deveriam arcar com os custos dessa regulação.[249]

[248] "Um dos fatores identificados como obstáculo na expansão do Ensino Superior é o excesso de burocracia estatal. Porém, outro fator crítico é a troca constante de ministros, secretários, diretores, coordenadores e das funções organizacionais do Ministério da educação, prejudicando a formação de políticas públicas de longo prazo que permitam maior segurança e planejamento para todos os agentes envolvidos, inclusive no cumprimento do PNE." (Capelato, Rodrigo; Covac, José Roberto. Os desafios para o cumprimento das metas do Plano Nacional da Educação. In: Capelato, Rodrigo; Covac, José Roberto; Capelato, Rodrigo; Simões, Priscila; Reis, Fábio. *Novos desafios no ensino superior*. Brasília, DF: Ensinamentos, 2013. p. 25).

[249] Neste sentido, maior parte dos recursos destinado à educação poderiam ser utilizados em níveis cuja percepção social de prestação desse direito fundamenta à educação poderia ser mais bem percebido e estar alinhado com as referências constitucionais que apontam para sua prestação nos níveis básicos e fundamentais como àquelas que estariam na parcela de mínimo existencial. *"From a cost–benefit perspective, for instance, ideal regulation maximizes net social benefits. But ideal is a high standard, and regulation is defensible – because socially useful – where it creates net benefits. Just as markets need not be perfectly competitive to be attractively competitive, so too regulation need not perfectly balance marginal costs and marginal benefits in order to improve social welfare."* (Croley, Steven P. Beyond capture: towards a new theory of regulation. In: Levi-Faur, David. *Handbook on the Politics of Regulation*. Cheltenham, UK: Edward Elgar Publishing, 2011. p. 60).

Assim, para não estar renunciando à sua obrigação constitucional de medir qualidade das IESPr que atuam em livre iniciativa, deverá o Estado, através de seu agente regulador [MEC], resguardar pontos de controle e *enforcement* que lhe permitam satisfazer essa obrigação.

No modelo atualmente em utilização, em que já se delega às IES que possuem natureza de universidades e centros universitários a autorização para abertura de cursos, a resposta resta nas inspeções de reconhecimento desses cursos. O Estado, sabedor e conhecedor dos predicados indicados pelas avaliações institucionais, permite que com base na natureza dessas IES, que elas possam autorizar seus próprios cursos, tendo assim cumprido o mandamento constitucional em duas dimensões: i) quando reconhece a capacidade para ser universidade ou centro universitário, o que é um indicativo de qualidade frente ao modelo atual; ii) quando inspeciona *in loco* as IES para reconhecimento dos seus cursos.

Vale aqui uma ressalva introduzida pela Portaria n.º 279, de 29 de setembro de 2020, quando instituiu o reconhecimento tácito dos cursos, pois verificando o MEC a sua própria impossibilidade para, em contexto de pandemia, dar conta das verificações necessárias sob sua responsabilidade, sobretudo, aprovando de forma tácita os prazos cuja ausência de manifestação conclusiva do órgão ou da entidade acerca do deferimento do ato público de liberação requerido, depois de transcorridos os prazos estabelecidos na Portaria. Citamos também a Portaria n.º 796, de 2 de outubro de 2020 que demonstra a dificuldade do próprio Estado em dar conta de todos os ônus regulatórios para atuar em todas as esferas da verificação de qualidade.[250]

Contudo, um modelo de autorregulação para medição de qualidade propriamente dita não seria suficiente, se não coubesse de forma residual ao próprio Estado uma verificação dessa qualidade. Atender às necessidades do Estado para que possa verificar qualidade de forma mais eficiente e atender aos anseios das IESPr que clamam por indicadores que não lhes tolham a capacidade de inovação, investimento e autonomia para aplicação no que entendem e percebem por qualidade, requer a divisão dessas atribuições entre todos esses entes, o que poderá

[250] A Portaria n.º 796, de 2 de outubro de 2020 sobrestou a análise dos processos de reconhecimento de cursos e recredenciamento de instituições, atribuindo à elas a característica de como se reconhecidos ou recredenciados já estivessem.

ser obtido com a criação de entidades privadas com a finalidade de verificação de qualidade, que por sua vez deverá ser delimitada por indicadores que reflitam uma percepção substantiva desse predicado. Essa percepção, para que tenha possibilidades de atingir de maneira mais próxima o que se entende por qualidade substantiva deverá estar alinhada às percepções do Estado, dos agentes regulados, dos alunos, das entidades representativas do setor, das questões regionais e da comunidade internacional.[251]

Flexibilizar a autorização de cursos e vagas mediante a verificação de qualidade realizada por entidades autorreguladoras para a educação superior, parece estar alinhado com os anseios do setor bem como com a possibilidade de obtenção dos resultados de qualidade e ampliação educacional perseguidos por todos os agentes nele inseridos.

A chave para a natureza da verificação de qualidade de forma substantiva parece estar próxima da utilização de formas de criação de indicadores com a participação das diversas partes envolvidas no setor regulado. Essa participação apresenta ainda a possibilidade de uma pluralidade de indicadores alinhados com as diversas percepções, o que poderia resultar, em última análise, a uma pluralidade de agentes verificadores de qualidade sob o julgo da atuação residual do MEC e suas agências.

Esses indicadores provenientes do consenso entre todo o setor regulado poderiam servir para fornecer uma percepção mais substantiva de qualidade das IESPr, o que poderia justificar um deslocamento da autonomia em sentido estrito das IES que tem natureza de universidades e centros universitários para IESPr que obtivessem resultados satisfatórios auferidos nesse novo contexto de medição de qualidade, ampliado assim a possibilidade para que fossem autorizados novos cursos.

O MEC por sua vez, poderia atuar também na aprovação do regime regulatório para medição de qualidade das entidades privadas criadas com objetivo de medir qualidade, o que constituiria um segundo

[251] "Como sugere Theodoulou, a percepção do processo, contextualização e estrutura da política regulatória escolhida deve refletir a acomodação entre os interessados na política. A decisão pela escolha regulatória deverá ser tomada e as diferenças entre os interessados deverão ser resolvidas pelas autoridades com legitimidade em um processo de acomodação, negociação e compromisso." (THEODOULOU, Stella Z. How Public Policy is Made. In: CAHN, Matthew A.; THEODOULOU, Stella Z. (Ed.). *Public Policy*: The Essential Readings. New Jersey: Prentice Hall, 1995. p. 96).

nível de regulação, e fortaleceria a atuação metarreguladora residual do poder público.

O poder público manteria a responsabilidade pelo credenciamento e descredenciamento de instituições, entretanto, tendo as entidades privadas de autorregulação realizando os processos de verificação de condições mínimas *in loco*, manteria também para si a autorização de cursos considerados estratégicos para o país e o reconhecimento dos demais cursos. Esse últimos, tendo as visitas *in loco* e a avaliação de atendimento realizadas também pelas entidades privadas de autorregulação.

Agindo assim, restariam atendidos os comandos constitucionais para que o Estado desempenhe sua função de medir qualidade e atue na autorização, privilegiando uma medição substancial de qualidade, a autonomia universitária em sentido estrito e a livre inciativa para que IESPr atuem nesse setor em sintonia com os interesses e objetivos do poder público.

4.2 Criação de Entidades Certificadoras da Qualidade da Educação Superior (ECQES)

A ideia da atribuição da regulação às entidades privadas com algum grau de revisão residual por parte do MEC e suas agências passa necessariamente pela criação de entidades com essa finalidade em especial. As Entidades Certificadoras da Qualidade da Educação Superior (ECQES) ou como o setor tem nomeado, as entidades privadas certificadoras de qualidade, deverão ser criadas pelo próprio setor privado.[252]

[252] Apesar do direcionamento desse estudo para uma moldura regulatória que incluam mecanismos de metarregulação, vale mencionar a conceituação de Ayres e Braithwaite quanto a um modelo de autorregulação forçada. Este modelo se destaca pela não participação pública em sua confecção, isto é, a administração pública 'encomenda' a regulação do setor privado e em seguida da eficácia pública a essa regulação. Diferente da autorregulação forçada, a metarregulação pressupõe a participação pública na elaboração da regulação, o que, em se tratando de direitos fundamentais, traria maior legitimidade para o processo. *"This individual-firm, as opposed to industry-association, self-regulation is 'enforced' in two senses. First, the firm is required by the state to do the self-regulation. Second, the privately written rules can be publicly enforced. Enforced self-regulation is, therefore, a more radically innovative proposal than coregulation (discussed in the following section), although the two are functionally equivalent in the pyramid analysis of Chapter 2 as intermediate strategies."* E *"we analyze enforced self-regulation as a form of subcontracting regulatory functions to private actors.3 In particular, enforced self-regulation envisions that in particular contexts it will be more efficacious for the regulated firms to take on some or all of the*

A criação dessas entidades agências combinadas com algum grau de limitação externa tem o potencial de produzir resultados com melhores relações de custo-benefício nos limites apresentados nesse estudo, possibilitando que assimetrias regulatórias decorrentes da regulação atual possam ser atenuadas, e dependendo da sua implementação e manutenção, tendam até mesmo a produzir os resultados que se espera para a educação superior brasileira.

Essas entidades, de forma a promover sua finalidade de verificação de qualidade da educação superior em apoio ao MEC, metarregulador da atividade, poderiam ser constituídas como associações sem finalidade econômica para a educação superior, mantendo entre o seu objeto principal e natural, a promoção, pesquisa, verificação, certificação e divulgação da qualidade nas mais diferentes dimensões que possam ser percebidas. A natureza jurídica dessas instituições, como associações sem finalidade econômica, apoiaria a ideia de que elas poderiam alcançar a representatividade necessária para demonstrar uma boa medida regulatória em uma dimensão de *accountability* por exemplo.

A escolha por uma entidade certificadora da qualidade da educação superior estaria ainda justificada no âmbito das três dimensões do direito administrativo defendidas por Eduardo Jordão, na medida em que para tanto, estivessem em acordo com seus requisitos de defesa, sendo eles a promoção dos direitos fundamentais sociais (garantia de qualidade da educação superior); legitimação, sendo implementado via participação pública; ter devidamente resguardada sua transparência de atuação, o que estaria alinhado as condições de compliance; e, por fim, colaborar com o Estado que se encontra sobrecarregado e incapaz da dar respostas às necessidades públicas e privadas nas consecução desse direito.[253]

Justificativas jurídicas já foram apresentadas no sentido que há compatibilidade dessas entidades com o sistema legal vigente. As justifica-

legislative, executive, and judicial regulatory functions." (Ayres, Ian; Braithwaite, John. *Responsive Regulation*: Trancending the deregulation dabate. New York: Oxford University Press, 1992. p. 101 e 103).

253 Jordão, Eduado. The three dimensions of administrative law. *A&C – Revista de Direito Administrativo & Constitucional*, Belo Horizonte, v. 19, n. 75, p. 21-38, jan./mar. 2019.

tivas atreladas ao interesse público, na linha do que Ogus[254] sustenta, também parecem estar presentes. A atividade está sob as consequências de falhas regulatórias que não permitem que os resultados almejados sejam atingidos, essas causadas por assimetrias informacionais inerentes a percepção que se tem de qualidade e do desenho normativo do momento regulatório atual; Os instrumentos legais que regem a regulação da educação superior são demasiadamente onerosos e causam desequilíbrio no setor regulado; a autorregulação parece ser uma resposta melhor, no sentido relacional entre custo e benefício do que a regulação convencional exercida pelo poder público.[255]

De que forma se apresentariam as vantagens de se ter ECQES em nosso sistema regulatório se relacionadas com a regulação já exercida? Vimos que do ponto de vista dos critérios para se considerar um bom modelo regulatório apresentado por Bladwin, Cave e Lodge[256], há justificativas para que se adote esse modelo. Como ECQES teriam maior grau de *expertise* e tecnicidade em relação a educação superior, estando mais próximas da realidade de atuação dos agentes regulados e dos usuários do setor, os custos de informação para a formulação de parâmetros e sua interpretação seriam menores. Pelos mesmos motivos, os custos de monitoramento e o *enforcement* seriam reduzidos, como também os custos para atendimento da regulação. Como a adesão se dará voluntariamente às entidades certifcadoras que possuam indicadores que sejam mais alinhados com os objetivos educacionais das IESPr, haverá economias que seriam atribuíveis aos atrasos inerentes ao modelo regu-

[254] OGUS, Anthony. Rethinking Self-Regulation. *Oxford Journal of Legal Studies*, v. 15, n. 1, p. 2, 1995. Disponível em: <https://www.jstor.org/stable/764582>. Acesso em: 03 maio 2020.

[255] "Nesse contexto, o Modelo Regulatório Híbrido da ES Privada proposto incorpora novos elementos, ou melhor, uma nova concepção de regulação focada nos atributos e características dos atores privados e considerando, ainda, as demandas regionais de ES, a visão dos alunos enquanto consumidores e os recursos financeiros, sempre, escassos e o reconhecimento da existência de um mercado de prestação de serviços educacionais de nível superior pujante e com perspectivas de continuidade de crescimento, em que pese o ponto de inflexão representando pelas recentes alterações no Programa de Financiamento Estudantil." (CORRÊA, Eneida Cardoso de Britto. *Modelo regulatório híbrido da educação superior privada*: possibilidades, limites e desafio. 2015. Dissertação (Mestrado) – FGV/EBAPE, Rio de Janeiro, 2015. p. 98).

[256] BALDWIN, Robert; CAVE, Martin; LODGE, Martin. *Understanding Regulation*: Theory, Strategy, and Practice. 2. ed. Oxford: Oxford University Press, 2012. Cap. 3.

latório tradicional, como por exemplo a autorização tácita pelo poder público de determinados atos regulatórios quando não é capaz de produzir respostas em período minimamente razoável. Por fim, como os custos do sistema são normalmente internalizados pelas agentes regulados, não seriam os contribuintes os pagadores por todos os ônus relacionados à regulação[257], o que em última análise, traria ainda maior justificativa para a dimensão da efetividade.

Há, entretanto, a questão relacionada à dificuldade de regimes autorregulatórios em obrigar seus membros a cumprirem suas regras e parâmetros, o que poderia ser atenuado com a manutenção de pontos residuais da regulação com o MEC como visto anteriormente. Outro ponto de fricção a ser sanado seria em relação a possibilidade de criação de barreiras de entrada no mercado de novos agentes, mas esse ponto caberia ao MEC e suas agências, na medida em que também seria mantido com eles o credenciamento institucional.

Vale lembrar que apesar da criação das ECQES caberá ao MEC os poderes principais de comando e controle através de sua atuação residual.

Para trazer segurança jurídica e institucional necessários para a criação de um sistema de autorregulação para a educação superior privada brasileira, são propostas ainda cinco dimensões que prescindirão de atuação específica, cujos resultados e indicadores deverão ser objeto de verificação pelo poder público, de forma a possibilitar a atuação desses agentes no setor, o que resultaria em um processo de credenciamento desses agentes perante o MEC, sendo eles:

[257] Ogus, Anthony. Rethinking Self-Regulation. *Oxford Journal of Legal Studies*, v. 15, n. 1, p. 3, 1995. Disponível em: <https://www.jstor.org/stable/764582>. Acesso em: 03 maio 2020. A base de comparação com o nosso setor teve sua origem no texto bibliográfico citado, no seguinte fragmento: *"First, since self-regulatory agencies (hereafter SRAs) can normally command a greater degree of expertise and technical knowledge of practices and innovatory possibilities within the relevant area than independent agencies, information costs for the formulation and interpretation of standards are lower. Secondly, for the same reasons, monitoring and enforcement costs are also reduced, as are the costs to practitioners of dealing with regulators, given that such interaction is likely to be fostered by mutual trust. Thirdly, the extent that the processes of, and rules issued by, SRA than those of public regulatory regimes, there are savings in t those attributable to delay) of amending standards. Fourthly costs of the regime are normally internalized in the trade subject to regulation; in the case of independent, public a typically borne by taxpayers."*

4.2.1 Código de condutas para aplicação do *compliance*

As ECQES, apesar de entidades privadas, atuarão em uma atividade de interesse púbico, por delegação para contribuir com a regulação do setor. Desta forma, essas entidades deverão atuar com princípios semelhantes ao próprio poder público no que se refere a ética, transparência, medidas anticorrupção, defesa da concorrência, meio ambiente, direitos humanos, acessibilidade entre outras, esses mais bem representados nos princípios da legalidade, impessoalidade, moralidade, publicidade e eficiência constantes no artigo 37 da CRFB, e balizadores de uma perspectiva reputacional.[258]

Adentrar na conceituação desses princípios neste estudo não se faz necessário na medida em que eles já são amplamente tratados em nossa literatura, somente precisarão ser lidos em sinergia com a sua instituição em face de instituições privadas no âmbito regulatório em análise. A expressão dos seus valores estará representada na elaboração do código de *compliance*[259] de cada uma das instituições que pretenderem atuar como ECQES. Seria algo como a autorregulação do autorregulador, que por sua vez deveria ser aprovado pelo metarregulador residual [o Estado].

A aferição de qualidade realizada pela entidade poderia ser feita como sugerido por Black quando afirma que o ponto estaria em existir uma comunicação contínua entre o regulador e o regulado assim como com o aplicador das regras. Da mesma forma, poderia se assemelhar ao modelo de autorregulação forçada de Ayres e Braithwaite's em que as

[258] Neste sentido, Candeloro, Rizo e Pinho conceituam o *compliance* como "uma ferramenta que as instituições utilizam para nortear a condução dos próprios negócios, proteger os interesses dos seus clientes e salvaguardar o seu bem mais precioso: a reputação." (CANDELORO, Ana Paula P.; DE RIZZO, Maria Balbina Martins; PINHO, Vinicius. *Compliance 360.º*: riscos, estratégias, conflitos e vaidades no mundo corporativo. São Paulo: Trevisan Editora Universitária, 2012. p. 30).

[259] Silva e Covac analisando diversos conceitos de *compliance*, chegam à conclusão de que "ele pode ser compreendido como um conjunto de disciplinas e procedimentos destinados a fazer cumprir as normas legais e regulamentares, bem como as políticas e as diretrizes institucionais, além de detectar, evitar, e tratar qualquer desvio ou inconformidade que possa ocorrer dentro da organização." (SILVA, Daniel Cavalcanti; COVAC, José Roberto. *Compliance como boa prática de gestão de ensino superior privado*. São Paulo: Saraiva, 2015. p. 3. e SILVA, Daniel Cavalcanti; COVAC, José Roberto. *Programa de integridade no setor educacional*: manual de compliance. São Paulo: Editora de Cultura, 2019. p. 19).

empresas individuais formulam suas próprias regras sob a supervisão de um órgão regulador. As entidades certificadoras teriam o MEC como o supervisor das regras para verificação de qualidade das IES.[260]

Elas [ECQES] deverão estar alinhadas com os princípios e valores anunciados, todavia, tais princípios não deverão servir apenas de amarras, mas de orientadores de sua atividade revisora do setor regulado, desta forma, quando se pensa no risco de que agentes privados atuando como autorreguladores de determinado setor, atuem de forma a privilegiar determinado grupo, a pluralidade de agentes autorreguladores e a inclusão de práticas anticompetitivas estaria alinhado aos princípios que seriam delimitados pelo *compliance*.[261]

A adoção de medidas de *compliance* seria capaz também de mitigar potenciais agentes privados que não estivessem intencionados a seguir de fato as diretivas regulatórias das entidades certificadoras privadas, isso apesar de termos a percepção de que os agentes regulados desse setor, em sua grande maioria, estariam sempre motivados pelo atendimento do novo modelo em detrimento do *status quo* que lhe imprime uma maior carga regulatória e uma pior relação de custo-benefício.

A aplicação do *compliance* deverá possibilitar e estimular a atuação no setor pautada pela noção de liberdade com responsabilidade, das boas práticas de mercado e da legislação educacional, inclusive com a valorização da liberdade de utilização de métodos inovadores de ensino e aprendizagem, sempre com objetivo principal de garantir a qualidade do ensino superior e os seus diferentes acessos.[262]

[260] Black, Julia. *Rules and Regulators.* Oxford: Clarendon Press, 1997. p. 40; e Ayres, Ian; Braithwaite, John. *Responsive Regulation*: Trancending the deregulation dabate. New York: Oxford University Press, 1992. p. 101.

[261] É nesta linha, inclusive, que aponta a Diretrizes para Garantia de Qualidade no Ensino Superior Europeu: *"The EHEA is characterised by its diversity of political systems, higher education systems, socio-cultural and educational traditions, languages, aspirations and expectations. This makes a single monolithic approach to quality and quality assurance in higher education inappropriate. Broad acceptance of all standards is a precondition for creating common understanding of quality assurance in Europe. For these reasons, the ESG need to be at a reasonably generic level in order to ensure that they are applicable to all forms of provision."* (STANDARDS and Guidelines for Quality Assurance in the European Higher Education Area (ESG). Brussels, Belgium, 2015. p. 8).

[262] Conforme posicionamento de Celso Nisker em artigo publicado em ASSOCIAÇÃO BRASILEIRA DE MANTENEDORAS DE ENSINO SUPERIOR (ABMES). Premissas para autorregulação da educação superior. *Estadão,* 13 fev. 2020. Disponível em: <https://www.

Baldwin, Cave e Lodge[263] apontam que adotar medidas de *compliance* seria custoso para os agentes privados que cogitassem a adesão a esse regime, assim, forças externas seriam necessárias para incentivar a adoção desse controle voluntário. Os benefícios da adesão a uma ECQES deverão ser percebidos pelos agentes regulados na dimensão da autonomia, da qualidade substancial e da identidade institucional que seriam estimulados e preservados.

Um futuro instrumento delimitador do *compliance* das ECQES deverá trazer uma moldura que dê austeridade ao setor, que deverá ser apresentada com a mais absoluta transparência, e que, por fim, estará permanentemente sob os olhares do poder público e de todos os participantes do setor regulado, em última análise, toda a sociedade.

4.2.2 Agentes privados deverão ser estimulados a aderirem a uma das ECQES

Para que as ECQES obtenham a relevância necessária para colaborar em prol de uma avaliação mais substantiva da qualidade da educação superior, bem como para mitigar a infinidade de atos regulatórios que, além de estabelecer um elevado ônus para seu atendimento quando colocam IESPr em situação desigual frente a regulação setorial, elas deverão ser capazes de atrair IESPr para sua estrutura regulatória. Isso ocorre porque, apesar da possibilitação de sua atuação na estrutura regulatória nacional, a adesão das IES deverá se dar de forma voluntária.

Agentes privados deverão se sentir estimulados a autoimposição das regras e parâmetros que foram estabelecidos pelas ECQES, e para tanto, essas terão que desenvolver indicadores de qualidade que sejam capazes de, ao mesmo tempo que verificam os insumos delimitados como mínimos pelo MEC e suas agências, sejam também proficientes para produzir indicadores que reflitam o centro da qualidade que os consumidores dos serviços das IESPr percebam como relevantes para suas vidas e objetivos.

Como pessoas e instituições possuem percepções diferentes de qualidade e buscam objetivos variados, haverá estímulo à criação de

abmes.org.br/noticias/detalhe/3636/ premissas-para-autorregulacao-da-educacao-superior>. Acesso em: 08 jan. 2021.

263 BALDWIN, Robert. Why rules don't work. *The Modern Law Review*, v. 53, n. 3, p. 322, 1990.

ECQES que possuam também percepções diferentes sobre qualidade e que demonstrem esses resultados de forma a estabelecer sua reputação frente ao setor regulado. A reputação de cada ECQES produzirá nas IESPr e nos consumidores do setor a necessidade de aderir às condições regulatórias daquela entidade, podendo inclusive estimular que IESPr venham aderir a entidades diferentes e possam assim associar a sua qualidade com diferentes percepções.

A certificação de cada uma dessas ECQES poderá servir como um selo que atribuiu qualidade, essa percebida pelos consumidores do setor como indicador para suas escolhas quanto a opção sobre em que IES deverá estudar, ou de que IES deverá contratar seus egressos. Esse fato estimulará a transparência das ECQES, que por sua vez, deverão investir e aprimorar seus sistemas de certificação para levar ao público os predicados que lhe credenciam quanto a reputação que deseja refletir.

4.2.3 Criação de indicadores de qualidade em acordo com a natureza de cada ECQES e a busca pela medição de qualidade da educação de forma substantiva pelos novos agentes

A criação das ECQES dentro das finalidades propostas, além dos princípios que direcionarão suas atividades, deverá estar relacionada com a busca por desenvolvimento de indicadores que reflitam a dimensão da qualidade que pretendem aferir. Essa qualidade deverá ser percebida por substantiva frente aos princípios institucionais das IES aderentes e dos alunos que lhes busquem.

A qualidade em aspectos substanciais não mediria apenas quantos professores mestres e doutores estariam lecionando em determinada IES, mas também quantos dos alunos desses professores foram capazes de aprender e aplicar os conteúdos das disciplinas por eles lecionadas. Se são disciplinas direcionadas ao conhecimento científico e acadêmico, ou se esse é o objetivo da instituição e dos alunos nela inscritos, qual seria a produção acadêmica e científica desses alunos em relação aos conteúdos oferecidos? Se são disciplinas que valorizam a inclusão profissional ou a atuação empreendedora, quantos desses alunos foram inseridos no mercado de trabalho ou se tornaram empreendedores?[264]

[264] Nessa linha apontam as Diretrizes para Garantia de Qualidade no Ensino Superior Europeu quando tem nos resultados da educação a percepção de efetividade. *"[r]ecognition and the*

Além dos indicadores de qualidade já previstos na legislação educacional, cada órgão acreditador poderia ter um conjunto adicional de indicadores específicos, dando maior adequação ao sistema de autorregulação.

Poderiam ser inseridos indicadores como os apresentados neste estudo sobre medição da qualidade em que apontam quantos alunos oriundo de determinada IES estariam empregados em 1 ou 2 anos após a conclusão do seu curso. Qual seria a renda média dos alunos após 5 anos de formado? Como as instalações físicas da IES são percebidas pelos alunos? Se os alunos se sentem seguros nos *campi* das IES. Qual a percepção do setor cuja graduação foi obtida para os alunos oriundos de determinada IES?

A verificação de qualidade aplicada atualmente pela regulação da educação superior no Brasil apresentou resultados no sentido de que muito se mede em função de indicadores que apontam aspectos quantitativos da qualidade, mas pouco se tem de indicadores que apontam aspectos qualitativos da educação superior brasileira.[265] Essa mudança tem o potencial de ser obtida com a atuação de ECQES em sinergia regulatória com o MEC e suas agências.

Com a delegação de parte da verificação de qualidade para entidades privadas com essa finalidade, e tendo elas refletido em seus indicadores as percepções dos diversos agentes que atuam no setor, uma nova

promotion of the use of learning outcomes, all these contributing to a paradigm shift towards student-centred learning and teaching." (STANDARDS and Guidelines for Quality Assurance in the European Higher Education Area (ESG). Brussels, Belgium, 2015. p. 5).

[265] Vemos na literatura que muito ainda se tem a debater sobre o que se entende por qualidade, mas é certo que o modelo atual não leva a uma compreensão substantiva. "Isto quer dizer que a equidade na educação superior não se restringe ao acesso e nem mesmo à permanência no sistema para atingir o sucesso, que corresponde à conclusão de um determinado nível de estudo. A avaliação da equidade não se restringe ao número de anos que um indivíduo cursou, mas se amplia para o exame das estratégias e suporte ofertados para que o indivíduo consiga sucesso na vida pessoal, estudantil e profissional. A equidade se relaciona com conclusão de um determinado nível em igualdade a outros sujeitos. Mas, uma das grandes questões que se põe é como avaliar a posse de tais atributos? Não há certeza quando a essa resposta: alguns afirmam que exames *standartizados* dariam conta, outros apontam que tais exames não abarcam o total da população a ser avaliada. A questão está posta e busca uma solução." (MOROSINI, Marilia Costa. Qualidade da educação superior e contextos emergentes. *Avaliação*, Campinas; Sorocaba, SP, v. 19, n. 2, p. 395, jul. 2014).

percepção sobre a qualidade seria posta com indicativos de que olhando para os resultados do processo educacional em um contexto substancial, com indicadores de avaliação *ex-post*, poderíamos nos aproximar de uma métrica mais substantiva. Seriam elas [ECQES] as responsáveis pelo monitoramento da qualidade dos serviços educacionais, cabendo ao MEC e suas agências, na análise da própria ECQES, a supervisão sobre esse monitoramento.

Com os estudos elaborados, a atuação autorreguladora que vislumbramos, poderia ser eficiente para estimular IESPr a acompanharem indicadores que mediriam qualidade nas mais diversas percepções, e esses por sua vez poderiam estimular maior pluralidade de atuação universitária, a inovação e a criatividade necessários para o atingimento de resultados melhores num contexto local e global, além de poder direcionar a concessão de bonificações regulatórias, o que ajudaria a desonerar o setor público, que por sua vez, não é capaz de produzir os resultados necessários para a educação superior brasileira, e nem de avaliar IES frente a percepções que tendem a ser importantes para o desenvolvimento social desejado.

4.2.4 Possibilidade de avaliação através de indicadores alinhados com as características regionais

O Brasil é um país de dimensões continentais. Segundo levantamento utilizando como base os dados do CENSO da educação superior brasileira de 2019, ano base 2018, podemos observar que a maior parte das IES estão centralizadas na região sudeste do país, enquanto a menor parte delas estaria na região norte.

Figura 15. Distribuição das IES por região – 2019

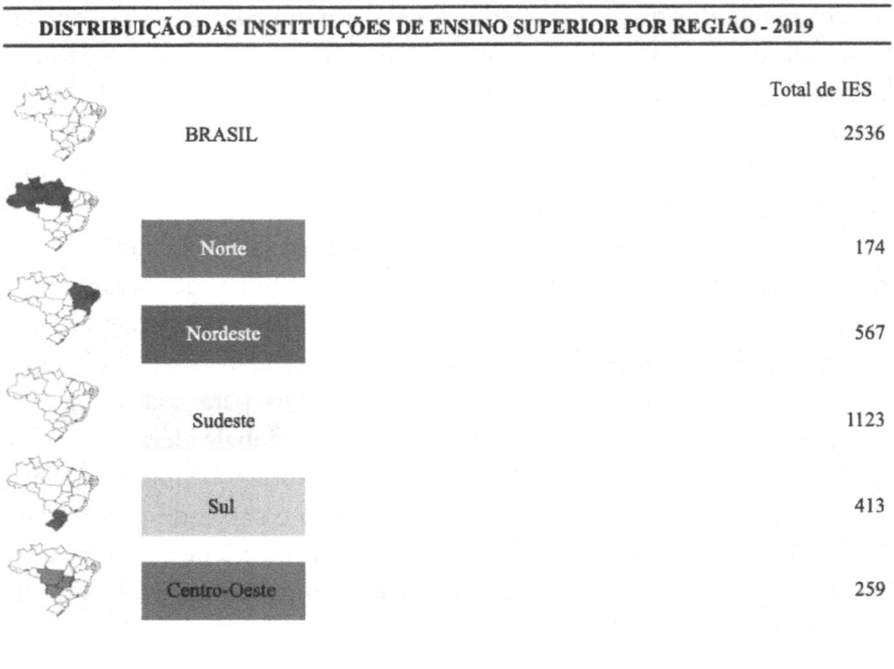

Fonte: Mapa do ensino superior no Brasil (SEMESP).

Vemos também no gráfico a seguir que a razão da proporcionalidade relacionada a população ente 18 e 24 anos no ano de 2019, apresenta em alguma medida uma justificativa para que tenhamos mais IES localizadas geograficamente nos centros em que temos uma maior massa de potenciais alunos, excetuada a região norte do país.

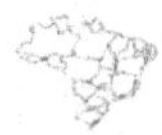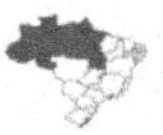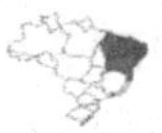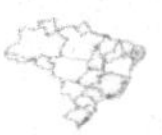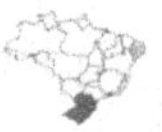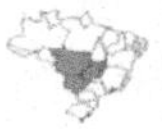

Figura 16. Distribuição da matrícula em cursos de graduação presenciais na rede federal

DISTRIBUIÇÃO DA MATRÍCULA EM CURSOS DE GRADUAÇÃO PRESENCIAIS NA REDE FEDERAL - BRASIL 2019

Região Geográfica	População de 18 a 24 anos 2019	Matrícula presencial na rede federal de educação superior				
		2009	2018	2019	Variação (%) 2009-2019	Variação (%) 2018-2019
BRASIL	22.447.353 100,0	752.847 100,0	1.231.909 100,0	1.254.065 100,0	66,6	1,8
Norte	2.267.631 10,1	91.263 12,1	144.968 11,8	144.659 11,5	58,5	-0,1
Nordeste	6.401.677 28,5	239.561 31,8	376.830 30,6	384.032 30,6	60,3	1,9
Sudeste	8.999.561 40,1	226.772 30,1	372.554 30,2	380.226 30,3	67,7	2,1
Sul	3.000.968 13,4	120.644 16,0	209.820 17,0	213.273 17,0	76,8	1,6
Centro-Oeste	1.769.516 7,9	74.607 9,9	127.837 10,4	131.875 10,5	76,8	3,2

Fonte: MEC/INEP; Censo da Educação Superior; IBGE – PNAD (elaborado por Diep/Inep) (*Censo da Educação Superior 2019*: divulgação dos resultados – INEP).

Uma ECQES deverá levar em conta os aspectos regionais na fixação de seus indicadores de qualidade. Esses indicadores, além de medir a qualidade das IESPr daquela região em específico, poderá agregar valor na percepção de resultados que são inerentes às experiências obtidas num contexto regional. Morosini aponta que as diferenças regionais contribuem para diferentes percepções da qualidade da educação e de sua equidade. Essas diferenças devem ser levadas em conta nos indicadores quantitativos e qualitativos refletores da qualidade local.[266]

O Índice de Desenvolvimento Humano (IDH) da região ou da microrregião cuja IESPr se encontra, poderia por exemplo servir, na

[266] "A qualidade da educação superior na perspectiva da equidade está centrada na concepção de tratamento diferenciado para quem é diferenciado. Ela reflete concepções presentes em regiões com larga diferença entre os estratos sociais, como o caso do Brasil e da América Latina. Postula-se que a qualidade está para além da simples padronização de indicadores, abarcando estudos qualitativos e quantitativos refletores da complexidade do local." (Morosini, Marilia Costa. Qualidade da educação superior e contextos emergentes. *Avaliação*, Campinas; Sorocaba, SP, v. 19, n. 2, p. 393, jul. 2014).

fixação de um indicador de parâmetro para verificação ao longo do tempo dos impactos inerentes as aplicações de determinado curso ou conjunto de cursos de uma IESPr. Poderia também, com as verificações realizadas pela ECQES, aproximar a percepção do Estado da realidade regional de forma a estimular que mais políticas públicas sejam colocadas em prática para sanar alguma necessidade regional no que se refere a educação superior.

ECQES, em razão de uma possível especialização por região do país, poderia em função dessa especialização, ter maior acuidade na verificação dos resultados da aplicação da educação superior alinhada às instituições formadoras, através da medição da aplicação e participação dos alunos egressos no mercado comum àquele contexto. Explica-se: uma ECQES na região sudeste poderia ter maior acuidade na avaliação de cursos que formassem profissionais para o setor de petróleo e gás, podendo estar mais próximo aos grandes empregadores e pesquisadores do setor e atuando na percepção da qualidade nesse contexto; outro exemplo seria uma ECQES na região centro-oeste especializada no agronegócio, ou ainda, uma entidade na região norte com especialização em biologia e biodiversidade.

A criação de ECQES, que com um melhor posicionamento para perceber e atuar nas características locais inerentes as regiões do país, tende a produzir uma análise mais próxima e alinhada com objetivos globais [estabelecidos na moldura das ECQES] e objetivos locais [estabelecidos na moldura de atendimento regional da ECQES] na percepção de qualidade, mantendo ainda a percepção de requisitos qualitativos que denotem a qualidade das IESPr a ela aderidas em um contexto nacional. Assim, "À medida que os contextos emergentes se fortificam também se fortifica o conceito de equidade na educação superior".[267]

Em última análise, a atuação regional das ECQES poderia ser útil para ajudar a direcionar as políticas públicas no MEC na aplicação de seus recursos para diminuição das desigualdades regionais no que se refere a educação superior.

[267] Morosini, Marilia Costa. Qualidade da educação superior e contextos emergentes. *Avaliação*, Campinas; Sorocaba, SP, v. 19, n. 2, p. 393, jul. 2014.

4.2.5 Instituição de bônus regulatório promovendo maior autonomia em sentido estrito para IES bem avaliadas

A instituição de bônus regulatório é uma possibilidade que vem sendo amplamente requerida pelos agentes regulados do setor, bem como sugerida pelo MEC, como uma forma de aplacar a intensidade da regulação àquelas IESPr que são reconhecidas como excelentes frente aos indicadores de qualidade existentes na atualidade.

Um exemplo de sua aplicação no âmbito de regulação exercido pelo MEC de forma a tornar menos intensa a regulação educacional pode ser apontada no artigo 6.º da Portaria n.º 11, de 20 de junho de 2017[268] quando permitiu que em função da prerrogativa inerente à sua natureza como universidade ou centro universitário, viesse a autorizar por ato próprio cursos superiores na modalidade EAD. O alargamento da concessão regulatória pôde ainda ser intensificado quando no artigo 12, possibilitou que essas IES pudessem abrir polos de EAD em quantidade referenciada no seu conceito institucional.[269]

Houve ainda há algum tempo a indicação de que a adição de pontos que agregam aos resultados institucionais em relação aos seus indicadores de qualidade também já esteve em pauta[270], como na proposta que pretendia utilizar o contraturno de IESPr para aulas das escolas básicas. Por outro lado, já vimos que um indicador assim não representaria qualidade de uma forma substantiva, a princípio.

O bônus regulatório que nos referimos é aquele que serviria de incremento da autonomia institucional em sentido estrito, diminuindo a burocracia e os ônus regulatórios inerentes à atividade no setor regulado. Seria uma forma de o Estado regular de maneira menos intensa, alinhada com as constatações presentes neste estudo.

[268] "Art. 6.º A criação de cursos superiores a distância, restrita às IES devidamente credenciadas para esta modalidade, é condicionada à emissão de: I – ato próprio pelas IES detentoras de prerrogativas de autonomia, respeitado o disposto no Decreto n.º 5.773, de 2006, e suas alterações; ou"

[269] "Art. 12. As IES credenciadas para a oferta de cursos superiores a distância poderão criar polos EaD por ato próprio, observando os quantitativos máximos definidos no quadro a seguir, considerados o ano civil e o resultado do Conceito Institucional mais recente: [...]"

[270] PALHARES, Isabela. MEC quer dar bônus a faculdade privada que emprestar espaço para escola pública. *Terra*, 15 ago. 2019. Disponível em: <https://www.terra.com.br/noticias/educacao/mec-quer-dar-bonus-a-faculdade-privada-que-emprestar-espaco-para-escola-publica,a2138e05a479f3e91ced8f3400ec4f16kccl737i.html>. Acesso em: 16 jan. 2021.

As propostas de concessão de bônus regulatório tiveram por ideia inicial e alinhada com o modelo regulatório vigente a percepção de que o poder público deveria apontar quais seriam as medidas e quais seriam os indicadores que justificariam a aposição de bônus em favor de determinada IESPr, e qual seria a abrangência desse bônus. Edgar Jacobs relata que "a ideia básica é o uso de um incentivo, neste caso a possibilidade de aumento da autonomia das Instituições de Ensino Superior, que só deverá ser concedido às instituições com cursos bem avaliados".[271]

Com a recepção de algum modelo semelhante ao ora proposto, os bônus regulatórios poderiam caber à aplicação das ECQES, pois essas seriam os agentes responsáveis por aferir a qualidade da educação superior oferecidas pelas IES que estivessem sob o seu escrutínio.

A possibilidade de aplicação de bônus regulatório para diminuição da intensidade da regulação sobre determinada IESPr poderia estar alinhada aos seus resultados e não propriamente a medição de insumos que lhe capacitaria adquirir a natureza de universidade ou centro universitário.

Dir-se-ia assim que, para adquirir a natureza de universidade ou centro universitário uma IES não estaria medida apenas por indicadores quantitativos não alinhados com um significado mais substantivo da qualidade, mas também por indicadores qualitativos relacionados à produção científica, cultural, regional, nacional com o impacto na vida de seus egressos e na sociedade. Entretanto, a aferição desses indicadores tem se pautado por métricas que, segundo os resultados apresentados neste estudo sobre qualidade da educação superior em comparação com as metas do PNE ou mesmo com instituições internacionais que avaliam qualidade, não estariam reproduzindo os resultados almejados pelo poder público para a educação superior.

Assim, a avaliação institucional promovida pelas ECQES que verificasse que as instituições sobre seu escrutínio tivessem resultados satisfatórios ou excelentes, poderia apontar para uma possível aplicação de bônus àquela IES, sob o formato de menos intensidade na aplicação da regulação, o que em última análise poderia lhe conferir benesses como

[271] JACOBS ADVOGADOS ASSOCIADOS. O MEC, o bônus regulatório e o mais recente "Prêmio Nobel" de economia. Disponível em: <https://www.jacobsadvogados.com.br/single-post/2017/10/13/o-mec-o-b%C3%B4nus-regulat%C3%B3rio-e-o-mais-recente-pr%C3%AAmio-nobel-de-economia>. Acesso em: 16 jan. 2021.

possibilidade de autorização para abertura de cursos, aumento ou diminuição de vagas, abertura de unidades e aumento nos prazos regulatórios para recredenciamento. Essas benesses poderiam ser conferidas pelas ECQES em acordo com limitações impostas pelo MEC em sua atuação residual como metarregulador.

4.3 Análise de Impacto Regulatório (AIR) e possibilidade de experimentação com novos modelos regulatórios

Toda grande modificação regulatória prescinde de planejamento para que se aproxime dos resultados esperados em sua aplicação. Não é por menos que a lei da liberdade econômica[272] implementou a obrigatoriedade de realização de AIR para toda alteração de atos normativos de interesse geral de agentes econômicos ou de usuários dos serviços prestados, editadas por órgão ou entidade da administração pública federal e suas demais agências administrativas.

A AIR é um instrumento que visa a melhorar a regulação, permitir que ela, em uma análise de custo-benefício ou em uma análise de custo-efetividade, como leciona José Vicente Santos de Mendonça, seja implementada mediante a segurança verificada na prospecção dos impactos de determinada medida regulatória. Poderá ainda ser exercitada em grau preliminar ou grau extensivo, sendo a primeira uma forma de verificação da necessidade da segunda.[273]

Alketa, em leitura ao texto do relatório sobre a reforma regulatória da OECD, aponta que "A AIR é um dos instrumentos disponíveis para melhorar a qualidade da regulação e consiste na análise e avaliação dos

[272] Lei n.º 13.874, de 20 de setembro de 2019. "Art. 5.º As propostas de edição e de alteração de atos normativos de interesse geral de agentes econômicos ou de usuários dos serviços prestados, editadas por órgão ou entidade da administração pública federal, incluídas as autarquias e as fundações públicas, serão precedidas da realização de análise de impacto regulatório, que conterá informações e dados sobre os possíveis efeitos do ato normativo para verificar a razoabilidade do seu impacto econômico. Parágrafo único. Regulamento disporá sobre a data de início da exigência de que trata o caput deste artigo e sobre o conteúdo, a metodologia da análise de impacto regulatório, os quesitos mínimos a serem objeto de exame, as hipóteses em que será obrigatória sua realização e as hipóteses em que poderá ser dispensada."

[273] Mendonça, José Vicente Santos de. *Direito constitucional econômico*: a intervenção do estado na economia a luz da razão pública e do pragmatismo. 2. ed. Belo Horizonte: Fórum, 2018. p. 372.

possíveis benefícios, custos e impactos de regulamentações novas ou já existentes".[274] Radaelli, por sua vez, aponta que os objetivos da AIR seriam de aumentar empiricamente as bases das decisões políticas e de tornar os processos regulatórios mais transparentes e com mais *accountability*.[275] Neste mesmo sentido, o *Office of Information and Regulatory Affairs* (OIRA)[276], apontou que a AIR pode ser utilizada como uma forma de promover *accountability* e transparência.[277]

A AIR na regulação educacional é algo que apesar da obrigatoriedade em determinados casos, como previsto na lei de liberdade econômica e seu regulamento[278], ainda não foi capaz de se tornar uma conduta arraigada na elaboração da regulação da educação superior. Diversos atos normativos são exarados pelo MEC e suas agências administrativas sem que se tenha a realização da AIR.

Face a necessidade de valoração de múltiplos elementos, e diante de um anseio por justificações sobre o desenvolvimento de reflexões sobre a adequação da metodologia que se quer aplicar no mundo real, se torna importante ter no procedimento a base para um processo decisório complexo.[279] Assim, em um setor que apresenta referenciais constitucionais que delimitam a atuação de seus atores, sobretudo os privados,

[274] Alketa, Peci. Avaliação do impacto regulatório e sua difusão no contexto brasileiro. *RAE*, São Paulo, v. 51, n. 4, p. 337, jul./ago. 2001.

[275] Radeaelli, Claudio. The diffusion of regulatory impact analysis: best practice or lesson-drawing? *European Journal of Political Research*, v. 43, p. 723, 2004.

[276] O Office of Information and Regulatory Affairs (OIRA) é o órgão responsável pela avaliação da regulação nos EUA.

[277] Regulatory Impact Analysis: a Primer, as required for economically significant rules by Executive Order 13563, Executive Order 12866, and OMB Circular A-4.1 Office of Information and Regulatory Affairs – OIRA. (Disponível em: <www.regulatoryreform.com>. Acesso em: 23 fev. 2021).

[278] Decreto n.º 10.411, de 30 de junho de 2020.

[279] "Como se nota, ter um mecanismo de justificação conhecido e estável é útil não só para a apreciação da qualidade das decisões que dele se seguem, como para o desenvolvimento de reflexões sobre a adequação da própria metodologia de decisão para a realização dos seus propósitos após a sua efetiva aplicação na realidade. Sua necessidade, ademais, torna-se maior quanto mais complexo for o processo decisório que pretende organizar em uma comunidade política que exige razões daqueles que decidem na esfera pública – especialmente quando as suas decisões pressupõem a consideração e a valoração de múltiplos elementos." (LEAL, Fernando. Análise de impacto regulatório e proporcionalidade: semelhanças estruturais, mesmos problemas reais? *Revista Brasileira de Políticas Públicas*, Brasília, v. 9, n. 3, p. 316, 2019).

como condicionante da participação setorial, planejar os efeitos futuros que se pretende alcançar com a escolha regulatória efetuada através de uma moldura sistemática pode servir de referencial para a avaliação da escolha no futuro. Nesse contexto, modificações regulatórias na educação, poderiam ser justificadas por processos de AIR, apesar não acontecer atualmente.

O setor da educação, com suas características inerentes a prestação de um serviço de caráter socioeconômico, acaba por reunir quantidade expressiva de agentes econômicos em que nele atuam. Os GGE são um exemplo do interesse que foi despertado pela atuação do setor privado na educação em regime de liberdade de inciativa e com a aplicação de diversas políticas públicas que estimulam agentes privados à essa atuação, cujas obrigações do poder público não podem ser atingidas sem a participação desses agentes.

A aplicação da AIR de forma parametrizada, como prospecção dos efeitos futuros da regulação no exercício de um raciocínio consequencialista, é útil para que agentes econômicos se sintam estimulados por essa prospecção à adesão de determinada política regulatória.[280] Essa prospecção também é útil para demonstrar que há planejamento público na adoção dessas políticas, o que em última análise, traria segurança para que os agentes econômicos viessem a aderir ao novo regime.[281]

Entretanto, na linha da regulamentação da lei de liberdade econômica que introduziu a AIR como obrigatória nas mencionadas situações, não deixou o legislador de antecipar àquelas possibilidades em que as alterações regulatórias trariam benefícios econômicos e diminuição da

[280] "[a] AIR se preocupa com a organização e o incremento de racionalidade de raciocínios consequencialistas. Isso significa essencialmente que, enquanto a AIR se concentra nos efeitos que podem ser produzidos por um dado conjunto finito de alternativas." (LEAL, Fernando. Análise de impacto regulatório e proporcionalidade: semelhanças estruturais, mesmos problemas reais? *Revista Brasileira de Políticas Públicas*, Brasília, v. 9, n. 3, p. 322, 2019).

[281] *"Overall, RIA as administrative procedure solves the principal's problem of controlling bureaucracies. Its position within the family of control systems is perhaps unique. Whilst some instruments operate either ex ante (e.g., statutes and appointments) or ex post (e.g., judicial review of agency's rulemaking), RIA provides on-going control. It operates whilst rules are being formulated and regulatory options are assessed."* RADAELLI, Claudio M.; FRANCESCO, Fabrizio de. Regulatory Impact Assessment. In: CAVE, Matin; BALDWIN, RObert; LODGE, Martin. *The Oxford handbook of regulation.* Oxford: Oxford University Press. 2010. p. 9).

burocracia para o setor regulado. O inciso VII do artigo 4.º do regulamento foi preciso ao dispensar a AIR para as modificações que reduzissem as exigências, obrigações, restrições, requerimentos ou especificações com o objetivo de diminuir os custos regulatórios, o que aparentemente guarda relação com os objetivos almejados pela adoção de um sistema de autorregulação e metarregulação para a educação superior.

Perde-se com a não realização do AIR quanto à demonstração de forma clara e abrangente potencial melhoria na relação de custo-benefício em aderir a essa política. Por outro lado, os riscos de ossificação[282] e bloqueio da regulação pública como estratégia de impedir a adoção desse novo contexto regulatório são mitigados.

Ainda assim, há um contexto da AIR que pode ser útil neste cenário relacionado ao presente estudo, isto é, a AIR pode ser também utilizada para verificação retrospectiva dos efeitos da medida regulatória adotada. Fernando Leal aponta que a AIR [e a proporcionalidade] "também desempenham importante papel retrospectivo, uma vez que podem ser usados para justificar a revisão de escolhas de agentes públicos ou, especificamente no caso da AIR, a avaliação de alternativas regulatórias".[283]

No Brasil, o procedimento de verificação retrospectiva de políticas adotadas está previsto no guia de diretrizes e roteiro analítico da Casa

[282] A ossificação, em um contexto que a conceitua mediante o compromisso com o atendimento do tempo de resposta dos atos regulatórios sob sua atribuição, ou ainda na opinião dos regulados sobre o tempo de resposta do regulador da atividade educacional, vemos na Portaria n.º 279, de 29 de setembro De 2020 com a aprovação tácita de atos que poderíamos considerar ossificada a atuação do MEC e suas agências administrativas. Sobre ossificação, ler: PIERCE JR., Richard J.. Rulemaking Ossification Is Real: A Response to Testing the Ossification Thesis. *The George Washington Law Review*, v. 80, n. 5, p. 1502-1503, 2012.

[283] "[t]ambém desempenham importante papel retrospectivo, uma vez que podem ser usados para justificar a revisão de escolhas de agentes públicos ou, especificamente no caso da AIR, a avaliação de alternativas regulatórias já implementadas destinadas a averiguar se seus objetivos foram alcançados." e "Essa atividade, chamada de revisão regulatória retrospectiva, embora não seja propriamente recente, passou, nos EUA, a ter especial destaque pelos esforços do governo Obama de institucionalizar a prática chamada de 'regulatory lookback'. Seu objetivo, como declarado por Cass Sunstein, que liderou na Administração Obama o Office of Information and Regulatory Affairs (OIRA), era criar uma cultura regulatória de avaliação regular." (LEAL, Fernando. Análise de impacto regulatório e proporcionalidade: semelhanças estruturais, mesmos problemas reais? *Revista Brasileira de Políticas Públicas*, Brasília, v. 9, n. 3, p. 317, 2019).

Civil[284], chamando-o de Avaliação do Resultado Regulatório (ARR). Ele deverá ser aplicado, segundo o guia, nos casos de atos normativos ou alteração de atos normativos dispensados em virtude de urgência. A sua aplicação nas medidas adotadas no setor educacional, sobretudo da educação superior, poderia ser útil para se ter uma melhor análise das políticas adotadas e direcionar processos decisórios futuros.

Não sendo a AIR uma obrigação na elaboração de um novo modelo regulatório com a utilização de estratégias de autorregulação e metarregulação para a educação superior, como se poderia trazer previsibilidade e segurança na implementação de tal medida? Para essa questão, vemos no movimento atual de proliferação de *startups* e *fintechs* para o mercado financeiro, modelos de experimentação regulatória que podem ser úteis na transição entre o modelo atual e o que se sugere implementar.

O alerta de Fábio Reis é preciso ao rogar que "formuladores de políticas não caiam no encanto de aprovar mudanças de forma rápida, causando impactos que não foram previstos"[285], e, não sendo a AIR obrigatória nesse caso, não havendo um amadurecimento e utilização da ARR em um contexto revisional e retrospectivo para a educação, lições da experimentação regulatória podem ser úteis na testagem anterior à implementação de um novo modelo.

Sofia Ranchordás conceitua as regulamentações experimentais como "regulações (ou leis) que introduzem regras afastadas das existentes por um período fixo de tempo, para um determinado grupo de pessoas ou território e que deverá ser avaliado ao final de sua validade".[286]

[284] SUBCHEFIA DE ANÁLISE E ACOMPANHAMENTO DE POLÍTICAS GOVERNAMENTAIS [et al.]. *Diretrizes gerais e guia orientativo para elaboração de Análise de Impacto Regulatório –AIR*. Brasília: Presidência da República, 2018. Disponível em: <https://www.gov.br/casacivil/pt-br/assuntos/governanca/ regulacao/apresentacao-regulacao-pasta/comite-interministerial-de-governanca-aprova-as-diretrizes-gerais-e-roteiro-analitico-sugerido-para-analise-de-impacto-regulatorio-diretrizes-air-e-o-guia-orien tativo-para-elaboracao-de-analise-de-impacto-regulatorio-guia-air/diretrizes_guia_air_cig_11junho2018.pdf>. Acesso em: 25 fev. 2021.

[285] Reis, Fábio. Autorregulação no ensino superior. *SEMESP*, 18 nov. 2019. Disponível em: <https://www.semesp.org.br/assessoria-educacional/noticias/autorregulacao-do-ensino-superior/>. Acesso em: 07 jan. 2021.

[286] *"Experimental legislation refers to laws or, more commonly, regulations (secondary legislation) which introduce rules in deviation of existing law for a fixed period, for a limited group of citizens or territory and which are subject to a periodic or final evaluation."* (Ranchordás, Sofia. Sunset Clauses

Dentre as possibilidades de modelos regulatórios experimentais com a aplicação de uma regulação dinâmica[287], vemos nos *sanboxes* regulatórios uma possibilidade de favorecer a inovação, sem atribuir riscos sistêmicos ao setor.

Eduardo Bruzzi conceitua *sandboxes* regulatórias como "instrumento regulatório de fomento baseado em incentivo regulatório por meio de experimentalismo estruturado tendo como pilar indutivo a isenção normativo regulatória temporária".[288]

Os *sandboxes* regulatórios são como um laboratório de experimentação da regulação em um ambiente seguro, que não produzirá efeitos sistêmicos para o setor, de uma forma geral. A sua adoção pressupõe que apenas um determinado grupo de agentes do setor será estimulado a participar e submetido a pretensa nova regulação por um prazo determinado, e durante e após esse prazo, os efeitos da regulação serão medidos para que se tenha a noção da prospecção desses efeitos no setor como um todo. Enquanto no experimento, o agente regulado fica isento da regulação setorial.

Destaca-se que para uma análise da atuação regulatória consistente na atuação dos agentes participantes, uma estreita medição dos resultados através da monitoração e avaliação ao longo de sua aplicação é essencial para que os objetivos do *sandbox* seja alcançado. Mais importante que o êxito da regulação proposta neste modelo, é a percepção quanto aos efeitos e resultado para se avaliar a potencial utilização para o setor em questão.

Assim, Eduardo Bruzzi assevera que o "um dos maiores desafios do regulador é justamente o acesso a informações sobre os participantes do mercado e suas atividades, especialmente naquilo que se refere aos

and Experimental Regulations: Blessing or Curse for Legal Certainty? *Statute Law Review*, v. 36, n. 1, p. 33, 2015).

287 "A regulação dinâmica é um conjunto de abordagens teóricas que procura injetar maior dinamismo e flexibilidade no exercício da função regulatória, enriquecendo o arsenal de ferramentas à disposição do regulador" (Vianna, Eduardo Araujo Bruzzi. *Regulação das fintechs e sandboxes regulatórias*. 2019. Dissertação (Mestrado) – Escola de Direito do Rio de Janeiro da Fundação Getulio Vargas, Rio de Janeiro, 2019. p. 123).

288 Vianna, Eduardo Araujo Bruzzi. *Regulação das fintechs e sandboxes regulatórias*. 2019. Dissertação (Mestrado) – Escola de Direito do Rio de Janeiro da Fundação Getulio Vargas, Rio de Janeiro, 2019. p. 128.

novos riscos relacionados às inovações que possam vir a ter repercussão sobre os consumidores e o equilíbrio do sistema regulado".[289]

A proposta de adoção das *sandboxes* regulatórias pode ser uma reposta experimental a título de alternativa regulatória para a introdução das ECQES, contando com a adesão facultativa de IESPr ao novo modelo em regime limitado e até que se tenham resultados que demonstrem a possibilidade de aplicação em todo o setor da educação superior, no entanto, a aplicação desse modelo em sistemas regulatórios brasileiros é ainda bastante inicial, contando com as primeiras experimentações no setor financeiro no ano de 2021.[290]

Como todo modelo experimental, a legislação é lacunosa sobre a possibilidade de sua implementação, sobretudo no setor educacional, o que prescindiria de normatividade específica para se tornar uma efetiva possibilidade.

A opção por modelos experimentais de regulação na adesão às medidas propostas para atuação em uma moldura de autorregulação e metarregulação mais abrangente, pode ser útil para tornar mais precisa a prospecção de seus efeitos e permitir que o setor rume para esse modelo.

[289] VIANNA, Eduardo Araujo Bruzzi. *Regulação das fintechs e sandboxes regulatórias.* 2019. Dissertação (Mestrado) – Escola de Direito do Rio de Janeiro da Fundação Getulio Vargas, Rio de Janeiro, 2019. p. 132.

[290] "Em 2021 entram em operação os projetos de Sandbox Regulatório no Brasil, com duas fintechs já autorizadas na área de seguros – Pier e Stone. Essa é uma iniciativa coordenada por três entidades reguladoras de serviços financeiros e securitários no país – Banco Central do Brasil (BCB), Comissão de Valores Mobiliários (CVM) e Superintendência de Seguros Privados (Susep) – que juntas têm o intuito de fomentar a inovação no mercado." (INSTITUTO PROPAGUE. Sandbox regulatório para fintechs começa esse ano no Brasil. Disponível em: <https://institutopropague.org/noticias/sandbox-regulatorio-no-brasil-comeca-em-2021/>. Acesso em: 25 fev. 2021).

5. Conclusões

5.1 Novo modelo regulatório para a educação superior privada – propostas

O presente estudo procurou apurar o clamor de entidades do setor da educação superior em prol da redução dos custos de atendimento da regulação que coloca as IES atuantes neste setor em uma relação de desigualdade, bem como coloca os agentes responsáveis pela regulação em dificuldades inerentes à impossibilidade institucional de prover todas as respostas quanto ao cumprimento das regras do setor. Além disso, buscou entender os pedidos pela implementação de um modelo regulatório para a educação superior privada em que as instituições de educação que atuam nesse nível educacional pudessem ter mais liberdade, direcionando parte do investimento que são obrigadas a fazer para atender a regulação do setor em benefício de uma atuação com mais autonomia em sentido estrito e com a possibilidade de ter o próprio setor delimitando os parâmetros de qualidade em uma dimensão mais substancial. A atuação regulatória proposta se daria em caráter complementar à do MEC e suas agências administrativas, passando o regulador atual a uma atuação residual com o direcionamento dos processos de verificação de qualidade paras as Entidades Certificadoras da Qualidade da Educação Superior (ECQES).

A educação superior está subordinada a um referencial constitucional e infraconstitucional que deve ser seguido em maior ou menor intensidade, especialmente diante da representação da qualidade das IES avaliadas frente a um modelo que pede por simplificação, compartilhamento entre o setor público e o privado, estímulo à qualidade substantiva, inovação e redução dos ônus regulatórios.

No objetivo de conceder mais autonomia em sentido estrito e ter uma melhor relação de custo-benefício em prol da educação superior, entidades educacionais e o próprio poder público vem buscando soluções regulatórios alinhadas às metodologias de autorregulação e metarregulação, procurando entender como e onde essas possibilidades regulatórias poderiam ser colocadas em prática.

A educação superior em atuação privada tem suas bases em quatro referenciais constitucionais que precisam ser compatibilizadas através da necessidade de atendimento socioeconômico dos usuários do setor regulado na garantia do direito fundamental à educação, autonomia universitária, qualidade substantiva da educação e atuação com liberdade de iniciativa por meio de uma atuação residual do Estado na regulação da educação superior.

A compatibilização desses quatro referenciais sem mostrou como uma base central de discussão para buscar potencial solução para se alcançar os objetivos educacionais do país para a educação superior. Entender em que medida cada um desses referenciais deve ser percebido e atendido foi uma medida necessária para se delimitar um escopo em que, se percebe a necessidade de revisar os conceitos sobre qualidade da educação superior, sobretudo quando se tem uma percepção de que o PNE mostrou-se ser um delimitador ficcional da qualidade e dos índices educacionais que experimentamos; atuação privada na educação superior com estímulos regulatórios ao setor e na medida da importância dos agentes privados para o atingimento dos objetivos nacionais para a educação superior; atendimento do direito fundamental à educação superior mediante as concepções inerentes da reserva do possível; e que a autonomia universitária possui aplicações estritas que podem ser conformadas e flexibilizadas em prol de uma atuação que preserve os demais referenciais.

O PNE deveria ser a política máxima de Estado para garantir que todas as políticas públicas para a educação superior fossem consideradas como ações de Estado, pensadas a longo prazo, sem que houvesse intervenções injustificadas pelos novos representantes dos órgãos reguladores da educação superior. Suas metas deveriam ser atingidas e na hipótese de impossibilidade, o próprio Estado e seus agentes deveriam experimentar as consequências pelo não atingimento. A certeza de que não existem consequências além daquelas refletidas na sociedade brasileira, que sofre os efeitos inerentes à uma não medição da qualidade educacional de forma substancial e a dificuldade de ascensão social que normalmente é almejada por quem busca os bancos universitários, é um estímulo para a manutenção do *status quo*. A visão apresentada no relatório *Rethinking Quality Assurance for Higher Education in Brazil* da OCDE mostrou que o MEC, como campeão do setor, acaba por acumular mais atribuições do que seria produtivo no que diz respeito ao atingimento dos índices educacionais almejados para o país.[291]

Por outro lado, o próprio MEC e suas agências percebem sua dificuldade em dar conta de regular, supervisionar, responder a todos os processos dentro da moldura regulatória em que está inserido, especialmente quando editam portarias para atendimento tácito dos atos por si processados, ou nas manifestações por maior participação do setor privado com contribuições para melhoria regulatória.

No cenário apresentado se fez necessária a busca pelo entendimento dos referenciais em que a educação superior privada está submetida, para que direitos socioeconômicos inerentes à educação, autonomia universitária, liberdade de iniciativa e qualidade da educação fossem percebidos de forma a delimitar uma nova moldura regulatória que pudesse trazer respostas efetivas para o setor, essas traduzidas por resultados.

Os resultados principais dessa equação foram encontrados em promover alternativas regulatórias alinhadas com uma atuação privada mediante os referenciais constitucionais para a educação superior, sugerindo que a adoção de tal modelo poderia possibilitar a produção de um referencial de aferição da qualidade de uma forma mais substantiva,

[291] *"First, the design of quality assurance institutions creates conflicting responsibilities for the Ministry of Education. MEC establishes, funds, and steers the federal university system, through its Secretariat for Higher Education (SESu). At the same time, it is responsible, through SERES and, indirectly, INEP, for evaluating their performance and for regulatory actions concerning the programmes they offer. These conflicting responsibilities lead the nation's higher education institutions, especially its private institutions, to view the Ministry as a champion of one sector rather than a neutral arbiter among all. As one representative of a private higher education institution told to the review team, 'For the people at MEC, the federal universities are their children, and we are their bastards'."* (OECD. Rethinking Quality Assurance for Higher Education in Brazil. *Reviews of National Policies for Education*, Paris, 2018. p. 171. Disponível em: <https://doi.org/10.1787/9789264309050-en>. Acesso em: 07 jun. 2020).

além de possibilitar que IESPr melhorem sua relação de custo-benefício no atendimento da regulação, o que não ocorrendo às manterá em condições de desigualdade para o seu cumprimento, especialmente considerando as assimetrias encontradas no setor.

Para apresentar as sugestões, buscou-se referenciais na análise do *status quo* da regulação setorial, em cenários com a aplicação de modelos que considerassem a desregulação do setor, a autorregulação e a metarregulação. Com a resposta quanto a impossibilidade de se desregular o setor educacional, rumou-se na busca de um referencial teórico que apontasse para a verificação das modalidades regulatórias perquiridas, tendo como referencial a busca por se ter uma melhor regulação. A utilização do ferramental inerente aos conceitos de autorregulação e metarregulação se mostraram pertinentes como possibilidades regulatórias que podem contribuir para alcançar os objetivos nacionais para a educação superior.

Foi possível verificar que a atuação regulatória do setor já vinha se utilizando de alternativas regulatórias com instrumentos de autorregulação e metarregulação. Ampliar essas opções com aplicações para manutenção das prerrogativas constitucionais e legais atribuídas ao poder público, a criação de Entidades Certificadoras da Qualidade da Educação Superior (ECQES) e a adoção de modelos experimentais para verificação de potenciais modelos regulatórios se mostraram como propostas que podem produzir resultados alinhados com o anseio de todas as partes envolvidas no setor da educação superior: o Estado, IES, alunos e a sociedade como um todo.

Por fim, este estudo espera trazer propostas para que mais estudos sejam realizados e que a academia possa cada vez mais se debruçar sobre a teoria da regulação de forma a produzir um melhor desenho regulatório que colabore com o crescimento educacional do Brasil.

REFERÊNCIAS

ACKERMAN, Susan Rose. *Law and Regulation*: The Oxford handbook of Law and Politics. New York: Oxford University Press, 2008. Cap. 33.

AGÊNCIA BRASIL. MEC busca alternativa para voltar a emitir ID Estudantil. *Metrópoles*, 17 fev. 2020. Disponível em: https://www.metropoles.com/brasil/educacao-br/mec-busca-alternativa-para-voltar-a-emitir-id-estudantil. Acesso em: 17 fev. 2021.

ALKETA, Peci. Avaliação do impacto regulatório e sua difusão no contexto brasileiro. *RAE*, São Paulo, v. 51, n. 4, p. 336-348, jul./ago. 2001.

ARAGÃO, Alexandre Santos de. *Direito dos serviços públicos*. 4. ed. Belo Horizonte. Fórum, 2017.

ASSOCIAÇÃO BRASILEIRA DE MANTENEDORAS DE ENSINO SUPERIOR (ABMES). Metas do PNE. *ABMES Pesquisa*, 29 jul. 2019. Disponível em: https://www.abmes.org.br/abmes-pesquisas/detalhe/30/metas-do-pne. Acesso em: 27 jun. 2020.

ASSOCIAÇÃO BRASILEIRA DE MANTENEDORAS DE ENSINO SUPERIOR (ABMES). Premissas para autorregulação da educação superior. *Estadão*, 13 fev. 2020. Disponível em: https://www.abmes.org.br/noticias/detalhe/3636/premissas-para-autorregulacao-da-educacao-superior. Acesso em: 27 jun. 2020.

ASSOCIAÇÃO BRASILEIRA DE MANTENEDORAS DE ENSINO SUPERIOR (ABMES). *Legislação*. Disponível em: https://abmes.org.br/legislacoes. Acesso em: 23 dez. 2020.

AYRES, Ian; BRAITHWAITE, John. *Responsive Regulation*: Trancending the deregulation dabate. New York: Oxford University Press, 1992.

BACHUR, João Paulo. Regulação e autorregulação da educação superior: desafios e perspectivas. *2 em 1 Consultoria*, 28 fev. 2019. Entrevista concedida a Poliana Nascimento Disponível em: https://www.2eml consultoria.com.br/regulacao-e-autorregulacao-da-educacao-superior--desafios-e-perspectivas/. Acesso em: 3 jan. 2021.

Baggot, Rob. Regulatory reform in Britain: the changing face of self-regulation. *Public Administration*, v. 67, n. 4, p. 435-454, 1989.

Baldwin, Robert. Why rules don't work. *The Modern Law Review*, v. 53, n. 3, p. 321-337, 1990.

Baldwin, Robert; Cave, Martin; Lodge, Martin. *Understanding Regulation*: Theory, Strategy, and Practice. 2. ed. Oxford: Oxford University Press, 2012.

Barroso, Luís Roberto; Barcellos, Ana Paula de. O começo da história: a nova interpretação constitucional e o papel dos princípios no direito brasileiro. In: Barroso, Luís Roberto. *A nova interpretação constitucional*. Rio de Janeiro: Renovar, 2003. p. 25-65.

Binenbojm, Gustavo. *Uma teoria do direito administrativo*: direitos fundamentais, democracia e constitucionalização. 3. ed. Rio de Janeiro: Renovar, 2014.

Black, Julia. Constitutionalising Self-Regulation. *Modern Law Review*, v. 59, n. 1, p. 24-55, 1996.

_____. *Rules and Regulators*. Oxford: Clarendon Press, 1997.

_____. Critical Reflections on Regulation. *LSE Centre for the Analysis of Risk and Regulation Discussion Paper*, n. 4, 2002.

_____. *Constructing and Contesting Legitimacy and Accountability in Polycentric Regulatory Regimes*. LSE Law, Society and Economy Working Papers 2/2008.

Boldrini, Angela. Temer prevê tirar R$ 1 bi do Fies para financiar Segurança Pública. *Folha de S.Paulo*, 21 jun. 2018. Disponível em: https://www1.folha.uol.com.br/cotidiano/2018/06/temer-preve-tirar-r-1-bi-do--fies-para-financiar-seguranca-publica.shtml. Acesso em: 17 fev. 2021.

Bovens, Mark. Analysing and assessing public accountability. A concpetual framework. *European Governance Papers (EUROGOV)*, n. C-06-01, jan. 2006. Disponível em: http://www.connex-network.org/eurogov/pdf/egp-connex-C-06-01.pdf. Acesso em: 16 fev. 2021.

BRASIL. Constituição da República Federativa do Brasil de 1988. Disponível em: http://www.planalto.gov.br/ccivil_03/constituicao/constituicao.htm. Acesso em: 25 fev. 2021.

BRASIL. Decreto-lei n.º 872, de 15 de setembro de 1969. Complementa disposições da Lei número 5.537, de 21 de novembro de 1968, e dá outras providências. Disponível em: http://www.planalto.gov.br/ccivil_03/decreto-lei/1965-1988/del0872.htm. Acesso em: 25 fev. 2021.

BRASIL. Decreto n.º 9.235, de 15 de dezembro de 2017. Dispõe sobre o exercício das funções de regulação, supervisão e avaliação das instituições de educação superior e dos cursos superiores de graduação e de pós-graduação no sistema federal de ensino. Disponível em: http://www.planalto.gov.br/ccivil_03/_ato2015-2018/2017/decreto/D9235.htm. Acesso em: 25 fev. 2021.

BRASIL. Decreto n.º 10.411 de 30 de junho de 2020. Regulamenta a análise de impacto regulatório, de que tratam o art. 5.º da Lei n.º 13.874, de 20 de setembro de 2019, e o art. 6.º da Lei n.º 13.848, de 25 de junho de 2019. Disponível em: http://www.planalto.gov.br/ ccivil_03/_ato2019-2022/2020/Decreto/D10411.htm. Acesso em: 25 fev. 2021.

BRASIL. Emenda Constitucional n.º 14, de 12 de setembro de 1996. Modifica os arts. 34, 208, 211 e 212 da Constituição Federal e dá nova redação ao art. 60 do Ato das Disposições constitucionais Transitórias. Disponível em: http://www.planalto.gov.br/ccivil_03/ constituicao/emendas/emc/emc14.htm. Acesso em: 25 fev. 2021.

BRASIL. Lei n.º 5.537, de 21 de novembro de 1968. Cria o Instituto Nacional de Desenvolvimento da Educação e Pesquisa (INDEP), e dá outras providências. Disponível em: http://www.planalto.gov.br/ccivil_03/leis/l5537.htm. Acesso em: 25 fev. 2021.

BRASIL. Lei n.º 9.394, de 20 de dezembro de 1996. Estabelece as diretrizes e bases da educação nacional. Disponível em: http://www.planalto.gov.br/ccivil_03/leis/l9394.htm. Acesso em: 25 fev. 2021.

BRASIL. Lei n.º 9.649, de 27 de maio de 1998. Dispõe sobre a organização da Presidência da República e dos Ministérios, e dá outras providências. Disponível em: http://www.planalto.gov.br/ccivil_03/leis/l9649cons.htm. Acesso em: 25 fev. 2021.

BRASIL. Lei n.º 9.870, de 23 de novembro de 1999. Dispõe sobre o valor total das anuidades escolares e dá outras providências. Disponível em: http://www.planalto.gov.br/ccivil_03/ leis/l9870.htm. Acesso em: 25 fev. 2021.

BRASIL. Lei n.º 10.260, de 12 de julho de 2001. Dispõe sobre o Fundo de Financiamento ao estudante do Ensino Superior e dá outras providências. Disponível em: http://www.planalto.gov.br/ccivil_03/leis/leis_2001/l10260.htm. Acesso em: 25 fev. 2021.

BRASIL. Lei n.º 10.861, de 14 de abril de 2004. Institui o Sistema Nacional de Avaliação da Educação Superior – SINAES e dá outras providências. Disponível em: http://www.planalto.gov.br/ccivil_03/_ato2004-2006/2004/lei/l10.861.htm. Acesso em: 25 fev. 2021.

BRASIL. Lei n.º 11.096, de 13 de janeiro de 2005. Institui o Programa Universidade para Todos – PROUNI, regula a atuação de entidades beneficentes de assistência social no ensino superior; altera a Lei n.º 10.891, de 9 de julho de 2004, e dá outras providências. Disponível em: http://www.planalto.gov.br/ccivil_03/_ato2004-2006/2005/lei/l11096.htm. Acesso em: 25 fev. 2021.

BRASIL. Lei n.º 11.892, de 29 de dezembro de 2008. Institui a Rede Federal de Educação Profissional, Científica e Tecnológica, cria os Institutos Federais de Educação, Ciência e Tecnologia, e dá outras providências. Disponível em: http://www.planalto.gov.br/ccivil_03/_Ato2007-2010/2008/Lei/L11892.htm. Acesso em: 25 fev. 2021.

BRASIL. Lei n.º 12.101, de 27 de novembro de 2009. Dispõe sobre a certificação das entidades beneficentes de assistência social; regula os procedimentos de isenção de contribuições para a seguridade social; altera a Lei n.º 8.742, de 7 de dezembro de 1993; revoga dispositivos das Leis n.ºs 8.212, de 24 de julho de 1991, 9.429, de 26 de dezembro de 1996, 9.732, de 11 de dezembro de 1998, 10.684, de 30 de maio de 2003, e da Medida Provisória n.º 2.187-13, de 24 de agosto de 2001; e dá outras providências. Disponível em: http://www.planalto.gov.br/ccivil_03/_ato2007-2010/2009/lei/l12101.htm. Acesso em: 25 fev. 2021.

BRASIL. Lei n.º 12.688, de 18 de julho de 2012. Autoriza a Centrais Elétricas Brasileiras S.A. (Eletrobras) a adquirir o controle acionário da Celg Distribuição S.A. (Celg D); institui o Programa de Estímulo à Reestruturação e ao Fortalecimento das Instituições de Ensino Superior (Proies); altera as Leis n.ºs 3.890-A, de 25 de abril de 1961, 9.718, de 27 de novembro de 1998, 10.637, de 30 de dezembro de 2002, 10.887, de 18 de junho de 2004, 10.833, de 29 de dezembro de 2003, 11.033, de 21 de dezembro de 2004, 11.128, de 28 de junho de 2005, 11.651, de 7 de abril de 2008, 12.024, de 27 de agosto de 2009, 12.101, de 27 de novembro de 2009, 12.429, de 20 de junho de 2011, 12.462, de 4 de agosto de 2011, e 12.546, de 14 de dezembro de 2011; e dá outras providências. Disponível em: http://www.planalto.gov.br/ccivil_03/_ato2011-2014/2012/lei/l12688.htm. Acesso em: 25 fev. 2021.

BRASIL. Lei n.º 13.005, de 25 de junho de 2014. Aprova o Plano Nacional de Educação – PNE e dá outras providências. Disponível em: http://www.planalto.gov.br/ccivil_03/_ato2011-2014/2014/lei/l13005.htm. Acesso em: 25 fev. 2021.

BRASIL. Lei n.º 13.874, de 20 de setembro de 2019. Institui a Declaração de Direitos de Liberdade Econômica; estabelece garantias de livre mercado; altera as Leis n.os 10.406, de 10 de janeiro de 2002 (Código Civil), 6.404, de 15 de dezembro de 1976, 11.598, de 3 de dezembro de 2007, 12.682, de 9 de julho de 2012, 6.015, de 31 de dezembro de 1973, 10.522, de 19 de julho de 2002, 8.934, de 18 de novembro 1994, o Decreto-Lei n.º 9.760, de 5 de setembro de 1946 e a Consolidação das Leis do Trabalho, aprovada pelo Decreto-Lei n.º 5.452, de 1.º de maio de 1943; revoga a Lei Delegada n.º 4, de 26 de setembro de 1962, a Lei n.º 11.887, de 24 de dezembro de 2008, e dispositivos do Decreto-Lei n.º 73, de 21 de novembro de 1966; e dá outras providências. Disponível em: http://www.planalto.gov.br/ccivil_03/_ato2019-2022/2019/lei/L13874.htm. Acesso em: 25 fev. 2021.

BRASIL. Ministério da Educação. Portaria Normativa n.º 11, de 20 de junho de 2017. Estabelece normas para o credenciamento de instituições e a oferta de cursos superiores a distância, em conformidade com o Decreto n.º 9.057, de 25 de maio de 2017. Disponível em: http://www.lex.com.br/legis_27450329_PORTARIA_NORMATIVA_N_11_DE_20_DE_JUNHO_DE_2017.aspx. Acesso em: 25 fev. 2021.

BRASIL. Ministério da Educação. Portaria n.º 544, de 16 de junho de 2020. Dispõe sobre a substituição das aulas presenciais por aulas em meios digitais, enquanto durar a situação de pandemia do novo coronavírus – Covid-19, e revoga as Portarias MEC n.º 343, de 17 de março de 2020, n.º 345, de 19 de março de 2020, e n.º 473, de 12 de maio de 2020. Disponível em: https://www.in.gov.br/en/web/dou/-/portaria-n-544-de-16-de-junho-de-2020-261924872. Acesso em: 25 fev. 2021.

BRASIL. Ministério da Educação. Portaria n.º 796, de 2 de outubro de 2020. Dispõe sobre o sobrestamento dos processos de recredenciamento de instituições de educação superior, bem como dos processos de reconhecimento e renovação de reconhecimento de cursos de graduação, nas modalidades presencial e a distância. Disponível em: https://www.in.gov.br/ en/web/dou/-/portaria-n-796-de-2-de-outubro-de-2020-281071604. Acesso em: 25 fev. 2021.

BRASIL. Ministério da Educação. Secretaria de Regulação e Supervisão da Educação Superior. Portaria n.º 279, de 29 de setembro de 2020. Dispõe sobre os prazos para fins de aprovação tácita dos atos públicos de liberação, de responsabilidade da Secretaria de Regulação e Supervisão da Educação Superior – Seres, conforme o disposto no caput do art. 10 do Decreto n.º 10.178, de 18 de dezembro de 2019. Disponível em: https://www.in.gov.br/web/dou/-/portaria-n-279-de-29-de-setembro-de-2020-280239080. Acesso em: 25 fev. 2021.

BRASIL. Ministério da Educação. Conselho Nacional de Educação. Parecer CNE/CP 19/2020. Reexame do Parecer CNE/CP n.º 15, de 6 de outubro de 2020, que tratou das Diretrizes Nacionais para a implementação dos dispositivos da Lei n.º 14.040, de 18 de agosto de 2020, que estabelece normas educacionais excepcionais a serem adotadas durante o estado de calamidade pública reconhecido pelo Decreto Legislativo n.º 6, de 20 de março de 2020. Disponível em: http://portal.mec.gov.br/index.php?option=com_docman&view=download&alias=167131-pcp019-20&category_slug=dezembro-2020-pdf&Itemid=30192. Acesso em: 25 fev. 2021.

BRASIL. Supremo Tribunal Federal. ADI 4480. Relator: Min. Gilmar Mendes. Julgamento: 27/03/2020. Órgão Julgador: Tribunal Pleno. Publicação: DJe-089 DIVULG 14/04/2020 PUBLIC 15/04/2020.

CANDELORO, Ana Paula P.; DE RIZZO, Maria Balbina Martins; PINHO, Vinicius. *Compliance 360.º*: riscos, estratégias, conflitos e vaidades no mundo corporativo. São Paulo: Trevisan Editora Universitária, 2012.

CAPELATO, Rodrigo; COVAC, José Roberto. Os desafios para o cumprimento das metas do Plano Nacional da Educação. In: CAPELATO, Rodrigo; COVAC, José Roberto; CAPELATO, Rodrigo; SIMÕES, Priscila; REIS, Fábio. *Novos desafios no ensino superior*. Brasília, DF: Ensinamentos, 2013. p. 3-30.

CASTRO, Maria Helena Magalhães. Estado e mercado na regulação da educação superior. In: BROCK, Colin; SCHWARTZMAN, Simon (Ed.). *Os desafios da educação no Brasil*. Rio de Janeiro: Nova Fronteira, 2005. p. 235-274.

CHEVALLIER, Jacques. *O estado pós-moderno*. Tradução de Marçal Justen Filho. Belo Horizonte: Fórum, 2009.

COGLIANESE, Cary. Regulation's Four Core Components. *The Regulatory Review*, 17 set. 2012. Disponível em: https://www.theregreview.

org/2012/09/17/regulations-four-core-components/. Acesso em: 27 jun. 2020.

Coglianese, Cary; Mendelson, Evan. Meta-Regulation and Self-Regulation. In: Baldwin, Robert; Cave, Martin; Lodge, Martin (Ed.). *The Oxford Handbook of Regulation*. Oxford: Oxford University Press, 2010. Seção 8.

CONTROLADORIA-GERAL DA UNIÃO (CGU). Portal da Transparência. *Visão geral da execução da receita pública*. Disponível em: http://www.portaldatransparencia.gov.br/receitas?ano=2019. Acesso em: 27 jun. 2020.

Corrêa, Eneida Cardoso de Britto. *Modelo regulatório híbrido da educação superior privada*: possibilidades, limites e desafio. 2015. Dissertação (Mestrado) – FGV/EBAPE, Rio de Janeiro, 2015.

Croley, Steven P. Beyond capture: towards a new theory of regulation. In: Levi-Faur, David. *Handbook on the Politics of Regulation*. Cheltenham, UK: Edward Elgar Publishing, 2011. p. 50-69.

Derthick, Martha; Quirk, Paul J. *The Politics of Deregulation*. Washington, DC: Brookings, 1985.

Dixon, Rosalind. Creating dialogue about socioeconomic rights: Strong-form versus weak-form judicial review revisited. *International Journal of Constitutional Law*, v. 5, n. 3, p. 391-418, 2007.

Espíndola, Adriana de Andrade. *A política da regulação do sistema federal de ensino superior*: uma matriz de análise. 2014. Tese (Doutorado) – Universidade Estadual de Campinas, Campinas, 2014.

ESTUDOS: Revista da Associação Brasileira de Mantenedoras de Ensino Superior: Indicadores de Qualidade da Educação Superior: Aplicabilidade nas Modalidades Presencial e a Distância, v. 31, n. 43, jun. 2019. Brasília: ABMES Editora, 2019.

Filizola, Paula. Fies 2019: esvaziado após reformulação, financiamento atrai menos alunos e reduz opções para mais pobres. *BBC News Brasil*, 06 fev. 2019. Disponível em: https://www.bbc.com/portuguese/brasil-46968457. Acesso em: 17 fev. 2021.

FÓRUM NACIONAL DAS INSTITUIÇÕES FILANTRÓPICAS (FONIF). A contrapartida do setor filantrópico para o Brasil (2018). Pesquisa. Disponível em: https://fonif.org.br/. Acesso em: 11 jan. 2021.

Frazão, Felipe; Lindner, Julia. Temer sanciona novo FIES e quer reduzir calote. *O Estado de S.Paulo*, 08 dez. 2017. Disponível em: https://educa

cao.estadao.com.br/noticias/geral,temer-sanciona-novo-fies-e-quer-reduzir-calote,70002112503. Acesso em: 17 fev. 2021.

Freeman, Jody. Private Parties, Public Functions and the New Administrative Law. *Administrative Law Review*, v. 52, n. 3, p. 813-858, 2000.

FUNDO NACIONAL DE DESENVOLVIMENTO DA EDUCAÇÃO (FNDE). *História.* Disponível em: https://www.fnde.gov.br/index.php/acesso-a-informacao/institucional/quem-somos. Acesso em: 18 jan. 2021.

Grau, Eros Roberto. *O direito posto e o direito pressuposto.* 9. ed. São Paulo: Malheiros, 2014.

_____. *A ordem econômica na Constituição de 1988.* 19. ed. São Paulo: Malheiros, 2018.

Guerra, Sérgio. Aperfeiçoando a regulação brasileira por agências: quais lições podem ser extraídas do sesquicentenário modelo norte-americano? In: *Teoria do estado regulador.* Curitiba: Juruá, 2015. v. 1, p. 13-106.

_____. *Discricionariedade, regulação e reflexividade*: uma nova teoria sobre as escolhas administrativas. 5. ed. Belo Horizonte: Fórum, 2018.

INSTITUTO NACIONAL DE ESTUDOS E PESQUISAS EDUCACIONAIS ANÍSIO TEIXEIRA (INEP). Avaliação Externa in loco de Instituições de Educação Superior e Cursos de Graduação (Avaliação in loco). Disponível em: http://inep.gov.br/web/guest/educacao-superior/banco-de-avaliadores-basis/banco-de-avaliadores-basis. Acesso em: 2 ago. 2020.

INSTITUTO NACIONAL DE ESTUDOS E PESQUISAS EDUCACIONAIS ANÍSIO TEIXEIRA (INEP). *Conheça o INEP.* Disponível em: http://portal.inep.gov.br/conheca-o-inep. Acesso em: 18 jan. 2021.

INSTITUTO NACIONAL DE ESTUDOS E PESQUISAS EDUCACIONAIS ANÍSIO TEIXEIRA (INEP). *Relatório do 2.º Ciclo de Monitoramento das Metas do Plano Nacional da Educação – 2018.* Brasília: INEP/MEC, 2018. Disponível em: http://estaticog1.globo.com/2018/06/07/resumo_relatorio_pne_2_ciclo.pdf?_ga=2.14606135.12525240.1592068224-952787351.1501851614. Acesso em: 27 jun. 2020.

INSTITUTO NACIONAL DE ESTUDOS E PESQUISAS EDUCACIONAIS ANÍSIO TEIXEIRA (INEP). *Censo da Educação Superior 2018*: notas estatísticas. Brasília, DF: Inep/MEC, 2019. Disponível em: http://download.inep.gov.br/educacao_superior/censo_superior/documentos/2019/censo_da_educacao_superior_2018-notas_estatisticas.pdf. Acesso em: 27 jun. 2020.

INSTITUTO NACIONAL DE ESTUDOS E PESQUISAS EDUCACIONAIS ANÍSIO TEIXEIRA (INEP). *Censo da Educação Superior Brasileira*: notas estatísticas *2019*. Disponível em: https://download.inep.gov.br/educacao_superior/censo_superior/documentos/ 2020/Notas_Estatisticas_Censo_da_Educacao_Superior_2019.pdf. Acesso em: 20 dez. 2020.

INSTITUTO NACIONAL DE ESTUDOS E PESQUISAS EDUCACIONAIS ANÍSIO TEIXEIRA (INEP). *Censo da Educação Superior 2019*: divulgação dos resultados. Brasília: MEC, 2020. Disponível em: https://download.inep.gov.br/educacao_superior/censo_ superior/documentos/2020/Apresentacao_Censo_da_Educacao_Superior_2019.pdf. Acesso em: 12 dez. 2020.

INSTITUTO PROPAGUE. Sandbox regulatório para fintechs começa esse ano no Brasil. Disponível em: https://institutopropague.org/noticias/sandbox-regulatorio-no-brasil-comeca-em-2021/. Acesso em: 25 fev. 2021.

JACOBS ADVOGADOS ASSOCIADOS. O MEC, o bônus regulatório e o mais recente "Prêmio Nobel" de economia. Disponível em: https://www.jacobsadvogados.com.br/single-post/2017/10/13/o-mec-o-b%C3%B4nus-regulat%C3%B3rio-e-o-mais-recente-pr%C3%AAmio-nobel-de-economia. Acesso em: 16 jan. 2021.

JORDÃO, Eduado. The three dimensions of administrative law. *A&C – Revista de Direito Administrativo & Constitucional*, Belo Horizonte, v. 19, n. 75, p. 21-38, jan./mar. 2019.

JUSTEN FILHO, Marçal; JORDÃO, Eduardo Ferreira. A contratação administrativa destinada ao fomento de atividades privadas de interesse coletivo. *Revista Brasileira de Direito Público*, v. 34, p. 47-72, 2011.

LANDAU, David. *Social Rights*. Max Planck Foundation for International Peace and the Rule of Law. General Editors: Rainer Grote, Frauke Lachenmann, Rüdiger Wolfrum. Oxford University Press, 2015. Oxford Constitutions. Disponível em: http://oxcon.ouplaw.com. Acesso em: 27 jun. 2020.

LEAL, Fernando. Análise de impacto regulatório e proporcionalidade: semelhanças estruturais, mesmos problemas reais? *Revista Brasileira de Políticas Públicas*, Brasília, v. 9, n. 3, p. 312-348, 2019.

Leitóles, Fernanda. Autorregulação no ensino superior privado: MEC encomenda estudos da Unesco e da OCDE. *Gazeta do Povo*, 13 jan.

2020. Disponível em: https://www.gazetadopovo.com.br/educacao/autorregulacao-ensino-superior-privado-mec-encomenda-estudos-unesco-ocde/. Acesso em: 3 jan. 2021.

MARQUES NETO, Floriano de Azevedo. Limites à abrangência e à intensidade da regulação estatal. *Revista de Direito Público da Economia – RDPE,* Belo Horizonte, v.1, p. 69-93, 2003.

_____. Pensando o controle da atividade regulação estatal. In. GUERRA, Sérgio (Coord.). *Temas de direito regulatório.* Rio de Janeiro: Freitas Bastos, 2004. p. 200-248.

_____. Regulação econômica e suas modulações. *Revista de Direito Público da Economia – RDPE,* Belo Horizonte, v. 7, n. 28, p. 27-42, out./dez. 2009.

_____. Regulação estatal e autorregulação na economia contemporânea. *Revista de Direito Público da Economia – RDPE,* Belo Horizonte, v. 9, n. 33, p. 79-94, 2011.

MARTINS, Thiago de Melo. Evolução da mercadorização do ensino superior privado no Brasil: caminho sem volta? *Ensaios Pedagógicos,* Sorocaba, SP, v. 3, n. 2, p. 37-44, 2019.

MINISTÉRIO DA EDUCAÇÃO (MEC). *Conheça a CONAES.* Disponível em: http://portal.mec.gov.br/conaes-comissao-nacional-de-avaliacao-da-educacao-superior/conheca-a-conaes. Acesso em: 24 jan. 2021.

MINISTÉRIO DA EDUCAÇÃO (MEC). *Conselho Nacional de Educação – CNE.* Disponível em: http://portal.mec.gov.br/conselho-nacional-de-educacao/apresentacao. Acesso em: 18 jan. 2021.

MINISTÉRIO DA EDUCAÇÃO (MEC). *Estrutura organizacional*: organograma. Disponível em: https://www.gov.br/mec/pt-br/media/estrutura_organizacional/organograma_final_ 3_prancheta.png. Acesso em: 18 jan. 2021.

MINISTÉRIO DA EDUCAÇÃO (MEC). *História.* Disponível em: http://portal.mec.gov.br/ ?option=com_content&view=article&id=2&Itemid=171. Acesso em: 18 jan. 2021.

MINISTÉRIO DA EDUCAÇÃO (MEC). *Processo de contas anuais – FIES.* Disponível em: http://portal.mec.gov.br/conselho-nacional-de-educacao/371-prestacao-de-contas-309308339/prestacao-de-contas-2010-2070372539/14949-processo-de-contas-anuais-FIES. Acesso em: 6 dez. 2019.

MINISTÉRIO DA EDUCAÇÃO (MEC). *Redução de burocracia garante melhor andamento de processos.* Disponível em: http://portal.mec.gov.br/component/tags/tag/51691. Acesso em: 27 jun. 2020.

MINISTÉRIO DA EDUCAÇÃO (MEC). *Secretaria de Educação Superior.* Disponível em: http://portal.mec.gov.br/sesu-secretaria-de-educacao-superior/apresentacao. Acesso em: 18 jan. 2021.

MINISTÉRIO DA EDUCAÇÃO (MEC). *Secretaria de Regulação e Supervisão da Educação Superior.* Disponível em: http://portal.mec.gov.br/secretaria-de-regulacao-e-supervisao-da-educacao-superior-seres/apresentacao. Acesso em: 18 jan. 2021.

MEDAUAR, Odete. *O direito administrativo em evolução.* 3. ed. Brasília: Gazeta Jurídica, 2017.

MELLO, Célia Cunha. *O fomento da administração pública.* Belo Horizonte: Del Rey, 2003.

MENDONÇA, José Vicente Santos de. *Direito constitucional econômico*: a intervenção do estado na economia a luz da razão pública e do pragmatismo. 2. ed. Belo Horizonte: Fórum, 2018.

MITNICK, Barry. Capturing "capture": definition and mechanisms. In: LEVI-FAUR, David. *Handbook on the Politics of Regulation.* Cheltenham, UK: Edward Elgar Publishing, 2011.

MOCCIA, Maria Hermínia Penteado Pacheco e Silva. Parâmetros para a utilização do fomento público econômico: empréstimos pelo BNDES em condições favoráveis. 2014. Tese (Doutorado) – Pontifícia Universidade Católica de São Paulo, São Paulo, 2014.

MOREIRA NETO, Diogo de Figueiredo. *O direito administrativo no século XXI.* Belo Horizonte: Fórum, 2018.

MOROSINI, Marilia Costa. Qualidade da educação superior e contextos emergentes. *Avaliação*, Campinas; Sorocaba, SP, v. 19, n. 2, p. 385-405, jul. 2014.

MUZI, Paulo de Tarso Artencio; FELÍCIO, José Roberto Drugowich de. *Os desafios da autonomia universitária*: história recente da USP. Jundiaí, SP: Paco, 2018.

NATIONAL SCIENCE BOARD. Science & Engineering Indicators. *Publication Output, by Region, Country, or Economy.* Disponível em: https://ncses.nsf.gov/pubs/nsb20206/publication-output-by-region-country-or-economy. Acesso em: 27 jun. 2020.

OECD. Rethinking Quality Assurance for Higher Education in Brazil. *Reviews of National Policies for Education,* Paris, 2018. Disponível em: https://doi.org/10.1787/9789264309050-en. Acesso em: 7 jun. 2020.

OGUS, Anthony. Rethinking Self-Regulation. *Oxford Journal of Legal Studies*, v. 15, n. 1, p. 97-108, 1995. Disponível em: https://www.jstor.org/stable/764582. Acesso em: 3 maio 2020.

_____. *Regulation*: Legal form and economic theory. Oxford, Oregon: Hart Publishing, 2004.

ORGANIZAÇÃO DAS NAÇÕES UNIDAS PARA A EDUCAÇÃO, A CIÊNCIA E A CULTURA (UNESCO). *Declaração Mundial sobre Educação Superior no Século XXI*: visão e ação. Paris: UNESCO, 1998.

PALHARES, Isabela. MEC quer dar bônus a faculdade privada que emprestar espaço para escola pública. *Terra*, 15 ago. 2019. Disponível em: https://www.terra.com.br/noticias/ educacao/mec-quer-dar-bonus-a-faculdade-privada-que-emprestar-espaco-para-escola-publica,a2138e05a479f3e91ced8f3400ec4f16kccl737i.html. Acesso em: 16 jan. 2021.

PALMA, Juliana Bonacorsi. Processo administrativo normativo na regulação: a recente experiência brasileira. *Revista de Direito Administrativo Contemporâneo*, v. 2, p. 85-116, set. 2014.

PENA, Rodolfo F. Alves. *BRICS*. Brasil Escola. Disponível em: https://brasilescola.uol.com.br/geografia/bric.htm. Acesso em: 11 jun. 2020.

PIERCE JR., Richard J.. Rulemaking Ossification Is Real: A Response to Testing the Ossification Thesis. *The George Washington Law Review*, v. 80, n. 5, p. 1493-1503, 2012.

POSNER, Richard A. The concept of regulatory capture. A short, inglorious history. In: CARPENTER, Daniel; MOSS, David A. *Preventing regulatory capture*: Special interest influence and how to limit it. Cambridge: Cambridge University Press, 2014. Cap. 2, p. 49-56.

PROSSER, Tony. *Two visions of regulation*. Paper for Regulation in the Age of Crisis, University College Dublin, June 2010.

RADEAELLI, Claudio. The diffusion of regulatory impact analysis: best practice or lesson-drawing? *European Journal of Political Research*, v. 43, p. 723-747, 2004.

RADAELLI, Claudio M.; FRANCESCO, Fabrizio de. Regulatory Impact Assessment. In: CAVE, Matin; BALDWIN, Robert; LODGE, Martin. *The Oxford handbook of regulation*. Oxford: Oxford University Press. 2010. Cap. 15.

RANCHORDÁS, Sofia. Sunset Clauses and Experimental Regulations: Blessing or Curse for Legal Certainty? *Statute Law Review*, v. 36, n. 1, p. 28-45, 2015.

RANIERI, Nina Beatriz Stocco. Aspectos jurídicos da autonomia universitária no Brasil. *Revista CEJ*, Brasília, v. 9, n. 31, p. 19-30, out./dez. 2005.

RANKING das dez maiores empresas de ensino superior do país, em 2017. Disponível em: https://arte.folha.uol.com.br/mercado/2018/06/17/dez-maiores-do-ensino-superior/. Acesso em: 2 ago. 2020.

REGULATORY Impact Analysis: a Primer. Disponível em: www.regulatoryreform.com. Acesso em: 25 fev. 2021.

Reis, Fábio. Autorregulação no ensino superior. *SEMESP*, 18 nov. 2019. Disponível em: https://www.semesp.org.br/assessoria-educacional/noticias/autorregulacao-do-ensino-superior/. Acesso em: 7 jan. 2021.

Remington, Frank J. *Discretionary Justice*: A Preliminary Inquiry. Kenneth Culp Davis. Baton Rouge: Louisiana State University Press, 1969.

Ristoff, Dilvo; Gioglo, Jaime; Pacheco, Roberto; Morales, Aran Bay Tcholakian. BASis – Banco de Avaliadores do SINAES e perfil dos integrantes. avaliação. *Revista da Rede de Avaliação Institucional da Educação Superior*, v.11, n. 4, p. 153-172, 2006.

Saddy, André. *Discricionariedade na área educacional*. Rio de Janeiro: CEEJ, 2020.

_____. *Regulação estatal, autorregulação privada e códigos de conduta e boas práticas*. 2. ed. Rio de Janeiro: CEEJ, 2020.

Sarlet, Ingo Wolfgang. Os direitos fundamentais sociais na Constituição de 1988. *Revista Diálogo Jurídico*, Salvador, BA, v. 1, n. 1, abr. 2001. Disponível em: http://www.direitopublico.com.br. Acesso em: 12 fev. 2021.

_____. *Os direitos sociais como direitos fundamentais*: contributo para um balanço aos vinte anos da Constituição Federal de 1988. 2008. Disponível em: http://www.stf.jus.br/arquivo/ cms/processoAudienciaPublicaSaude/anexo/artigo_Ingo_DF_sociais_PETROPOLIS_final_01_09_08.pdf. Acesso em: 24 fev. 2021.

_____. *A eficácia dos direitos fundamentais*: uma teoria geral dos direitos fundamentais na perspectiva constitucional. 12. ed. rev., atual. e ampl. Porto Alegre: Livraria do Advogado, 2015.

SECRETARIA DE MODALIDADES ESPECIALIZADAS DE EDUCAÇÃO (SEMESP). *Mapa do ensino superior no Brasil*. 10. ed. Disponível em: https://www.semesp.org.br/mapa-do-ensino-superior/edicao-10/dados-estados-e-regioes/sudeste/. Acesso em: 24 jan. 2021.

SENADO FEDERAL. Prazo de votação expira e MP que criou a ID Estudantil perde validade. *Senado Noíticas*, 17 fev. 2020. Disponível em: https://www12.senado.leg.br/noticias/ materias/2020/02/17/prazo-de-votacao-expira-e-mp-que-criou-a-id-estudantil-perde-validade. Acesso em: 17 fev. 2021.

SHWARTZMAN, Simon. *A autonomia universitária e a Constituição e 1988.* Instituto de Estudos de Política Econômica – Casa das Garças, dez. 1988. Disponível em: https://www.researchgate.net/publication/237 07407>. Acesso em: 27 jun. 2020.

SILVA, Daniel Cavalcanti; COVAC, José Roberto. *Compliance como boa prática de gestão de ensino superior privado.* São Paulo: Saraiva, 2015.

_____. *Programa de integridade no setor educacional*: manual de compliance. São Paulo: Editora de Cultura, 2019.

SINCLAIR, Darren. Self-regulation versus command and control? Beyond false dichotomies. *Law & Policy*, v. 19, n. 4, p. 529-559, 1997.

SOBRINHO, José Dias. Autonomia universitária. *Pro-Posições*, São Paulo, v. 4, n. 2, p. 53-59, jul. 1993.

SOUZA NETO, Carlos Pereira de; MENDONÇA, José Vicente Santos. Fundamentalização e fundamentalismo na interpretação do princípio constitucional da livre iniciativa. In: SARMENTO, Daniel; SOUZA NETO, Cláudio Pereira de (Coords.). *A constitucionalização do direito*: fundamentos teóricos e aplicações específicas. Rio de Janeiro: Lumen Juris, 2007. p. 709-741.

STAFF WRITER. QS World University Rankings – Methodology. *Top Universities*, 25 fev. 2021. Disponível em: https://www.topuniversities.com/qs-world-university-rankings/methodology. Acesso em: 21 jan. 2021.

STANDARDS and Guidelines for Quality Assurance in the European Higher Education Area (ESG). Brussels, Belgium, 2015.

STIGLER, George J. The theory of economic regulation. *Bell Journal of Economics and Management Science*, v.2, n. 1, p. 3-21, 1971.

SUBCHEFIA DE ANÁLISE E ACOMPANHAMENTO DE POLÍTICAS GOVERNAMENTAIS [et al.]. *Diretrizes gerais e guia orientativo para elaboração de Análise de Impacto Regulatório – AIR.* Brasília: Presidência da República, 2018. Disponível em: https://www.gov.br/casacivil/pt-br/assuntos/governanca/regulacao/apresentacao-regulacao-pasta/comite-interministerial-de-governanca-aprova-as-diretrizes-gerais-e-roteiro-analitico-sugerido-para-analise-de-impacto-regulatorio-diretrizes-air-e-o-guia-orientativo-para-elaboracao-de-analise-de-impacto-regulatorio-guia-air/diretrizes_guia_air_cig_11junho2018.pdf. Acesso em: 25 fev. 2021.

SUNSTEIN Cass R. Why Is Trump Gutting Regulations That Save Lives? *The New York Times*, 17 abr. 2020. Disponível em: https://www.nytimes.

com/2020/04/17/opinion/coronavirus-trump-regulations.html. Acesso em: 18 fev. 2021.

THEODOULOU, Stella Z. How Public Policy is Made. In: CAHN, Matthew A.; THEODOULOU, Stella Z. (Ed.). *Public Policy*: The Essential Readings. New Jersey: Prentice Hall, 1995. p. 86-96.

TORRES, Silvia Faber. *O princípio da subsidiariedade no direito público contemporâneo*. Rio de Janeiro e São Paulo: Renovar, 2001.

VERMULE, Adrian. *The Administrative State*: Law, Democracy, and Knowledge. Oxford Handbook of The United States Constitution. Disponível em: http://ssrn.com/abstract=2329818. Acesso em: 27 jun. 2020.

VIANNA, Eduardo Araujo Bruzzi. *Regulação das fintechs e sandboxes regulatórias*. 2019. Dissertação (Mestrado) – Escola de Direito do Rio de Janeiro da Fundação Getulio Vargas, Rio de Janeiro, 2019.

VILELA, Danilo Vieira. A regulação e a viabilidade de uma agência reguladora para o ensino superior brasil. *Revista do Direito Público*, Londrina, v. 11, n. 3, p. 80-112, dez. 2016.

WEBER, Silke. Avaliação e regulação da educação superior: conquistas e impasses. *Educação & Sociedade*, Campinas, v. 31, n. 113, p. 1247-1269, out.-dez. 2010. Disponível em: http://www.cedes.unicamp.br. Acesso em: 20 jun. 2020.

YACKEE, Jason Webb; YACKEE, Susan Webb. *Administrative Procedures and Bureaucratic Performance: Is Federal Rulemaking "Ossified"?* Legal Studies Research Paper Series, Paper n. 1079, abr. 2009. Disponível em: http://ssrn.com/abstract=1371588. Acesso em: 27 jun. 2020.